新时代
大学生劳动教育

孟庆新　苏电波　主　编

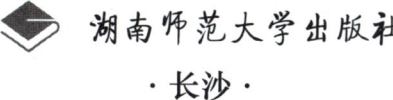

湖南师范大学出版社
·长沙·

图书在版编目（CIP）数据

新时代大学生劳动教育 / 孟庆新，苏电波主编. —长沙：湖南师范大学出版社，2023.9

ISBN 978-7-5648-5063-0

Ⅰ.①新… Ⅱ.①孟… ②苏… Ⅲ.①劳动教育—高等学校—教材 Ⅳ.①G40-015

中国国家版本馆 CIP 数据核字（2023）第 167089 号

新时代大学生劳动教育
Xinshidai Daxuesheng Laodong Jiaoyu

孟庆新　苏电波　主编

◇出　版　人：吴真文
◇组稿编辑：李　阳
◇责任编辑：李健宁　李　阳
◇责任校对：谢兰梅　胡晓军
◇出版发行：湖南师范大学出版社
　　　　　　地址／长沙市岳麓区　邮编／410081
　　　　　　电话／0731-88873071　0731-88873070
　　　　　　网址／https：∥press.hunnu.edu.cn
◇经　　销：新华书店
◇印　　刷：长沙市宏发印刷有限公司
◇开　　本：787 mm×1092 mm　1/16
◇印　　张：14.5
◇字　　数：300 千字
◇版　　次：2023 年 9 月第 1 版
◇印　　次：2023 年 9 月第 1 次印刷
◇书　　号：ISBN 978-7-5648-5063-0
◇定　　价：45.00 元

凡购本书，如有缺页、倒页、脱页，由本社发行部调换。
投稿热线：0731-88872256　微信：ly13975805626　QQ：1349748847

《新时代大学生劳动教育》编委会

主　审　　黄克安

主　编　　孟庆新　苏电波

副主编　　刘秀荣　孟凡琦　林晓兰

编　委　　（排名不分先后）

　　　　　　王乃鑫　王娉容　刘秀荣　李添煌　李博诗
　　　　　　李洪俊　李晓芳　李达封　李　颖　李昭颖
　　　　　　李捷捷　何慧仔　陈银秋　苏电波　林秋萍
　　　　　　林德文　林晓兰　孟庆新　孟凡琦　洪鸿艺
　　　　　　钟晓芬　黄招弟　黄月婷　康小燕　廖慧琳

前 言

劳动教育是发挥劳动的育人功能,对学生进行热爱劳动、热爱劳动人民的教育活动,是新时代中国特色社会主义制度的重要内容,直接决定社会主义建设者和接班人的劳动精神面貌、劳动价值取向和劳动技能水平。中华人民共和国成立以来,我国继承和实践了马克思"教育与生产劳动相结合"的观点,强调和发挥了劳动教育在国民教育中的重要作用。建设中国特色社会主义现代化强国,必须建设教育强国。实现中华民族伟大复兴的中国梦,必须建设一支"懂劳动、爱劳动、会劳动"的社会主义劳动者大军。当前我们清醒地看到,高校劳动教育还存在着思想认识不到位、教育成效不明显,尤其是一些大学生不珍惜劳动成果、不想劳动、不会劳动等现象。劳动的独特育人价值在一定程度上被忽视,劳动教育正被淡化、弱化。面对出现的新形势、新情况、新问题,要求我们必须重新审视、思考和深化劳动教育,设计劳动教育实践体系,增强劳动教育成效,发挥劳动教育"以劳树德、以劳增智、以劳强体、以劳育美、以劳创新"的重要作用。

2018年9月,习近平总书记在全国教育大会上明确提出将劳动教育纳入培养社会主义建设者和接班人的总体要求,构建德智体美劳全面培养的教育体系。2020年3月,中共中央、国务院发布《关于全面加强新时代大中小学劳动教育的意见》,对新时代劳动教育作出顶层设计和全面部署。2020年7月,教育部印发《大中小学劳动教育指导纲要(试行)》,针对劳动教育是什么、教什么、怎么教等问题进行了具体的指导。2020年11月24日,习近平总书记在全国劳动模范和先进工作者表彰大会上的讲话指出:"要开展以劳动创造幸福为主题的宣传教育,把劳动教育纳入人才培养全过程,贯通大中小学各学段和家庭、学校、社会各方面,教育引导青少年树立以辛勤劳动为荣、以好逸恶劳为耻的劳动观,培养一代又一代热爱劳动、勤于劳动、善于劳动的高素质劳动者。"进一步明确了劳动教育的途径、任务和目标。

本书是泉州信息工程学院"三全育人"综合改革试点的成果和2021年度福建省中青年教师教育科研项目(社科类)"大学生心理健康教育在'三全育人'中的作用研究"课题的成果,以劳动教育推进学生健康心智的形成和树立正确的"三观"。本书还融入了"四成教育""五在泉信""大学生素养教育工程""领航、筑梦、强班工程""领雁计划"等学生工作品牌内涵建设的相关内容。

　　本书结构完整，逻辑清晰，内容丰富，注重实践。全书共分为四章：第一章从劳动的基本概念入手，详细介绍了马克思主义劳动观的内容和新时代习近平总书记关于劳动的重要论述，以加深大学生对劳动教育的理解。第二章以劳动精神、工匠精神、劳模精神为主，引导大学生向先进人物学习，体会劳动者平凡中的伟大，从而树立正确的劳动价值观，争做新时代优秀劳动者。第三章结合当前国内劳动发展形势，讲解劳动关系与相关法律法规、劳动者权益保障、劳动争议处理和劳动安全保障等问题，为大学生就业创业、成长成才提供保障和支撑。第四章介绍日常生活劳动、生产劳动、服务性劳动、创新性劳动等大学生劳动实践的内容，以体验式教学为主要方式，指导和组织大学生掌握基本实践方法，锻炼大学生实践能力，提高大学生参与社会实践的积极性，规划设计大学生劳动实践清单，写实劳动项目与内容。

　　本书由泉州信息工程学院党委学生工作部（处）策划组织编写，得到了佳木斯大学马克思主义学院等相关单位的大力支持。具体分工如下：第一章第一、三节由孟凡琦编写，第一章第二节由刘秀荣编写，第二章、第四章由苏电波编写，第三章由林晓兰编写。编委分别承担文献查询、资料整理、实践策划等工作，全书由孟庆新统稿。

　　本书在编写过程中参照了国家关于劳动教育方面的政策文件、相关法律法规，也借鉴了大量相关专家、学者的研究成果，尤其是孙家学等编著的《新时代高校劳动教育通论》、刘丽红等编著的《新时代大学生劳动教育》等著作，给了我们很大启发和帮助，在此表示诚挚的谢意！

　　由于编者理论修养与实践经验有限，本书不足与疏漏之处在所难免，恳请各位专家和广大读者批评指正。

《新时代大学生劳动教育》编委会
2023 年 3 月

目录

第一章　劳动认知 /001

第一节　马克思主义劳动观 002

第二节　新时代劳动价值观 008

第三节　劳动教育概述 019

第四节　广泛开展劳动教育 035

第二章　劳动精神 /042

第一节　培育劳动精神 043

第二节　发扬工匠精神 060

第三节　践行劳模精神 069

第三章　劳动保障 /080

第一节　劳动关系与法规 …………………………………………… 081

第二节　劳动安全保障 ……………………………………………… 099

第三节　劳动合同与劳动权益 ……………………………………… 111

第四节　劳动争议与处理方式 ……………………………………… 122

第四章　劳动实践 /127

第一节　日常生活劳动 ……………………………………………… 128

第二节　生产劳动 …………………………………………………… 143

第三节　服务性劳动 ………………………………………………… 160

第四节　创新性劳动 ………………………………………………… 208

参考文献 /221

第一章 劳动认知

- 马克思主义劳动观
- 新时代劳动价值观
- 劳动教育概述
- 广泛开展劳动教育

【知识目标】

1. 掌握劳动的内涵、分类和价值。
2. 理解马克思主义劳动观的基本内容。
3. 掌握构建和谐劳动关系的主要内容。
4. 理解劳动的意义和价值。
5. 了解加强新时代劳动教育的相关内容。

【思政目标】

1. 树立正确的世界观、人生观、价值观；
2. 激发学生热爱劳动、崇尚劳动、乐于劳动的内在动力；
3. 体悟劳动在实现个人和社会价值中的重要意义，自觉尊重劳动；
4. 领会新时代为个人发展提供了广阔的舞台，树立做有理想、有本领、有担当的时代新人的信念。

第一节 马克思主义劳动观

课前导读

马克思主义劳动观的当代价值

马克思主义劳动观的诞生，是人类劳动学说史上的一座里程碑。马克思主义劳动观第一次全面阐述了劳动在人类社会发展史上的决定性作用，由此揭示了人类社会发展的一般规律。马克思主义劳动观不仅在人类劳动学说史上具有重要的理论价值和历史地位，而且对新时代坚持和发展中国特色社会主义、实现中华民族伟大复兴的中国梦也具有十分重要的意义。

为实现民族复兴指明了必经之路。马克思主义认为，劳动是人类生存的基本条件，"为了满足需求，就需要有劳动"①。正如习近平总书记所指出的："劳动是财富的源泉，也是幸福的源泉。人世间的美好梦想，只有通过诚实劳动才能实现；发展中的各种难题，只有通过诚实劳动才能破解；生命里的一切辉煌，只有通过诚实劳动才能铸就。"② 在近百年奋斗历程中，我们党团结带领全国人民进行革命、建设和改革，使中华民族迎来了实现伟大复兴的光明前景。越是接近目标，越要依靠劳动。我们要把马克思主义劳动观蕴含的科学真理运用到新时代坚持和发展中国特色社会主义的伟大实践中去，不断把中华民族伟大复兴事业推向前去。

---

① 马克思. 资本论：第1卷 [M]. 2版. 北京：人民出版社，2004：711.
② 习近平在同全国劳动模范代表座谈时的讲话 [N]. 人民日报，2013-04-29（2）.

第一章　劳动认知

为进行社会革命揭示了主体力量。马克思主义认为，"整个所谓世界历史不外是人通过人的劳动而诞生的过程"。社会主义是干出来的，新时代也是干出来的。新时代中国特色社会主义是我们党领导人民进行伟大社会革命的成果，也是我们党领导人民进行伟大社会革命的继续。要把新时代坚持和发展中国特色社会主义这场伟大社会革命进行好，根本上靠劳动、靠劳动者创造。一切不劳而获、投机取巧、贪图享乐的思想都是错误的，任何时候、任何人都不能看不起普通劳动者。我们要在全社会大力弘扬劳动精神，推动全社会热爱劳动、投身劳动、爱岗敬业，让劳动光荣成为铿锵的时代强音，让勤奋做事、勤勉为人、勤劳致富在全社会蔚然成风，为实现中华民族伟大复兴的中国梦凝聚强大精神动能。

为进行自我革命奠定了理论基础。马克思主义认为，共产党人是劳动人民当中最彻底、最坚定的先进分子，是最不知疲倦的、无所畏惧的和可靠的先进战士，为建设共产主义社会而奋斗。劳动是马克思主义政党先进性和纯洁性的内在要求。

资料来源：孙明增. 马克思主义劳动观的当代价值 [N]. 中国纪检监察报，2020-04-30（7）.（有删改）

"马克思主义是我们立党立国的根本指导思想，也是我国大学最鲜亮的底色。"这是习近平总书记2018年5月2日考察北京大学与师生座谈时提出的一个重大论断。马克思主义劳动观是马克思主义理论体系的重要组成部分。随着马克思主义理论在世界范围的传播，马克思的劳动思想也引起了东西方理论界和思想界的广泛关注。时至今日，马克思主义劳动观的许多基本观点早已深入人心，"尊重劳动"和"劳动光荣"已成为我国公民基本的价值准则。中华人民共和国成立以后，特别是改革开放以来取得的巨大成就揭示了这样一个颠扑不破的真理：劳动是人世间最宝贵、最可靠的财富。

一、关于劳动的基本认识

（一）劳动的内涵

劳动是人类生活中的一种普遍现象。马克思认为，劳动是人类社会生存和发展的基础。从字面意思看，劳动是指发生在人与自然界之间的活动，其实质是通过人的有意识的、有一定目的的自身活动来调整和控制自然界，使之发生物质变换，即改变自然物的形态或性质，为人类的生活和自己的需要服务。从哲学高度看，劳动是主体、客体和意义的内涵集成体。劳动是人类运动的一种特殊形式。

在商品生产体系中，劳动是劳动力的支出和使用。马克思给我们作了这样的定义："劳动力的使用就是劳动本身。劳动力的买者消费劳动力，就是叫劳动力的卖者劳动。"

（二）劳动的分类

按照不同的分类标准，劳动分为不同类型。

1．脑力劳动与体力劳动

马克思认为创造商品价值的劳动既包括体力劳动，也包括脑力劳动。他说："我们把劳动或劳动能力，理解为……体力和智力的总和。"[1]任何劳动都是人类劳动力生理学意义上的消耗，是脑力和体力的统一。脑力劳动和体力劳动的分工都是社会分工的产物。

2．简单劳动与复杂劳动

简单劳动是指不需要经过专门训练和培养的一般劳动者都能从事的劳动。复杂劳动是指需要经过专门训练和培养，具有一定文化知识和技术专长的劳动者所从事的劳动。商品的价值量同简单劳动和复杂劳动有密切的关系，在相同的劳动时间内，简单劳动创造的价值小于复杂劳动创造的价值。

3．重复性劳动与创造性劳动

重复性劳动是维持人类经济社会中的简单再生产与扩大再生产的劳动。创造性劳动是发现、探索和使用不曾使用过的知识、技能、手段、工具、材料等生产新的产品或创新生产方式，从而以更高的效率从事劳动。重复性劳动只能促使人类社会生产过程的量变，而创新性劳动可以引发人类社会生产过程的质变。一般来说，创造性劳动产品新颖、独特，具有唯一性，使从事创造性劳动的劳动者比从事重复性劳动的劳动者有更多选择空间而在社会竞争中处于更加有利的位置。

二、马克思主义劳动观的基本内容

（一）劳动创造了人本身

马克思认为，劳动对于人类的首要价值，就在于"劳动创造了人本身"[2]。人类之所以能够"人猿相揖别"，摆脱最初的动物状态，就是因为劳动的作用。首先，劳动创造了人区别于其他动物的生物性特征：完全的直立行走、精细的手脚分工、灵巧的上肢结构、发达的大脑构造和完善的语言系统。正是劳动，才使得人类从动物界脱颖而出成为了人。其次，劳动使生物人转化为具有社会属性的真正的人。

---

① 马克思，恩格斯．马克思恩格斯全集：第23卷[M]．北京：人民出版社，1972：190．
② 马克思，恩格斯．马克思恩格斯文集：第9卷[M]．北京：人民出版社，2009：550．

脱离动物界的人，最初只是生物性的人，还不能算是真正意义上的人，还不具备社会属性。马克思认为，人是"一切社会关系的总和"①，人是在一定的社会关系中完成由生物人到社会人的转变的，这个转变过程，也是人的本质的形成过程，而正是丰富多彩的劳动实践，促成了人们之间的相互交往，进而产生了错综复杂的社会关系，人才具备了社会属性。②

马克思认为，劳动是人的天职，这是劳动对于人类的基本价值。劳动不仅创造了人类本身，而且是维持人类生存发展的唯一手段。"任何一个民族，如果停止劳动，不用说一年，就是几个星期，也要灭亡。"③可见，人类只有不断进行劳动，才能生存下去。与动物被动地依靠自然界的赐予而生存不同，人类通过同自然界的交互作用来创造自身的生存条件，这种交互作用的过程其实就是劳动过程。因此，马克思说："劳动首先是人和自然之间的过程。"④人类通过劳动作用于自然界，进而将自己的主观需求外化为客观的物质成果，以维持生存和促进发展，从而形成了人类的经济、政治、精神文化等生活。⑤

（二）劳动促进人类社会发展

马克思认为，社会是"一切关系在其中同时存在而又互相依存的社会机体"⑥。劳动在人类社会中具有基础性地位，为了维持生存，人类不得不进行生产劳动，"为了进行生产，人们相互之间便发生一定的联系和关系"⑦。因而，马克思认为，劳动是社会中的劳动，在人们进行物质生产活动中就必然会结成一定的社会关系，即产生了社会。同样，正是在劳动过程中，逐渐形成了家庭、私有制、国家和市民社会。所以，在其现实性上，社会就是个人彼此间关系的总和。劳动对社会的创造主要体现在三个方面，即劳动创造了社会结构，塑造了社会意识，发展了社会生活。

人类社会的发展得益于劳动的推动作用。劳动推动人类社会发展，其实质就是劳动包含的错综复杂的内在矛盾推动着人类社会的发展。其中，生产力和生产关系的矛盾是贯穿整个人类社会发展始终的最基础性矛盾。历史上不同时代的生产力和生产关系的矛盾作用推动不同的劳动形式——奴隶劳动、徭役劳动和雇佣劳动⑧的产生。三种不同的劳动形式的转变促成了社会形态的演进：奴隶劳动孕

---

① 马克思，恩格斯. 马克思恩格斯文集：第1卷[M]. 北京：人民出版社，2009：501.
② 吴学东. 马克思的劳动思想研究[M]. 北京：中国社会科学出版社，2018：256.
③ 马克思，恩格斯. 马克思恩格斯文集：第10卷[M]. 北京：人民出版社，2009：289.
④ 马克思，恩格斯. 马克思恩格斯文集：第5卷[M]. 北京：人民出版社，2009：207.
⑤ 吴学东. 马克思的劳动思想研究[M]. 北京：中国社会科学出版社，2018：256-257.
⑥ 马克思，恩格斯. 马克思恩格斯文集：第1卷[M]. 北京：人民出版社，2009：604.
⑦ 马克思，恩格斯. 马克思恩格斯文集：第1卷[M]. 北京：人民出版社，2009：724.
⑧ 马克思，恩格斯. 马克思恩格斯文集：第5卷[M]. 北京：人民出版社，2009：619.

育奴隶制社会；徭役劳动孕育封建社会；雇佣劳动孕育资本主义社会。由此推断，阶级社会的消亡必然是以劳动形式的进一步发展为基础。①

对社会形态的研究贯穿马克思生命的始终，从早年的哲学经典著作《德意志意识形态》到晚年的《给维·伊·查苏利奇的复信》，马克思花费近40年的时间对人类社会历史发展规律进行研究，逐渐形成了自己的社会形态理论。马克思发现，"一切社会变迁和政治变革的终极原因"②，存在于生产方式和交换方式的变更、有关时代的经济中。因此，他抓住生产力、分工、交换等劳动活动要素对社会形态演进的原因进行研究。马克思指出，"人们所达到的生产力的总和决定着社会状况"③。人们的劳动状况对社会关系和社会形态起着决定性作用。由此可见，未来共产主义社会形态的产生一定是以劳动形式的进一步发展为基础的。④

（三）劳动实现人的自由全面发展

实现人的自由全面发展，是马克思对于劳动价值的终极追求。在《共产党宣言》中，马克思指出，"每个人的自由发展是一切人的自由发展的条件"⑤。马克思探索了实现这一价值目标的现实途径，其研究的逻辑起点便是"劳动"这一实践活动。人的全面发展根本上是指人的劳动能力的全面发展，即人的智力和体力的充分、统一的发展，同时也包括人的才能、志趣和道德品质的多方面发展。马克思、恩格斯通过对人类社会发展的历史考察发现，不合理的社会分工会造成人的片面发展。人的发展同其所处的社会生活条件是相联系的，旧式分工造成人的片面发展，机器大工业生产提供人的全面发展的基础和可能，社会主义制度是实现人的全面发展的社会条件。教育与生产劳动相结合，不仅是提高社会生产的一种方法，而且是造就全面发展的人的唯一方法，现代教育的目标就在于通过教育与生产劳动的结合，实现人的全面发展，使人有能力适应劳动形态的变化，并创造出更多的物质财富和精神财富。

从内在依据来看，劳动实现人的自由全面发展，这是由劳动的本质属性和内在矛盾决定的。劳动是人根据自身的需要，为达到一定目的而自由进行的生产和再生产活动，自由是劳动的本质特性。人们根据自己的需要、兴趣、爱好和特长等，自由自觉地从事生产劳动，不仅能维持和促进人的生存和发展，而且能提升人的自由和全面发展的个性。私有制的存在使劳动被异化，劳动自由、自觉的本质特性被扭曲，劳动反而成为折磨人、摧残人的手段，这一过程也是劳动内在矛

---

① 吴学东. 马克思的劳动思想研究[M]. 北京：中国社会科学出版社，2018：257.
② 马克思，恩格斯. 马克思恩格斯文集：第3卷[M]. 北京：人民出版社，2009：547.
③ 马克思，恩格斯. 马克思恩格斯文集：第1卷[M]. 北京：人民出版社，2009：533.
④ 马克思，恩格斯. 马克思恩格斯文集：第5卷[M]. 北京：人民出版社，2009：135-136.
⑤ 马克思，恩格斯. 马克思恩格斯文集：第2卷[M]. 北京：人民出版社，2009：53.

盾不断发展的过程。在劳动内部,生产力是一种十分活跃、不断前进的力量,它冲击并将最终摧毁束缚它的生产关系,从而赢得自身的解放。劳动内在矛盾的变化结果,就是把人类从奴役性、压迫性的社会关系中解放出来。①

从外在条件方面来看,劳动把人类从自然必然性的束缚中解放出来,并为人类的发展创造条件、奠定基础。人类在长期的劳动实践中逐步认识、把握和利用自然规律,创造性地从事农业、畜牧业和手工业等劳动实践活动来改造自然,从而使人类依靠自己的劳动而不是依赖于自然界的赐予解决了基本的生存问题。人类历史上的一次又一次科技革命,不仅逐渐克服了劳动分工对人的发展的阻碍,而且由于生产效率的提高为人类提供了大量的自由时间,人类在很大程度上克服了时空条件的限制,大大增强了肢体和大脑的功能,并进一步克服了外界条件和自身生理条件的限制,从而获得了更深、更广的自由度。②

劳动的价值

马克思指出,劳动创造了人和人类社会。我们每一个人都需要为自己的生存和理想而劳动,劳动是人类文明创造、延续、发展的不竭之源,劳动者创造历史。劳动具有生存价值,人类最基本的需要就是生存。劳动是人类社会存在和发展的基础,即生产物质资料的过程,是能够对外输出劳动量或劳动价值的人类运动,劳动是人维持自我生存和自我发展的唯一手段。劳动还具有发展价值,劳动促进了手与脚的分工,使人学会了制造和使用工具;劳动促进了语言的产生,加速了信息的生产和传播;劳动促进了大脑和机体的进化,加速了信息的积累与处理。劳动价值最重要的一点是促进了人类的进步。

资料来源:汪永智,郭宏才,荣爱珍. 劳动教育[M]. 北京:北京理工大学出版社,2021:5.

---

① 吴学东. 马克思的劳动思想研究[M]. 北京:中国社会科学出版社,2018:268.
② 吴学东. 马克思的劳动思想研究[M]. 北京:中国社会科学出版社,2018:268-269.

新时代大学生劳动教育

———— 实践思考 ————

活动主题：经典诵读。

活动形式：诵读马克思主义经典著作。

活动要求：

①以学习小组为单位参加活动；

②学习小组各自组织成员诵读马克思主义经典著作；

③小组成员汇报、交流心得体会，并完成一篇读后感。

第二节 新时代劳动价值观

弘扬劳动的时代价值

2017年，又一个"五一"向我们走来。

提到"五一"，人们就会想到"劳动"。劳动不仅创造了中华民族的辉煌历史，也正在推动我们迈向伟大复兴。当下，劳动意味着什么？它的时代价值又如何体现？让我们一起去探寻。

"每个人的劳动都有价值"

4月29日5时，大部分人还在酣睡。广西南宁友爱广场上，环卫工人覃丽梅已挥舞着大扫把，清扫着广场的每一个角落。清晨第一缕阳光出现，洁净的地面被映衬得闪闪发亮。

柳钢焦化厂原料车间内，全国五一劳动奖章获得者陶柏明正在一节节运煤车皮中穿梭，为提高卸车效率琢磨着每一个工作流程的优化。

在广州，全国五一劳动奖章获得者、中铁二局项目书记马朴亭已经开始检查施工现场，研究布置当天的施工任务。自2016年年初他担任广州项目书记以来，依靠科学管理和以身作则，把这个曾经信誉评价落后的项目部带到现在的名列前茅。

这些，只是我们身边每一名普通劳动者工作的瞬间……然而，随着经济社会的发展，一些人也对劳动的价值感到迷惑，劳动如何找到自己的时代价值坐标？

"别人一天扫一次地，我扫三次；别人只考虑自己的工作是否干完，我考虑整个班组的生产效率能否更高。劳动创造的价值不仅体现在金钱上，更体现在对个人能力的提升以及推动行业进步上。"陶柏明说，正是通过立足岗位，付出比别人更多的劳动，他实现了从一名火车皮清洁工到企业中层领导的转变。

柳州市总工会副主席韦红革认为，劳动价值除了体现在经济价值上，还体现在技术效益、社会效益上，单纯看哪一方面都不全面。现在一些人追求所谓的捷径，只看到别人的成功，没看到背后的付出，觉得不用付出太多，就能得到很多回报，是对劳动创造价值含义的误解。

"这个社会不能全都是老板，也不能全都是工人，每个人都有自己的位置，每个人的劳动都有自己的价值。"马朴亭说，每个劳动者根据自己的实际，把自己放在合适的社会分工中，能够通过劳动把技能转化为生产力和产品，并得到社会的认可，这就是劳动价值的体现。

"劳动不仅仅是一份工作"

"劳动究竟是什么？是一份养家糊口的工作，还是施展人生理想的途径？"在网络论坛里，有人提出这样的困惑。

"劳动不仅仅是一份工作，当自己的付出能够带来清洁干净的环境，给市民带来愉悦的心情时，才体现出劳动的意义。"覃丽梅给出了自己的答案。

在浙江省三门县35千伏亭旁变电站，国网三门供电公司运维部主任、全国五一劳动奖章获得者项修波戴着安全帽，穿着绝缘服，正在电网杆塔间指挥忙碌。

"劳动现在不再是简单的体力劳动，更多的是体现创造性和精细性。随着时代的发展，劳动在广度和深度方面的内涵更加丰富。"他说。

项修波从普通的农电工学徒到供电所所长，再到国家电网公司供电"十佳服务之星"，他一路钻研电工知识，写下了10多万字的读书笔记。如今他负责全县的电网编制规划、运行维护，成了真正的"大梁"。

2017年劳动节，国网浙江省台州市椒江区供电公司大陈供电所所长王海强又一次与"假期"无缘，他要在台风季节来临前"把一切功课做在前面"。

王海强19岁参加工作，28年坚守生产一线。每年持续几个月的防台风工作都会让他感觉"脱了一身皮"。但他却很有成就感："当灯光亮起的一刻，你会发现这种付出是值得的。"

中国劳动学会专家孙群义认为，在任何时代，劳动创造价值都是颠扑不破的真理。当前一些人对此观念产生一些疑惑，主要是由于劳动的形态越来越多元，更倾向于智力劳动、复杂劳动。劳动者需要的是进一步提高自己的技术水平，在劳动中展现个人更大的意义和价值。

全国劳动模范、中华全国总工会兼职副主席巨晓林说，工作的意义不只是为了获取回报，还有很多行业精神、社会价值更值得追求。尤其是当技术创新对行业发展、国家事业、百姓生活产生积极影响时，那种成就感和满足感是金钱无法衡量的。

精益求精是劳动精神的精髓

有人说，专注是这个时代最稀缺的东西。像石油"铁人"王进喜那样"钻"的精神，已经离我们而去。现实，是这样吗？

"社会节奏的确在不断加快，但是真正能够在市场经济大浪淘沙中发光的品牌，都是凝聚了工匠精神的产物。"孙群义说。

在天津海鸥表业集团高级技师、有着"中国钟表大师"之称的李家琦看来，工匠精神是劳动精神的代表，而"精益求精"更是工匠精神的精髓。

李家琦曾率队参与研发中国首款"两问表"。有一个零件的加工难度极大，长度不足1.2毫米，宽0.5毫米，上面还有一个直径0.3毫米的孔，相当于一粒芝麻的1/4大小。李家琦与同事废寝忘食，潜心钻研，开发出了一整套全新的加工工艺，圆满完成了加工任务。

36岁的廖吉星是贵阳开磷化肥有限公司的总工程师，从业12年来，正是凭着精益求精、不断前行的精神，他申请了260多项专利技术成果。

"就是盯准了目标一头扎进去，再苦再累都不放弃。"廖吉星指着身后一条年产3万吨工业级磷酸一铵的生产线说，"这条生产线历时4年才研发成功，申报了20多项技术专利，有几项还是行业首创。"

廖吉星说，那时想法不过夜，一有新点子，团队就马上开会讨论，经常到凌晨。经过上千个日夜的努力，他们最终成功研究出用湿法磷酸直接生产工业级磷酸一铵的新技术，99%的产品纯度优于国家标准。2016年，他被评为首届"贵州工匠"。

在各行各业，这种工匠精神在传承中不断发展。

来自中国航空工业集团公司济南特种结构研究所雷达罩成型班的张新宝，在与雷达罩结缘的17年里，用双手诠释着精益求精、追求极致的工匠精神。

他说，如今的确有一些人不愿意钻，都追求速度，恨不得一口吃成个胖子，但慢工才能出细活。

让劳动的人们都享有尊严

因行李多而被拒载的农民工，因停车争执而被打的保安，因满身尘土而被嫌弃的建筑工人……在经济社会快速转型过程中，不可否认还有许多不和谐的因素。尊重劳动、尊重劳动者仍然任重道远。

如何让劳动者都享有尊严、感到光荣？

"劳动光荣绝不能仅仅是口号，而需要付诸踏实践行。"民革吉林省委副主委

第一章 劳动认知

郭乃硕表示，要不断健全劳动法律体系，政府、企业、社会各界在提高劳动者整体素质，特别是职业技能素质方面要拿出更多具体措施，提升劳动者就业生存发展能力，破除发展障碍，"让劳动者获得物质上的保障"。

孙群义认为，经济转型的根本是人的转型，在推进供给侧结构性改革的当下，需要进一步提高劳动者素质，让更多人成为现代化的"金领工匠"。"另一方面，还要进一步搭建机制，引导人们将社会发展目标和个人奋斗目标结合起来。"

资料来源：弘扬劳动的时代价值——写在"五一"国际劳动节来临之际[EB/OL]. (2017-04-30) [2023-09-05]. https://www.gov.cn/xinwen/2017-04/30/content_5190098.htm. (有删改)

党的十八大以来，以习近平同志为核心的党中央，继承并发展了马克思主义劳动观，提出了"以劳动托起中国梦"的历史使命，团结带领全党全国各族人民积极应对前进道路上的困难和挑战，坚持完善和发展中国特色社会主义制度，推进国家治理体系和治理能力现代化建设，凝聚起实现中华民族伟大复兴的中国梦的强大力量，开启了中国改革开放和现代化建设的新征程，推动中国特色社会主义进入新时代。基于"实干兴邦"的治国理念，习近平多次围绕劳动、劳动教育、劳动关系、工人阶级和工会工作等问题进行深刻阐述，倡导要依靠诚实劳动开创美好未来，在全社会营造一种崇尚劳动的文化氛围，体现尊重劳动、尊重人才、尊重创造的执政理念。劳动被赋予了全新的时代价值，也成为马克思主义劳动观中国化的最新成果。

一、构建和谐劳动关系

（一）劳动关系是生产关系的重要组成部分

1. 劳动关系

劳动关系，是指管理方与劳动者个人及团体之间产生的、由双方利益引起的表现为合作、冲突、力量和权利关系的总和，它会受到一定社会的经济、技术、政策、法律制度和文化背景的影响。①《中华人民共和国劳动法》《中华人民共和国劳动合同法》将劳动关系描述为"劳动者"与"用人单位"之间的经济社会法律关系。关于劳动关系的认定，《中华人民共和国劳动合同法》中作出了明确规定，其中，第七条规定："用人单位自用工之日起即与劳动者建立劳动关系。用人单位应当建立职工名册备查。"第十条规定："建立劳动关系，应当订立书面劳动合同。已

---
① 程延园. 劳动关系[M]. 4版. 北京：中国人民大学出版社，2016：5.

建立劳动关系，未同时订立书面劳动合同的，应当自用工之日起一个月内订立书面劳动合同。用人单位与劳动者在用工前订立劳动合同的，劳动关系自用工之日起建立。"

党和国家对劳动关系问题历来高度重视，近年来各级党委和政府把构建和谐劳动关系摆在更加突出的位置，进一步加大工作力度，取得了积极成效，当前我国劳动关系总体处于和谐稳定状态。

2. 和谐劳动关系

和谐劳动关系，就是规范有序、公正合理、互利共赢、和谐稳定的劳动关系。习近平指出，当前，我国劳动关系总体和谐稳定。同时随着工业化、信息化、城镇化、市场化、国际化的深入发展，我国劳动关系领域也出现一些新情况新问题，务必高度重视，采取有力措施，引导劳动关系朝着规范有序、公正合理、互利共赢、和谐稳定的方向健康发展。

2015年3月，中共中央、国务院印发《关于构建和谐劳动关系的意见》，明确构建和谐劳动关系的重大意义、指导思想、工作原则、目标任务和具体举措，成为构建中国特色和谐劳动关系的顶层设计和总体部署。该意见指出，构建和谐劳动关系的目标任务即为：加强调整劳动关系的法律、体制、制度、机制和能力建设，加快健全党委领导、政府负责、社会协同、企业和职工参与、法治保障的工作体制，加快形成源头治理、动态管理、应急处置相结合的工作机制，实现劳动用工更加规范，职工工资合理增长，劳动条件不断改善，职工安全健康得到切实保障，社会保险全面覆盖，人文关怀日益加强，有效预防和化解劳动关系矛盾，建立规范有序、公正合理、互利共赢、和谐稳定的劳动关系。

（二）构建和谐劳动关系意义重大而深远

习近平指出，构建和谐劳动关系，是建设社会主义和谐社会的重要基础，是增强党的执政基础、巩固党的执政地位的必然要求，是坚持中国特色社会主义道路、贯彻中国特色社会主义理论体系、完善中国特色社会主义制度的重要组成部分，其经济、政治、社会意义十分重大而深远。在新的历史条件下，努力构建中国特色和谐劳动关系，是加强和创新社会管理、保障和改善民生的重要内容，是建设社会主义和谐社会的重要基础，是经济持续健康发展的重要保证，是增强党的执政基础、巩固党的执政地位的必然要求。

1. 构建和谐劳动关系是构建社会主义和谐社会的重要基础

劳动关系作为生产关系的重要组成部分，是在劳动过程中劳动者与劳动力使用者之间形成的一种社会关系。人是社会关系的总和，社会和谐首先是社会关系的和谐。劳动关系作为一种最基本的社会关系，其状况自然成为社会是否和谐的晴雨表。和谐社会必定是劳动关系和谐稳定的社会，不和谐的劳动关系必然会影响到社会的和谐稳定。可以说，构建和谐劳动关系是构建社会主义和谐社会的重要基础，而社会和谐又是劳动关系和谐的体现与保证。

2. 构建和谐劳动关系是完善社会主义市场经济体制的内在要求

作为市场经济体制的基础，现代企业制度包含明晰的产权关系与和谐的劳动关系两大层次。劳动关系不和谐的企业是没有生命力的，更不可能以此为基础建立起完善的市场经济体制。发展社会主义市场经济，要求构建和谐的劳动关系，广泛调动企业和职工两方面的积极性，确保生产者和经营者、劳动者与建设者和谐相处、平等合作、互利共赢，从而使企业保持健康、持续发展的良好势头。

3. 构建和谐劳动关系是化解劳动关系矛盾的迫切需要

当前我国劳动关系总体上是和谐稳定的，职工利益得到了较好的保障。但由于我国正处在经济体制转轨和社会转型时期，经济关系和劳动关系日益市场化、多样化和复杂化，一些职工的劳动就业、收入分配、社会保障等权益受到侵犯的现象屡有发生。只有妥善处理劳动关系方面出现的新情况、新问题，通过协商、协调等方式妥善解决劳动争议，构建和谐劳动关系，才能有效化解劳动关系矛盾，维护职工队伍与社会环境的和谐稳定。

4. 构建和谐劳动关系是社会主义制度本质的具体表现

我国是社会主义国家，社会主义制度的本质和建设有中国特色的社会主义，就是要让劳动人民当家作主，就是要解放和发展社会生产力，就是要实现全体人民共同富裕。而构建和谐劳动关系，首要特征就是体现以民为本、劳动人民当家作主的治国理念；根本目的就是保护、调动和发挥广大职工的积极性和创造性，进一步解放和发展社会生产力；最大愿望和最终目的就是要使全体人民共同富裕。

（三）要坚持以人为本，构建和谐劳动关系

1. 基本原则

（1）坚持以人为本。

把解决广大职工最关心、最直接、最现实的利益问题，实现好、维护好、发展好他们的根本权益，作为构建和谐劳动关系的根本出发点和落脚点。

（2）坚持依法构建。

健全劳动保障法律法规，增强企业依法用工意识，提高职工依法维权能力，加强劳动保障执法监督和劳动纠纷调处，依法处理劳动关系矛盾，把劳动关系的建立、运行、监督、调处的全过程纳入法治化轨道。

（3）坚持共建共享。

统筹处理好促进企业发展和维护职工权益的关系，调动劳动关系主体双方的

积极性、主动性，推动企业和职工协商共事、机制共建、效益共创、利益共享。

（4）坚持改革创新。

从我国基本经济制度出发，统筹考虑公有制经济、非公有制经济和混合所有制经济的特点，不断探究和把握社会主义市场经济条件下劳动关系的规律性，积极稳妥地推进具有中国特色的劳动关系工作理论、体制、制度、机制和方法的创新。

2. 具体举措

（1）依法保障职工基本权益。

一是切实保障职工取得劳动报酬的权利；二是切实保障职工休息休假的权利；三是切实保障职工获得劳动安全卫生保护的权利；四是切实保障职工享受社会保险和接受职业技能培训的权利。

（2）健全劳动关系协调机制。

一是全面实行劳动合同制度；二是推行集体协商和集体合同制度；三是健全协调劳动关系三方机制。

（3）加强企业民主管理制度建设。

一是健全企业民主管理制度；二是推进厂务公开制度化、规范化；三是推行职工董事、职工监事制度。

（4）健全劳动关系矛盾调处机制。

一是健全劳动保障监察制度；二是健全劳动争议调解仲裁机制；三是完善劳动关系群体性事件预防和应急处置机制。

（5）营造构建和谐劳动关系的良好环境。

一是加强对职工的教育引导；二是加强对职工的人文关怀；三是教育引导企业经营者积极履行社会责任；四是优化企业发展环境；五是加强构建和谐劳动关系的法治保障。

3. 保障机制

（1）加强领导，形成合力。

各级党委和政府要建立健全构建和谐劳动关系的领导协调机制，形成全社会协同参与的工作合力。

（2）加强劳动关系工作能力建设。

重视加强各级政府劳动关系协调、劳动保障监察机构建设以及劳动人事争议仲裁委员会和仲裁院建设，统筹推进基层劳动就业社会保障公共服务平台建设，加强劳动关系工作人员业务培训，各级政府要从力量配置、经费投入上给予支持。

（3）加强企业党组织和基层工会、团组织、企业代表组织建设。

加强各类企业党建工作，依法推动各类企业普遍建立工会，进一步加强非公有制企业团建工作。

（4）深入推进和谐劳动关系创建活动。

把和谐劳动关系创建活动作为构建和谐劳动关系的重要载体，丰富创建内容，规范创建标准，改进创建评价，完善激励措施，积极开展构建和谐劳动关系综合试验区（市）建设，为构建中国特色和谐劳动关系创造经验。

（5）加大构建和谐劳动关系宣传力度。

充分利用新闻媒体和网站，大力宣传构建和谐劳动关系的重大意义、党和政府的方针政策和法律法规、实际成效和工作经验、企业关爱职工和职工奉献企业的先进典型，形成正确舆论导向和强大舆论声势，营造全社会共同关心、支持和参与构建和谐劳动关系的良好氛围。

二、发挥劳动的价值作用

（一）人民创造历史，劳动开创未来

1. 坚持以人民为中心是坚持和发展中国特色社会主义的根本立场

为人民谋幸福，是中国共产党人的初心。习近平指出，人民对美好生活的向往，就是我们的奋斗目标。必须始终把人民放在最高的位置，始终全心全意为人民服务，始终为人民利益和幸福而努力奋斗。

人民是历史的创造者，是真正的英雄。中华民族从站起来、富起来到强起来的伟大飞跃是中国人民奋斗出来的。人民群众是历史发展和社会进步的主体力量，必须紧紧依靠人民创造历史伟业。

人民是党的工作的最高裁决者和最终评判者。"时代是出卷人，我们是答卷人，人民是阅卷人。"党的执政水平和执政成效都不是由自己说了算，必须而且只能由人民来评判。

2. 劳动是推动人类社会进步的根本力量

劳动铸就中华民族的辉煌历史。《左传·宣公十二年》有云："民生在勤，勤则不匮。"中华民族自古以来就是一个崇尚劳动和创造的民族。2017年6月，习近平在深度贫困地区脱贫攻坚座谈会上指出，一个健康向上的民族，就应该鼓励劳动、鼓励就业、鼓励靠自己的努力养活家庭，服务社会，贡献国家[①]，创造性地将劳动与民族精神联系在一起，教育和引导广大群众弘扬中华民族传统美德，用自己的辛勤劳动实现脱贫致富。同时，劳动还决定着中华民族的形成与发展。2013年4月，习近平同全国劳动模范代表座谈并发表重要讲话，他指出，劳动创造了中华

---

① 习近平谈治国理政：第2卷 [M]. 北京：外文出版社，2017：90-91.

民族，造就了中华民族的辉煌历史，也必将创造出中华民族的光明未来。①

劳动托起中华民族的伟大复兴。实现中华民族伟大复兴，就是中华民族近代以来最伟大的梦想，而实现这个梦想，需要一代又一代中国人不懈奋斗，共同为之努力。2013年3月，习近平在第十二届全国人民代表大会第一次会议上的讲话中指出，"功崇惟志，业广惟勤"，中国社会主义仍然处于并将长期处于社会主义初级阶段，实现中国梦，创造全体人民更加美好的生活，任重而道远，需要我们每一个人继续付出辛勤劳动和艰苦努力。

（二）劳动最光荣、劳动最崇高、劳动最伟大、劳动最美丽

2013年10月23日，党和国家领导人习近平、刘云山等在中南海同中华全国总工会新一届领导班子成员集体谈话。习近平指出，让劳动最光荣、劳动最崇高、劳动最伟大、劳动最美丽的观念蔚然成风，让全体人民进一步焕发劳动热情、释放创造潜能，通过劳动创造更加美好的生活。劳动创造价值，一切物质和精神财富的创造都离不开辛勤的劳动，习近平总书记强调"劳动最光荣、劳动最崇高、劳动最伟大、劳动最美丽"，既是对中华民族传统美德的精辟概括，又具有鲜明的时代特征，同时，再一次向全社会发出"实干兴邦"的动员令。

1. 劳动最光荣

劳动既是一个人生存的手段，也是一个人对社会、国家应尽的义务。小到个人、家庭，大到民族、国家，坚持辛勤劳动就能兴旺发达；而好逸恶劳、贪图享乐，只能走向衰败和灭亡。中华民族是勤劳的民族，凭借辛勤劳动，创造了光耀世界的华夏文明，我们要继承和发扬这种优良传统，坚持以辛勤劳动为荣、以好逸恶劳为耻，做到勤奋学习、踏实劳动，兢兢业业地做好本职工作，创造一流业绩，为建成富强、民主、文明、和谐、美丽的社会主义现代化强国贡献力量。

2. 劳动最崇高

劳动是对一个人的基本要求，也是最高要求。任何一个人想要在社会上生存，就要从事一种职业以谋生，否则只会成为社会的"寄生物"。任何一个人要安身立命，就要投入到劳动中去。从更高层面来看，一个人有了一份职业，不等于就拥有了一份事业。要想干出一番事业来，就要坚持不懈地付出劳动，全身心地投入到事业中去，把职业当成事业，为社会多做贡献。因此，劳动既是一个人的基本需求，又可以成就一个人的崇高追求。

3. 劳动最伟大

实现"两个一百年"奋斗目标，是全国人民的共同理想。完成这一历史使命，

---

① 习近平谈治国理政：第3卷[M]．北京：外文出版社，2018：46．

是一项伟大事业，需要依靠全体人民的辛勤劳动。这就要求我们坚定信念、真抓实干，不断把蓝图变为现实。从党的十九大到党的二十大，是"两个一百年"奋斗目标的历史交汇期。收官和开局并举，承前与启后交替，时间紧迫，任务繁重，归根结底靠实干苦干、靠开拓进取。只有坚持不懈地辛勤劳动，撸起袖子加油干，才能不断开创新时代中国特色社会主义的新境界，朝着伟大目标奋勇前进。

4. 劳动最美丽

如果要问世界上什么最美丽，那就是劳动最美丽。从近年来开展评选最美"村官"、最美消防员、最美医生、最美基层干部等活动来看，这些平凡普通的劳动者，之所以能够感动社会、感动中国，就是因为他们把劳动当成一种责任和担当，把劳动当成人生最大的价值，把劳动当作立身处世的最大美德，恪尽职守、无私奉献、爱岗敬业，在平凡中彰显不凡，在干事创业中建功立业，从而树立了最美的形象。"劳动最美丽"正成为时代的重要特征，成为人们追求的价值取向。

（三）劳动，是共产党人保持政治本色的重要途径

马克思主义认为，共产党人是劳动人民当中最彻底最坚定的先进分子，是最不知疲倦的、无所畏惧的和可靠的先进战士，为建设共产主义社会而奋斗。劳动是马克思主义政党先进性和纯洁性的内在要求。《中国共产党章程》明确规定，中国共产党党员永远是劳动人民的普通一员。劳动是对共产党员的基本要求，只有坚持劳动，才能防止共产党员脱离劳动群众、变质变色。

2014年4月，习近平在乌鲁木齐同劳动模范和先进工作者、先进人物代表座谈时指出，劳动，是共产党人保持政治本色的重要途径，是共产党人保持政治肌体健康的重要手段，也是共产党人发扬优良作风、自觉抵御"四风"的重要保障。广大党员、干部要带头弘扬劳动精神，增强同劳动人民的感情，带头在各自岗位上勤奋工作、踏实劳动。①

共产党人要保持工人阶级的先锋队性质，就应该成为辛勤劳动的模范榜样；共产党人要保持顽强的战斗力，就应该通过艰辛劳动磨炼意志；共产党人要保持与人民群众的血肉联系，就应该深入劳动群众之中。共产党人通过劳动来不断进行自我革命，目的就在于同一切影响党的先进性、弱化党的纯洁性的问题作解决斗争，确保共产党人永远做人民公仆、时代先锋、民族脊梁。

---

① 谢环驰. 习近平在乌鲁木齐接见劳动模范和先进工作者、先进人物代表 向全国广大劳动者致以"五一"节问候[N]. 人民日报，2014-05-01（1）.

新时代大学生劳动教育

 拓展阅读

2015年4月,习近平总书记在庆祝"五一"国际劳动节大会上的讲话中指出,劳动是人类的本质活动,劳动光荣、创造伟大是对人类文明进步规律的重要诠释。"民生在勤,勤则不匮。"中华民族是勤于劳动、善于创造的民族。正是因为劳动创造,我们拥有了历史的辉煌;也正是因为劳动创造,我们拥有了今天的成就。[①]

1. 崇尚劳动,造福劳动者

2013年4月,习近平在同全国劳动模范代表座谈时强调,必须坚持崇尚劳动,造福劳动者。[②]造福劳动者,就要努力让劳动者实现体面劳动、全面发展,进一步保障劳动者权益,实现好、维护好和发展好最广大劳动人民的根本利益,坚持发展为了人民、发展依靠人民、发展成果由人民共享,使广大劳动者公平分享改革发展成果,在全社会营造"尊重劳动、尊重知识、尊重人才、尊重创造"的良好氛围,全社会都要热爱劳动,以辛勤劳动为荣,以好逸恶劳为耻。

2. 培养创新思维和创造能力

"创新"在习近平总书记的治国理政中始终占据着重要地位。改革开放以来中国所取得的巨大成就,正是源自科技、文化、制度等各方面的不断创新,创新对于推动社会发展、人类进步具有至关重要的意义。2013年10月,习近平在欧美同学会成立100周年庆祝大会上的讲话中指出,创新是一个民族进步的灵魂,是一个国家兴旺发达的不竭动力,也是中华民族最深沉的民族禀赋。在激烈的国际竞争中,唯创新者进,唯创新强者,唯创新者胜。当前,我国正在加快建设创新型国家,面对复杂的改革环境、艰巨的发展任务,比以往任何时候都更加需要创新驱动,也更加需要培养具有创新思维和创造能力的创新型劳动者。为此,习近平强调,引导广大人民群众树立辛勤劳动、诚实劳动、创造性劳动

---

① 习近平.在庆祝"五一"国际劳动节暨表彰全国劳动模范和先进工作者大会上的讲话[N].人民日报,2015-04-29(2).

② 习近平.在同全国劳动模范代表座谈时的讲话[N].人民日报,2013-04-29(2).

第一章 劳动认知

的理念，让劳动光荣、创造伟大成为铿锵的时代强音。

3. 用劳动赢得新时代新征程上更加伟大的胜利和荣光

2021年11月8日～11月11日，中国共产党第十九届中央委员会第六次全体会议在北京举行。全会指出了中国共产党百年奋斗的历史意义，并提炼出一百年来党领导人民进行伟大奋斗的宝贵历史经验，激励全党全国各族人民意气风发地踏上向第二个百年奋斗目标进军的新征程。党和人民百年奋斗，书写了中华民族几千年历史上最恢宏的史诗。未来，中国共产党仍将牢记初心使命，始终谦虚谨慎、不骄不躁、艰苦奋斗，继续埋头苦干、勇毅前行，团结带领全国各族人民为实现第二个百年奋斗目标、实现中华民族伟大复兴的中国梦而不懈奋斗，用实实在在的劳动在新时代新征程上赢得更加伟大的胜利和荣光。

资料来源：谢颜. 大学生劳动教育 [M]. 北京：中国人民大学出版社，2022：5.

实践思考

活动主题：讲劳动故事，展劳动精神。
活动形式：情景剧比赛。
活动要求：
①以学习小组为单位参加比赛；
②各小组自行设计与劳动教育相关的情景剧主题，每一场情景剧的时长为10～15分钟；
③情景剧表演过程中所需使用的道具由各小组成员自行制作。

第三节　劳动教育概述

课前导读

劳动是人类特有的基本社会实践活动，是一个创造物质财富和精神财富的过程。劳动教育则是一种教育活动。"教育"一词源自《孟子·尽心章句上》第二十节，其文说道："得天下英才而教育之，三乐也。"意思是说，君子的三大快乐之一就是得到天下优秀的人才并对其进行教育。劳动教育就是发挥劳动的育人功能，教育学生热爱劳动、热爱劳动人民。

一、劳动教育的含义与目标

劳动教育是新时代背景下党和国家对教育的新要求，是中国特色社会主义制度的重要内容，是全面发展教育体系的重要组成部分。因此，人们应该重视劳动教育的作用，并了解劳动教育的含义与目标。

（一）劳动教育的含义

随着时代的不断发展，劳动教育的含义也在不断变化。有人认为，劳动教育应该重视对劳动观点和劳动态度的教育；也有人认为，劳动教育应该重视劳动过程中的智力培养；还有人认为，劳动教育就是劳动、生产、技术和劳动素养方面的教育。

中共中央、国务院印发的《关于全面加强新时代大中小学劳动教育的意见》中对劳动教育基本内涵的解释是：劳动教育是国民教育体系的重要内容，是学生成长的必要途径，具有树德、增智、强体、育美的综合育人价值。实施劳动教育重点是在系统的文化知识学习之外，有目的、有计划地组织学生参加日常生活劳动、生产劳动和服务性劳动，让学生动手实践、出力流汗，接受锻炼、磨炼意志，培养学生正确的劳动价值观和良好的劳动品质。

因此，劳动教育就是有目的、有计划地向学生传递劳动知识和劳动技能，培养学生良好的劳动态度和劳动习惯，使学生形成正确的劳动价值观并具有一定的劳动权益意识，提升学生劳动素养的教育实践活动。

（二）劳动教育的目标

从劳动教育的含义出发，我们可以归纳出我国实施劳动教育的主要目标为树立正确的劳动观念、具有必备的劳动能力、培育积极的劳动精神，以及养成良好的劳动习惯和品质。

1. 树立正确的劳动观念

正确理解劳动是人类发展和社会进步的根本力量，认识劳动创造人、创造价值、创造财富、创造美好生活的道理，尊重劳动、尊重劳动者，牢固树立劳动最光荣、劳动最崇高、劳动最伟大、劳动最美丽的思想观念。

第一章 劳动认知

2. 具有必备的劳动能力

掌握基本的劳动知识和技能，正确使用常见劳动工具，增强体力、智力和创造力，具备完成一定劳动任务所需要的设计、操作能力及团队合作能力。

3. 培育积极的劳动精神

领会"幸福是奋斗出来的"的内涵与意义，继承中华民族勤俭节约、敬业奉献的优良传统，弘扬开拓创新、砥砺奋进的时代精神。

4. 养成良好的劳动习惯和品质

能够自觉自愿、认真负责、安全规范、坚持不懈地参与劳动，在劳动中形成诚实守信、吃苦耐劳的品质。珍惜劳动成果，养成良好的消费习惯，杜绝浪费。

📖 案例阅读

从小泥匠到人大代表

邹彬初中就辍学在家。18岁时，邹彬的父亲给了他一把砌刀，让他做一个泥瓦匠。从此，邹彬跟着父亲在建筑工地打工，每天和灰浆、担泥沙、挑砖头、砌砖墙……

砌墙时，邹彬从不偷懒，而且特别喜欢钻研，以致他砌出的墙体砂浆饱满度、灰缝垂直度都几近完美。这种"匠人精神"，使工友们称赞他是在搞艺术。邹彬就这样日复一日、年复一年地对自己严格要求，把每一面墙都砌得横平竖直、美观大方。2014年，在中建五局工会组织的"超英杯"劳动技能竞赛中，邹彬凭借过硬的技术在众多优秀劳动者中脱颖而出。同年7月，他代表中建集团参加第四十三届世界技能大赛中国选拔赛，以第一名的成绩进入国家集训队，并最终赢得了第四十三届世界技能大赛优胜奖，实现中国代表团在砌筑项目上"0"的突破。

载誉归来，邹彬被提拔为项目质量管理员，进入管理层。后来，他又摘得长沙"十行状元、百优工匠"桂冠。2018年1月，他当选为第十三届全国人民代表大会代表；2018年6月又当选为湖南省省直工会兼职副主席，成为省直工会最年轻的领导班子成员。

2020年，邹彬第三次作为全国人大代表走进了人民大会堂，他说："我希望把我的故事告诉更多人，只要肯努力，总能走出困境，一步步实现自己的梦想。"

资料来源：袁汝婷. 这位"95后"曾是小砌匠，如今成为全国人大代表 [EB/OL]. (2020-05-21)[2023-09-05]. https://baijiahao.baidu.com/s?id=1667290364471759352&wfr=spider&for=pc. （有删改）

点评：邹彬从事泥瓦匠工作时，并没有特意去追求人生目标，而是兢兢业业地完成本职工作。邹彬在劳动中体现出高尚的劳动品质、优秀的劳动态度，而这些品质和态度使他从众多劳动者中脱颖而出。邹彬将自己的劳动经历讲述给他人，这样又使他成为劳动教育的传播者。

课堂讨论

讨论主题：劳动教育的含义和目标。

讨论内容：

①如何理解劳动教育的含义？

②劳动教育的目标是什么？

讨论总结：劳动教育是对学生进行热爱劳动、热爱劳动人民的教育活动，劳动教育的目标主要是培养劳动观念、劳动能力、劳动精神、劳动习惯和劳动品质。

二、劳动教育的内容

劳动教育的根本任务是发展人、培养人、提升人。在此前提下，我国劳动教育的主要内容如下。

（一）劳动价值观的教育

劳动价值观的教育可以让学生认识到劳动的意义和价值，能够使学生理解马克思主义劳动价值观和新时代中国特色社会主义劳动价值观。通过教育引导学生崇尚劳动、尊重劳动，懂得劳动最光荣、劳动最崇高、劳动最伟大、劳动最美丽的道理，以期学生能够辛勤劳动、诚实劳动、创造性劳动。同时，劳动价值观的教育也能让学生认识到不劳而获、贪图享乐、崇尚暴富等观念的错误性，并逐步形成正确的劳动价值观。

（二）劳动品质与态度的教育

劳动品质与态度的教育有助于激发大学生的劳动和学习热情，能够使大学生形成尊重劳动成果和尊重劳动人民的高尚品质，发扬艰苦奋斗的优良传统，还能够逐步培养大学生形成热爱劳动、辛勤劳动、诚实劳动、合法劳动的正确态度。

（三）劳动科学知识与能力的教育

劳动科学知识与能力的教育主要是让大学生明确劳动科学体系、掌握劳动科学知识。例如，大学生应当掌握一定的劳动伦理知识、法律知识、劳动安全知识、就业知识及心理健康知识等与劳动相关的科学知识，同时，还需要通过劳动教育逐步学习并提升作为劳动者基本的自我管理能力、时间管理能力及沟通能力等具有个体心理特质的劳动能力。

（四）劳动实践的教育

劳动教育不仅应该重视学习劳动理论知识，更应该重视劳动实践活动。脱离实践，理论就显得空洞而苍白。提高劳动能力，需要从实践中进行磨炼。我国知名哲学家冯契就说过："实践和教育相结合是培养自由人格的根本途径。"无论是劳动情感或态度，还是劳动观念或能力，都是在劳动实践中培养出来的。劳动教育中的劳动实践内容主要是组织大学生积极参加生产劳动、社会服务、公益活动，在实践过程中引导大学生运用所学知识和技能进行劳动，并鼓励大学生进行科技创新，在社会实践中参与技术改造、工艺革新、先进适用技术传播，为社会和经济发展贡献自己的力量。

案例阅读

"布鞋院士"李小文

李小文是我国遥感地理学家，1947 年出生于四川自贡，1968 年毕业于成都电讯工程学院（今电子科技大学），1985 年获美国加利福尼亚大学圣塔芭芭拉分校地理学博士学位，2001 年当选为中国科学院院士，2015 年 1 月 10 日在北京逝世，曾任北京师范大学教授、中国科学院遥感与数字地球研究所研究员、中国科学院遥感应用研究所所长。

李小文院士生前一直潜心研究，却因一张照片而意外走红。该照片显示，他正在中国科学院大学开展讲座，他身着黑衣黑裤、光脚穿布鞋、卷起裤腿还跷着二郎腿。由此，"布鞋院士"的称号传遍了网络。

李小文院士在中国科学院遥感应用研究所担任所长时，白天在研究所上班，晚上回北京师范大学做课题，经常忙到半夜成为他的常态。李小文院士在工作上的勤勉，与生活上的洒脱形成极大的反差。生活中李小文院士没有多少欲求，往往清粥咸菜就是一天。对于各种工资福利（如奖金、补贴）等收入，他都看得不重，总是将这些收入用在最应该用的地方。例如，李小文院士用某基金会给他的奖金，在电子科技大学设立了"李谦"奖助学金，将奖金用于教育事业。

在教学方面，李小文院士在中国科学院研究生院、北京师范大学、北京大学、清华大学为研究生举办了遥感科学的系列讲座及专题讲座，指导了多名博士、硕士生，推动我国在短期内形成一支具有创新能力和掌握遥感原理的实验研究队伍。在培养学生方面，他始终坚持有教无类和因材施教的教学理念。

新时代大学生劳动教育

> 2015年1月25日，北京师范大学在北京发起并设立以李小文院士名字命名的公益基金，旨在推动地理学与遥感科学的学科建设和人才培养。这一举动无疑是对李小文院士的最高褒奖，也体现了后辈继续他生前事业的决心。

资料来源：范媛吉，刘松，崔坤在．新时代师德师风建设[M]．长沙：湖南大学出版社，2021：229-234．（有删改）

点评：如果没有正确的劳动价值观、没有高尚的劳动品质、没有积极的劳动态度，李小文院士就不会成为大家眼中超凡脱俗的"布鞋院士"。他将所有精力投入自己的事业，对物质和欲望看得"风轻云淡"，为人们树立了正确的劳动榜样。

课堂讨论

讨论主题：劳动教育的主要内容。

讨论内容：

①劳动教育提倡哪些价值观？

②劳动品质、劳动态度、劳动科学知识与劳动能力教育的内容分别是什么？

③劳动实践教育重要吗？

讨论总结：劳动教育的主要内容是劳动价值观、劳动品质、劳动态度、劳动科学知识、劳动能力和劳动实践的教育。

三、劳动教育的途径

在劳动教育中，需要强调家庭教育、学校教育和社会教育的三位一体作用，仅靠一方的努力，很难达到教育目的。因此，劳动教育的主要途径应该包括家庭教育、学校教育和社会教育3个方面。

（一）家庭教育

家庭教育是教育的基础，然而大多数家庭注重德育、智育，忽略劳动教育。家庭对中小学的孩子期望高，希望他们精力用在学习上，长此以往，这导致部分大学生逐渐养成不爱劳动、不爱动手的习惯。

然而，劳动并不会影响大学生的学习，相反还会提高大学生各方面的素质和能力，如身体素质、实践能力等。如果家庭加强劳动教育，则能够助力学校和社会途径的劳动教育。用家庭劳动行为和劳动光荣的思想影响大学生，以使大学生正确对待劳动，并培养其劳动习惯，这是家庭教育的义务。

（二）学校教育

学校教育承担实施劳动教育的主体责任，在劳动教育中起着引领和主导的作用。通过劳动教育，学校可以拓宽育人渠道，使大学生养成正确的劳动观念、劳动习惯、劳动品质和劳动精神。学校途径的劳动教育可以通过以下方式开展。

①开设专门的劳动教育课程。
②结合劳动教育与思想政治教育。
③结合劳动教育与专业课程教学。
④开展劳动实践活动。
⑤开展创新创业教育活动。

《中国教育现代化2035》指出："弘扬劳动精神，教育引导学生崇尚劳动、尊重劳动，树立依靠辛勤劳动创造美好未来的观念。强化实践动手能力、合作能力、创新能力的培养。"新时代的劳动者不仅要有力量，还要有智慧、有技术，能发明、会创新，努力营造劳动光荣、技能宝贵、创造伟大的时代风尚。

（三）社会教育

社会风气会影响人们的各种观念。如果社会出现蔑视劳动、轻视劳动者的风气，就会严重影响大学生对劳动的认识。例如，如果社会一味宣传艺人高收入、"网红"一夜暴富等信息，大学生在择业时就很有可能将"好工作"定义为"钱多、事少的工作"，而且这些崇尚出名、暴富的不正之风容易使一些大学生迷失人生方向，甚至不愿学习、不愿付出、不愿劳动，整天幻想一夜暴富的情景。

因此，对大学生进行劳动教育需要全社会共同努力，营造出一个良好的环境，实现协同育人。各级政府部门要积极协调和引导工厂、农场及其他企业等组织履行社会责任、开放实践场所，支持学校组织大学生参加力所能及的生产劳动、参与新型服务性劳动，使大学生与普通劳动者一起参与劳动过程；同时，也应该鼓励高新企业支持大学生体验现代科技条件下劳动实践的新形态、新方式。工会、共青团、妇联等群团组织以及各类公益基金会、社会福利组织，也应该组织动员相关力量搭建活动平台，支持大学生深入社区、福利院和公共场所等，参与社区治理、参加志愿服务、开展公益劳动。

案例阅读

当代大学生的社会劳动

2020年3月5日是全国"学雷锋纪念日"，也是"中国青年志愿者服务日"。某学院组织了一系列青年志愿者活动，弘扬雷锋精神、积聚社会正能量、积极

新时代大学生劳动教育

践行社会主义核心价值观。

例如，机械工程系以义务清洁公交站牌、过街天桥及校园环境的社会公益性劳动拉开了学雷锋活动的序幕。这些活动是该系对大学生进行社会主义核心价值观教育的重要载体，也是推进学雷锋行动常态化的重要举措。大学生们有的围在街头广告牌上清理小广告，有的走进绿化带将烟头、纸屑、枯枝树叶、烂布块和断砖头等垃圾清理到随身携带的垃圾袋中。

再如，电气及自动化系的大学生们按照事先分工，为老年人居多的居民小区清理宣传栏、捡拾杂物垃圾、关闭滴水的水龙头等，还自发擦洗小区内公共区域的玻璃、清理道路两边的落叶及垃圾等。大学生们的行动感染了周围的人们，大家纷纷加入进来，为美化小区尽一份力。

最后，大学生们这样评价道：谁说只有钱财才可以做公益，我们21世纪的新生力量，可以用无私奉献、不怕吃苦的信念去完成精神上的公益事业。

资料来源：冉江舟，杨静. 大学生劳动教育[M]. 北京：人民邮电出版社，2021：57.

点评：作为大学生，积极、主动地参加社会性公益劳动，不仅能提高对劳动的认识，更能树立正确的价值观、人生观，同时还能给社会带来良好风尚，形成一股正能量，带动整个社会都参与到劳动中来。

课堂讨论

讨论主题：劳动教育应该重视哪些途径？

讨论内容：

①家庭劳动教育是否重要？

②你对学校的劳动教育有什么意见和建议？

③社会风气的好坏对你的影响是否严重？

讨论总结：劳动教育需要依靠家庭、学校和社会的共同努力，缺一不可。

四、专业教育、创新创业教育中的劳动教育

当代大学生中，各种不爱劳动、不会劳动、不珍惜劳动成果的现象屡见不鲜。例如，有的大学生平时逃课、睡觉、应付功课，导致不断补考，甚至抄袭作弊；有的大学生消费超前、攀比享乐，一就业就加入了"啃老族""月光族"行列；有的大学生吃不起苦、受不起累，不知创业艰难，缺乏创业能力；有的大学生就业后追求不切实际的薪酬待遇，随意毁约、频繁跳槽；有的大学生认为脑力劳动高于体力劳动，甚至产生鄙视普通劳动者的潜意识。这些现象，促使学校在专业

教育、创新创业教育中开展行之有效的劳动教育。

（一）专业教育与劳动教育

在专业教育中加强高校劳动教育工作，应深入挖掘专业教育、思政教育和第二课堂活动中的劳动教育资源，系统建构"四位一体"的多元化劳动教育课程体系。

1. 课程劳育

专门开设劳动教育通识课程，使大学生在爱劳动、会劳动的同时，还能够懂劳动之义、明劳动之理。因此，高校应有专门的劳育类通识课程，向大学生系统介绍劳动法律、劳动关系、劳动经济、劳动社会保障、劳动安全和职业卫生等劳动科学基础知识。

2. 专业劳育

高校应把劳动教育融入大学生的专业课程学习与实习实训中，在专业课程中强化本专业劳动伦理和劳动发展趋势教育，构建具有本专业特色的劳育价值体系；在实习实训中强化劳动知识和技能训练、劳动权利和责任教育、劳动情感和态度培养，全面培育劳动精神；在课程建设上挖掘本专业大国工匠、劳动模范等特色资源，开展劳育特色专业课程。

3. 思政教育

把劳动教育融入思想政治教育，强调用好思想政治理论课堂这个主渠道、主阵地，形成德育、劳育协同效应。例如，在"马克思主义基本原理概论"课堂中强化劳动经典解读，深化马克思主义劳动价值观教育；在"毛泽东思想和中国特色社会主义理论体系概论"课堂中加入习近平总书记关于劳动的重要论述；在"形势与政策"课堂中加入对当前劳动力市场的分析与发展展望。

4. 实践劳育

把劳育融入第二课堂活动，全面推进劳动教育与大学生社会实践、志愿服务、创新创业教育、职业生涯教育、就业指导、产教融合及校园文化相结合，通过形式多样的劳动实践锻炼，在提高大学生综合素质的同时，引导大学生懂得并由衷认可劳动最光荣、劳动最崇高、劳动最伟大、劳动最美丽的道理。

（二）创新创业教育与劳动教育

马克思主义认识论认为，一个完整的认识过程是由实践到认识再到实践的过程。基于高校已有的劳动教育、创新创业教育理论与实践，我们应加快高校劳动教育与创新创业教育深度融合，从而产生"劳创融合"新模式。

新时代大学生劳动教育

1. 劳动教育与创新创业教育具有互补的教育目标

创新创业教育需要培育有社会担当的劳动人才,劳动教育明确要求新时代人才须有"创造性劳动"能力,并认同"劳动光荣与伟大"价值意蕴。二者相融形成育人新目标,更有利于培养出新时代具有劳动精神、首创精神和服务意识的新型人才。

2. 劳动教育与创新创业教育具有重合的依托载体

高校实践育人创新创业基地建设为"劳创融合"新型育人模式提供载体,通过同一实践育人基地平台可搭建劳动教育与创新创业教育双方沟通、交流、互惠共生的"桥梁",依托载体和"桥梁"在人才培养、项目合作、成果转化等领域开展系统化深度合作,达成高校、政府、企业在人才培养和人才选拔等多方面的目标。

3. 劳动教育与创新创业教育具有共同的实施主体

无论是劳动教育还是创新创业教育,均需要社会、家庭和高校同步配合,并且需要进一步建立政府、企业、社会等外部主体监管与高校内部相关部门主体监管相结合的多元主体监管机制。

 案例阅读

> **上海财经大学的劳动教育特色模式**
>
> 为了更好地在专业教育和创新创业教育中开展劳动教育,上海财经大学推行了一系列卓有成效的教学模式。
>
> (1)将劳动价值观教育纳入思政课和通识课,安排一定学时的劳动理论专题教育,并在"马克思主义基本原理""习近平新时代中国特色社会主义思想概论""政治经济学""经济中国"等课程中注重马克思主义劳动观、劳动法规和劳动安全等的教育,大力弘扬劳动精神、劳模精神、工匠精神,帮助大学生树立正确的劳动价值观和爱岗敬业的劳动态度。
>
> (2)在专业课程中融入创新性劳动的相关内容,深刻阐发创新性劳动品格,重视新理念、新知识、新方法的应用能力培养。
>
> (3)推出以体力劳动为主、以服务性劳动和创新性劳动为核心的实践课程"云超市",供大学生自主选择,线上下单、线下实践。
>
> (4)开展"千村调查"项目,在部分定点调查县设立"田间课堂",以实践助力乡村振兴,同时还设立"千村调查劳动日",让大学生走进田间地头与

第一章 劳动认知

农民一起劳作，培养大学生的劳动能力和劳动习惯。

（5）设立宿舍管理、食堂帮厨、快递收发、校园绿化等勤工助学岗位，引导大学生走到劳动一线与工人一起出力流汗；规范设置助教、助研、助管岗位，引导大学生走到教学、科研、管理一线与教师一起奋力耕耘；设立"企业开放日"，大力开展实习实训，引导大学生走进企业与企业员工一起进行生产实践活动，培养大学生的服务意识、奋斗精神和职业素养。

（6）开设"帮扶类""社区类""会议类""论坛类""赛事类"五大志愿服务项目，制定劳动教育日历，广泛开展公益志愿服务活动。

（7）与长三角地区中小微企业共建创新创业平台，建设"智慧学习工厂"，开展创业项目路演和创新创业大赛，每学年定期组织"创新创业实训周"活动，培养大学生的创新性劳动品质。

（8）拓宽"匡时班"组建范围，在学校科技园设立大学生创业孵化基地，与校友、校董企业共建产教融合实习基地，为学生创业实践和实习实训提供支持，增强学生的创新精神、创业意识和创造能力。

（9）依托"春晖社"等学生社团，组织大学生为"校友返校日""校友大讲堂""校友职业论坛"等活动提供志愿服务等。

（10）分类多层次设计"生涯规划月""职前研习营"等生涯规划类项目，引导大学生到基层就业、创业，树立用劳动书写青春的正确就业观。

资料来源：冉江舟，杨静．大学生劳动教育[M]．北京：人民邮电出版社，2021：11.

点评：上海财经大学打造的劳动教育特色模式实现了将劳动教育融入专业教育和创新创业教育中的目标，使劳动教育的开展不仅不会影响大学生的专业学习，反而会让大学生更直观、更深入地了解相关专业和创新创业的实践内容。该模式是值得借鉴的劳动教育模式。

课堂讨论

讨论主题：如何在专业教育、创新创业教育中开展劳动教育？

讨论内容：

①在专业教育、创新创业教育中开展劳动教育有没有好处？

②可以采取哪些措施或模式来开展劳动教育？

讨论总结：在专业教育、创新创业教育中开展劳动教育是有必要的，可以紧密结合专业和实践，有助于大学生对创新创业的理解更加深入，为踏入社会拓宽道路。

五、产教融合

产教融合是指学校根据所设专业，积极开办与专业相关的产业，把产业与教学密切结合，相互支持、相互促进，把学校办成集人才培养、科学研究、科技服务于一体的产业性经营实体，形成学校与企业浑然一体的办学模式。

就劳动教育而言，学校与企业深度融合，将企业的先进设备、新技术和新工艺引进课堂，可使大学生在课堂学习过程中对于专业教学标准、专业氛围、模拟实训、岗位体验等环节有更加直观和深刻的感受，实现实训岗位与生产岗位有机融合，促使大学生的技能和素养与未来就业岗位零距离对接。

总体来说，开展产教融合的优势如下：

①有效提高大学生的专业技能水平。大学生在真实的工作场景中学习，真正实现理论与实践一体化。大学生对本专业的知识学习实现由感性了解到具体操作，这样能够进一步激发大学生的学习兴趣，有效提高大学生的专业技能水平。

②有效提升大学生的劳动观念。在产教融合的课堂教学中，大学生是校企双方的服务对象，大学生以真实的生产实践项目为载体、以任务为驱动、以行动为向导，充分调动学习积极性。在生产实践中，大学生不仅可以通过干一些力所能及的体力活锻炼毅力，还可以通过参与生产学习将课堂知识应用到实际生产，实现教育与生产劳动相结合，进而增强职业荣誉感，提高职业技能水平，培育精益求精的工匠精神和爱岗敬业的劳动态度。

③有效改善大学生的行为习惯，提升大学生的职业素养。企业实训课堂可以实行标准化管理，其中包含专业、细致的绩效评价，对大学生行为习惯的养成有较好的规范性和约束性。大学生在企业实训课堂上能够更加主动地以企业员工为标准，促进大学生由"学校人"向"社会人"转变。

④完善劳动教育体系。中共中央、国务院印发的《关于全面加强新时代大中小学劳动教育的意见》明确提出，要全面构建体现时代特征的劳动教育体系。劳动教育体系由劳动教育课程设置、劳动教育内容设置、劳动素养评价制度等内容构成。产教融合下的教学实施能较好地体现劳动教育体系的连贯性和针对性，实现劳动教育的价值。

案例阅读

广州市成立职业教育 AI 产教融合中心

2021年年初，广州市成立了职业教育AI产教融合中心。该中心采取广州市某技术职业学校、深圳市某科技有限公司、广州市某教育馆、广州市某教育

第一章 劳动认知

学会四方合作的方式，充分利用校、企、馆、会的优势，在广州市某技术职业学校某校区举行了四方签约仪式。

该中心是广州市首个职业教育AI产教融合中心，中心搭建了人工智能创新平台，宗旨是推进广州市人工智能产业及教育发展。之所以采取四方合作的形式，看重的是：学校能够提供"人工智能+X"复合型技能人才；科技公司可以提供研发平台和研发资金；教育馆能够为师资队伍进行业务培训并提供支持和指导；教育学会则可以作为沟通交流的"桥梁"，通过多方衔接，为产教融合中心在政策性、技术性和可行性上给予充分保障。该中心以成为区域示范产教融合中心为目标，以打造成产教融合新标杆为愿景。

广州市某技术职业学校软件与信息服务专业带头人冯某表示："我们聚焦人工智能的应用，培养出来的学生具有实操能力，毕业后深受用人单位欢迎。通过与产教融合中心合作，学生还有机会进入深圳市某科技有限公司实习。"

资料来源：冉江舟，杨静. 大学生劳动教育 [M]. 北京：人民邮电出版社，2021：35.

点评：产教融合是新时代下一种具有较高推广价值的教育模式。无论是对职业还是对普通高等学校，产教融合的教育模式都能够使大学生更加了解劳动的意义、更快地参与劳动，也能够为大学生以后进入社会打下基础。

课堂讨论

讨论主题：产教融合的实践意义

讨论内容：

①什么是产教融合？

②产教融合与劳动教育有什么关系？

③应该如何开展产教融合的教学模式？

讨论总结：产教融合更有利于劳动教育的开展与实施，能够很好地培养和锻炼大学生的劳动价值观、劳动态度、劳动品质和劳动技能。

 拓展阅读

人才培养模式的改变

高校人才培养模式是教育观念、培养目标、培养规格和培养方式多

层面有机结合的产物，涉及专业设置、课程设计、教学管理和质量控制等多个环节，意在解决"培养什么样的人"和"怎样培养人"等根本问题。

从育人和育才相统一的人才培养辩证法出发，完整的人才培养不仅要重视"向内的教育"，即塑造大学生的身体、精神和灵魂，培养大学生的理想、信念和价值观；更要强调"向外的教育"，即培养大学生的核心技能、劳动技能，使大学生进入社会时有一技之长，获得在社会中实现自我价值的本领。劳动教育主要就是这种"向外的教育"。完整的高水平人才培养体系，一定是"向内的教育"与"向外的教育"的有机统一。高等教育阶段作为大学生走向职场的最后一站，更应该重视"向外的教育"，通过劳动教育更好地培养适应社会发展与社会需求的高素质人才。

3位英美经济学家曾因成功解释了"为什么在存在很多职位空缺的时候，仍有许多人失业"的问题而获得了诺贝尔经济学奖。我国同样存在这种企业"用工荒"与大学生"就业难"并存的难题。事实上，在德、智、体、美、劳五育中，劳动教育是唯一直接通向劳动世界、工作世界的教育。在更广阔、更具体的社会背景下，劳动教育可以引导大学生将从其他四育中获得的知识、能力、素养，整合性、创造性地运用于社会生产和生活实践中，使大学生成为在劳动创造中实现个体价值同时承担社会责任的高素质人才。

资料来源：冉江舟，杨静. 大学生劳动教育[M]. 北京：人民邮电出版社，2021：24.

 案例阅读

济南大学政法学院的"3+2"人才培养模式

济南大学政法学院劳动与社会保障系党支部在学校党委和学院党委的领导下，积极响应贯彻党的十九大精神，紧密围绕本科专业人才发展创新，提出"3+2"人才培养模式，在实践中助力大学生成长、成才。"3+2"人才培养模式，即"课程体系3支柱"与"创新教育2平台"。

"课程体系3支柱"如下：

①针对专业课程普遍存在的"碎片化"突出问题构建并实施"三位一体"专业课程群，即"社会保障课程群+人力资源管理课程群+社会理论与方法课

第一章 劳动认知

程群",各个课程群之间相互衔接、相互支撑,共同构成劳动与社会保障专业课程体系的核心支柱。

②针对专业实践教学普遍存在的薄弱环节构建并实施"阶梯式"实践教学体系,即劳动与社会保障专业实践教学体系由"认识实习""专业实习""专业调查",以及"毕业实习和毕业论文"4门实践课程组成,构成"阶梯式"专业实践教学体系,具有较强的系统性、针对性及突出的专业性。

③针对专业实验教学普遍存在的低水平问题构建并实施"六大类"实验教学项目体系,即劳动与社会保障专业实验教学项目体系应包括必要的验证性实验项目、实务操作性实验项目、情景模拟性实验项目、方法技能性实验项目、综合设计性实验项目及研究性仿真实验项目等,各类实验应按照教学规律有逻辑地衔接起来。

"创新教育2平台"主要针对大学生创新精神与创新能力的培养。

①搭建"常态化科研参与平台",使大学生能够全面参与专业教师的科学研究活动,培养大学生的基本研究能力。

②搭建"常态化专业竞赛平台",使大学生能够在各类学科专业竞赛过程中,综合检验所学知识、方法与技能,培养创新精神与创新能力,全面提升综合素养。

资料来源:任晓敏.发挥教师党支部主体作用 创新"3+2"人才培养模式 助力学生成长成才[EB/OL].(2017-12-11)[2023-09-05].http://spl.ujn.edu.cn/info/1004/1030.htm.(有删改)

点评:济南大学政法学院劳动与社会保障系党支部紧密围绕专业特色和大学生发展,从人才培养模式方面进行创新,在提高大学生积极性的同时,也激发了教师培养优秀人才和提升学生综合素养的内在动力,为学生的成长和发展提供了更多的机会和空间。

实践思考

劳动实践活动——我做家长的一天

为纠正少数大学生盲目崇拜艺人、"网红",轻视甚至鄙视劳动者等错误思想,让大学生意识到不应该成为"啃老族""月光族"等群体成员,改变大学生过度消费、提前消费、崇尚暴富等错误习惯和观念,特组织"我做家长的一天"劳动实践活动,希望大学生能够通过身份的转变,体会到家长的辛苦,从而更加珍惜幸福的生活,改掉一些不良的行为习惯和错误观念。

一、活动名称

我做家长的一天。

二、活动主旨与意义

通过完成家务劳动和其他事务，大学生能够意识到不能只埋首书桌，更应该热爱劳动，加强锻炼，珍惜生活，深刻认识德、智、体、美、劳全面发展的必要性。

三、活动开展与目标

①确定活动开展的时间，以寒暑假为宜。在假期中选择两个周末共4天时间完成此次劳动实践活动。

②以回报父母为目标，力所能及地承担一些家务，如为家人做饭，为家人洗衣服，包揽洗碗、扫地、拖地等清洁劳动工作；陪家人散步、郊游或与家人聊天等。

③将活动过程和结果记录下来，并写下对此次劳动实践活动的感悟。

四、活动内容

大学生至少在假期内利用4天时间完成此次劳动实践活动，活动内容如下。

①餐饮方面：负责家人的一日三餐。

②卫生方面：保证家庭居住环境干净、卫生、整洁。

③心理方面：让家人精神愉悦。

五、活动要求

（一）餐饮方面

①餐饮营养搭配需要均衡。

②餐饮需要自己动手，食材自己采购，饭菜自己制作。

③禁止外出就餐，禁止订购外卖。

④饭后负责洗碗等清洁工作。

（二）卫生方面

①扫地、拖地，保证地面整洁。

②打扫家具、家电、墙面等地方的灰尘。

③清洗家人的衣服、床单、被罩。

（三）心理方面

①与家人聊天，分享大家最近的经历，分担大家的心理压力。

②条件允许时，陪同家人到郊外或就近的地方散心、旅游。

第一章 劳动认知

劳动实践活动表

劳动目标	
劳动内容	
劳动结果	
心得体会	

第四节　广泛开展劳动教育

课前导读

　　劳动教育是学生热爱劳动，传承中华民族的传统美德，全面发展的基本途径。培养德智体美劳全面发展的社会主义建设者和接班人是党对教育工作的要求。

　　本节通过分析新时代劳动教育的性质理念、目标内容，劳动教育的主要方向等，阐述了劳动教育对学生尤其是高校学生成长的意义和价值。希望同学们通过本节内容的学习，一是建立对劳动教育的正确认识，重视这一促进人的全面发展的重要环节；二是做好劳动规划，积极学习劳动技能，树立正确的劳动观念，真正做到爱劳动、会劳动。

新时代大学生劳动教育

一、劳动教育正式成为我国人才培养体系的组成部分

2018年9月，全国教育大会在北京召开，习近平总书记在会上明确提出，要努力构建德智体美劳全面培养的教育体系，形成更高水平的人才培养体系[①]，凸显了劳动教育的独立性和重要性，使我国全面培养的教育体系更为完整。为贯彻落实这一目标，2020年，我国先后发布了《中共中央、国务院关于全面加强新时代大中小学劳动教育的意见》和《大中小学劳动教育指导纲要（试行）》两个重要文件，开启了对具有中国特色的劳动教育模式的积极探索和全面部署，并对劳动教育的总体目标、主要内容、实施途径等作出了具体规定，为新时代如何加强劳动教育提供了可行方案。

我国教育方针的理论基础是马克思关于人的全面发展学说。人的全面发展，是人自身发展的内在要求，也是社会发展的客观要求和最终目的。促进人的全面发展一直是我国教育改革与发展的根本性原则，教育是促进人的全面发展的基本手段，"德智体美劳"五育与个体发展的不同维度相对应，五育既密切联系又有不同功能，而劳动教育具有树德、增智、强体、育美的综合育人价值，构建德智体美劳全面培养的教育体系是推进我国教育现代化的必然路径。

二、劳动教育与劳动文化双向促进

教育具有文化功能，通过教育活动，不仅可以保存、传递、选择文化，促进文化的延续和发展，还可以更新、创造文化，生长出与时代发展和社会变迁相适应的新文化，以促进人类自身和社会的不断发展。反之，优秀的文化也可以促进教育内容的丰富和扩展，从而提高教育质量，更好地促进个体和社会的发展。劳动教育的实施，一方面能够更好地促进个体在体力、智力、精神上的提升，另一方面也可以在全社会形成一种积极的劳动文化氛围，并最终促进个体劳动素养的提高。

党的十八大以来，习近平总书记多次围绕劳动发表重要论述，逐渐形成新时代的劳动文化体系，主要包括：第一，在劳动态度方面，要崇尚劳动、尊重劳动、热爱劳动；第二，在劳动品德方面，要辛勤劳动、诚实劳动、创造性劳动；第三，在劳动目的方面，要培养爱劳动、会劳动、懂劳动的时代新人；第四，在劳动观念方面，要牢固树立劳动最光荣、劳动最崇高、劳动最伟大、劳动最美丽的

---

① 《习近平总书记教育重要论述讲义》编写组. 习近平总书记教育重要论述讲义[M]. 北京：高等教育出版社，2020：59.

观念；第五，在对待劳动者方面，要尊重劳动、尊重知识、尊重人才、尊重创造；第六，在精神引领方面，要大力弘扬劳模精神、劳动精神、工匠精神。通过实施劳动教育，可以引导学生树立正确的劳动价值观，增强对劳动人民的感情，更好地理解劳动的意义和价值。在这个过程中，也会创造出关于劳动的新认识、新思想、新观点，从而持续丰富劳动文化的内容体系，使劳动教育理论不断焕发出新的生机，并引领劳动教育走向更宽的领域。

三、关注创造性劳动能力培养

《中共中央、国务院关于全面加强新时代大中小学劳动教育的意见》明确指出，劳动教育要"培养科学精神，提高创造性劳动能力"，反映了新时代对劳动教育提出的新要求。随着时代发展和国内外环境的深刻变化，推动社会进步已不能仅仅停留于简单的生产劳动，加快科技创新成为我国发展面临的迫切需求，这也对教育提出了新的要求，即"要把教育摆在更加重要的位置，全面提高教育质量，注重培养学生创新意识和创新能力"。这就要求新时代的劳动教育应结合产业新业态、劳动新形态，通过日常生活劳动、生产劳动和服务性劳动等形式，增强创新意识、培养创新思维，提高学生的创造性劳动能力，以培养能够适应未来社会发展变化的知识型、技能型、创新型高素质劳动者，推动"中国制造"向"中国智造""中国创造"转变，促进我国综合国力和国际竞争力的提升。

拓展阅读

——《大中小学劳动教育指导纲要（试行）》解读

> 2020年7月，教育部印发了《大中小学劳动教育指导纲要（试行）》（以下简称《指导纲要》）。据悉，《指导纲要》是《中共中央、国务院关于全面加强新时代大中小学劳动教育的意见》（以下简称《意见》）的配套文件，主要面向学校，重点针对劳动教育是什么、教什么、怎么教等问题，细化有关要求，加强专业指导。
>
> 《指导纲要》如何阐释劳动教育的内涵和特征？对劳动教育的目标内容做了哪些细化？将如何解决"有教育无劳动"和"有劳动无教育"

的问题？2020年7月15日，记者就有关问题采访了教育部教材局负责人。

劳动教育是什么——
对学生进行热爱劳动、热爱劳动人民的教育活动

当前，社会上对什么是劳动教育有不同的理解，教育部教材局负责人指出，忽视劳动的现象主要表现为轻视体力劳动，尤其是看不起普通劳动者。《指导纲要》重申《意见》提出的"以体力劳动为主，注意手脑并用"要求，并进一步阐明了劳动教育的内涵和特征，指出"劳动教育是发挥劳动的育人功能，对学生进行热爱劳动、热爱劳动人民的教育活动"。

该负责人介绍，劳动教育有三个基本特征："一是鲜明的思想性，强调劳动者是国家的主人，一切劳动和劳动者都应该得到鼓励和尊重，反对一切不劳而获、崇尚暴富、贪图享乐的错误思想；二是突出的社会性，要求引导学生走向社会，认识社会，强化责任担当意识，体会社会主义社会平等、和谐的新型劳动关系；三是显著的实践性，以动手实践为主要方式，引导学生在认识世界的基础上，学会建设世界，塑造自己，实现树德、增智、强体、育美的目的。"

根据《指导纲要》，劳动教育的基本理念为：强化劳动观念，弘扬劳动精神；强调身心参与，注重手脑并用；继承优良传统，彰显时代特征；发挥主体作用，激发创新创造。

《指导纲要》提出，要将劳动观念和劳动精神教育贯穿人才培养全过程，贯穿家庭、学校、社会各方面。注重让学生在学习和掌握基本劳动知识技能的过程中，领悟劳动的意义价值。要让学生面对真实的个人生活、生产和社会性服务任务情境，亲历实际的劳动过程，善于观察思考，注重运用所学知识解决实际问题，提高劳动质量和效率。在充分发挥传统劳动、传统工艺项目育人功能的同时，紧跟科技发展和产业变革，准确把握新时代劳动工具、劳动技术、劳动形态的新变化，创新劳动教育内容、途径、方式，增强劳动教育的时代性。同时，要关注学生劳动过程中的体验和感悟，引导学生感受劳动的艰辛和收获的快乐，增强获得感、成就感、荣誉感。

劳动教育教什么——
各地各校结合实际制定具体劳动教育清单

教育部教材局负责人介绍，依据《意见》《指导纲要》对劳动教育的目标内容做了细化和具体化：一是明确劳动教育目标框架，具体包括树立正确的劳动观念、具有必备的劳动能力、培育积极的劳动精神、养成良好的劳动习惯和品质四个方面；二是明确三类劳动教育（日常生活劳动教育、生产劳动教育、服务性劳动教育）的育人价值定位；三是明确小学、初中、普通高中、职业院校、普通高等学校劳动教育主要内容和三类劳动教育的具体要求。

"各地和学校可以依据以上三个方面的要求，结合实际制定更为具体的劳动教育清单，切实解决劳动教育教什么的问题。"该负责人说。

"与职业院校、高等学校相比，中小学有自己的特点。"该负责人介绍，《指导纲要》在加强中小学劳动教育方面着重强调了要打好基础、安全适度、开齐课程、讲究方法、家校合作。比如，要注重日常生活劳动习惯的养成，根据学生年龄特点有序安排劳动教育内容要求，上好每周一节劳动教育必修课，同时安排必要的课外劳动时间和劳动周活动，建立以学校为主导、家庭为基础、社区为依托的协同实施机制等。

在职业教育方面，《指导纲要》明确提出职业院校劳动教育的重点是结合专业特点，增强学生职业荣誉感和责任感，提高职业劳动技能水平，培育积极向上的劳动精神和认真负责的劳动态度；规定职业院校开设劳动专题教育必修课不少于16学时，主要围绕劳动精神、劳模精神、工匠精神、劳动组织、劳动安全和劳动法规等方面设计；同时将劳动教育全面融入公共基础课和专业课之中，注重培养学生的敬业精神、吃苦耐劳、团结合作、严谨细致的工作态度；还要求职业院校主动开放实训实习场所、设施设备，为普通中小学和普通高校提供所需要的服务。

结合普通高校的实际情况，《指导纲要》强调，一是要明确重点，强化马克思主义劳动观教育，注重围绕创新创业，结合学科专业开展生产劳动和服务性劳动，积累职业经验，培育创造性劳动能力和诚实守信的合法劳动意识；二是规定载体，要求明确主要依托的课程，其中本科阶段劳动教育必修课不少于32学时，明确学生日常生活中的劳动事项和时间，组织开展劳动周或劳动月；三是强化服务，加强劳动教育师资培养，有条件的院校开设劳动教育相关专业。

劳动教育怎么教——
开设必修课，将劳动教育纳入人才培养全过程

"在当前的学校中，有教育无劳动和有劳动无教育问题同时存在。"

教育部教材局负责人说，提高劳动教育的质量水平，必须解决怎么教的问题。

为切实解决有教育无劳动问题，《指导纲要》明确了劳动教育的途径，包括独立开设劳动教育必修课、在学科专业中有机渗透劳动教育、在课外校外活动中安排劳动实践、在校园文化建设中强化劳动文化四个方面。"特别是对劳动教育必修课、课外校外劳动实践时间、每学年一次的劳动周提出了具体要求，将劳动教育纳入人才培养全过程。"该负责人说。

具体来看，中小学劳动教育课平均每周不少于1课时，职业院校开设劳动专题教育必修课，不少于16学时，普通高等学校要将劳动教育纳入专业人才培养方案，明确主要依托的课程，可在已有课程中专设劳动教育模块，也可专门开设劳动专题教育必修课，本科阶段不少于32学时。中小学每周课外活动和家庭生活中劳动时间，小学一至二年级不少于2小时，其他年级不少于3小时；职业院校和普通高等学校要明确生活中的劳动事项和时间，纳入学生日常管理工作。

"劳动教育不是简单地让学生扫地、做家务。"该负责人介绍，《指导纲要》围绕讲解说明、淬炼操作、项目实践、反思交流、榜样示范等关键环节，加强对劳动教育方式方法的具体指导，要求通过组织学生参加劳动实践，对学生进行热爱劳动、热爱劳动人民的教育，切实解决有劳动无教育的问题。

在评价改革方面，《指导纲要》提出，将劳动素养纳入学生综合素质评价体系。以劳动教育目标、内容要求为依据，将过程性评价和结果性评价结合起来，健全和完善学生劳动素养评价标准、程序和方法，鼓励、支持各地利用大数据、云平台、物联网等现代信息技术手段，开展劳动教育过程监测与评价，发挥评价的育人导向和反馈改进功能。

"这里突出强调要依据劳动教育目标，制定劳动素养评价标准，注重对学生劳动素养形成和发展情况的测评分析。要将平时表现评价、学段综合评价和学生劳动素养监测区别开来，分别提出相应要求，同时要改进评价方式手段。"该负责人说。

"劳动教育意义重大，各地和学校要将劳动教育摆在突出位置上，切实予以加强。"该负责人强调，各地和学校要加强组织管理，明确实施机构和人员，具体负责劳动教育的规划设计、组织协调、资源整合、

第一章 劳动认知

师资培训、过程管理、总结评价等。加强支持保障，对劳动教育所需要的师资、场地设施、经费投入等，进行合理规划和统筹安排，为劳动教育的实施创造必要条件。加强专业研究和指导，组织开展劳动教育课程资源研发，促进优质资源的共享与使用。

资料来源：劳动教育是什么？教什么？怎么教？《大中小学劳动教育指导纲要（试行）》解读[N]．中国教育报，2020-07-15（1）．

—— 实践思考 ——

活动主题：倾听劳动者心声，感悟劳动的时代价值。

活动形式：观看庆祝"五一"国际劳动节大会。

活动要求：

①以学习小组为单位参加活动；

②学习小组各自组织成员观看庆祝"五一"国际劳动节大会；

③小组成员汇报、交流心得体会，并完成一篇观后感。

第二章 劳动精神

- 培育劳动精神
- 发扬工匠精神
- 践行劳模精神

【知识目标】

1. 掌握劳动精神、工匠精神、劳模精神的含义和特点。
2. 能够结合自己的劳动经历,深刻理解崇尚劳动、热爱劳动、辛勤劳动、诚实劳动的劳动精神。
3. 掌握劳动精神的时代价值及培育路径。

第二章 劳动精神

【思政目标】

1. 正确理解劳模精神的内涵，逐步培养优秀品质；
2. 能够在学习、实践中，自觉践行劳模精神，做劳模精神的宣传员和传承者；
3. 树立科学的劳动观；
4. 养成良好的劳动习惯、劳动品德，培养基本的劳动素养；
5. 具备较强的学习能力和理解能力，能够通过学习坚定职业信念。

第一节 培育劳动精神

本节主要介绍劳动精神的含义、特点及主要内容等，重点分析劳动精神的时代价值和新时代大学生劳动精神的培育路径。

课前导读

劳动是人的本质力量的体现。劳动精神是在劳动实践中提炼而成，推动社会变革、推动社会文明与进步的重要精神力量。无数历史表明，劳动精神是中华民族赖以生存和发展的精神纽带，它不仅是对中华民族传统美德的继承和发扬，也是伟大时代精神的生动体现。让肩负时代大任的广大高校青年学生传承劳动传统、涵养劳动情怀、崇尚劳动立身，直接关系到"两个一百年"奋斗目标与中华民族伟大复兴的中国梦的实现，当代大学生要努力做劳动精神的培育者和弘扬者，用实际行动展现出新时代的青春风貌。

知识讲堂

一、劳动精神的含义与特点

（一）劳动精神的含义

纵观历史，人类所有的进步和发明创造都是劳动带来的，而创造一切文明奇迹的根源，就在于人类身上体现出的劳动精神。劳动精神是每一位劳动者为创造美好生活而在劳动过程中秉持的劳动态度、劳动观念、劳动习惯以及展现出的劳动精神风貌。

1. 劳动精神成就劳动者

劳动者创造劳动精神，劳动精神成就劳动者。这就表明，劳动精神与劳动者是内在一致的。我们不仅需要从劳动者的角度理解劳动精神，更需要从劳动精神的角度去理解劳动者。当前，我们全面推动劳动精神，大力弘扬劳动精神，一方面展现了党和国家对广大劳动者的高度重视，另一方面也体现了劳动精神对于培育社会主义建设者和接班人的重要意义。

2. 劳动精神创造美好生活

任何劳动都有一定的指向性，任何劳动者都会怀揣对美好生活的向往，这些都需要劳动精神的支撑和指引。"人民创造历史，劳动开创未来"，人类所有的美好生活都是通过劳动获得的，这就要求我们不仅要仰望星空，更要脚踏实地。仰望星空体现的是对美好生活的向往和追求，但是最终决定这一向往和追求能否实现的关键，是脚踏实地的劳动精神。

3. 劳动精神体现劳动态度

劳动精神首先表现为劳动态度。态度决定高度，劳动态度决定劳动的质量。所以，我们学习和践行劳动精神，就需要端正劳动态度。劳动态度左右着我们的劳动思维和判断，控制着我们的劳动情感与劳动实践。有什么样的劳动态度，就会有什么样的劳动成果。

4. 劳动精神展现劳动观念

劳动精神的核心是劳动观念，也就是劳动者对劳动的认识和看法。随着社会的发展、科技的进步以及生活水平的提高，资本、知识、技术、信息在生产生活中的力量不断凸显，人们的劳动观念发生了很大变化。有些人对劳动的理解出现偏差，好逸恶劳、渴望不劳而获、盲目消费、拜金主义等社会现象层出不穷。这就需要用马克思主义劳动观特别是新时代劳动观，引导广大劳动者尤其是新时代大学生树立正确的劳动观念。

5. 劳动精神彰显劳动习惯

弘扬劳动精神的目的就是养成热爱劳动、尊重劳动、崇尚劳动、践行劳动的好习惯，每一位劳动者都应该养成良好的劳动习惯。广大青年是新时代的建设者，每一位大学生都应该养成良好的劳动习惯。大学生应深化对马克思主义劳动观的认识，牢固树立正确的劳动观，培养爱岗敬业、艰苦奋斗、勇于创新的新时代劳动精神,积极投身劳动,用劳动造就自己,用实际行动践行大学生的价值所在,使劳动成为自己的一种生活习惯。

(二)劳动精神的特点

作为体现劳动价值和劳动追求的精神,劳动精神就是人之所以成为人的精神。我们理解劳动精神,需要深入把握劳动精神的社会性、实践性、历史性、人民性、教育性等特点。其中,社会性是前提,实践性是基础,历史性是保障,人民性是立场,教育性是目标。

1. 社会性

马克思在《哥达纲领批判》中指出,劳动只有作为社会的劳动,只有在社会中和通过社会才能成为财富和文化的源泉。①劳动精神作为一种社会文化现象,代表的是一种先进的文化理念。劳动精神不仅产生于人类社会产生和发展的过程中,而且对于人类社会的发展和进步也起到了重要的引领作用。

2. 实践性

劳动精神的实践性指的是劳动精神是在劳动实践中产生的。劳动本身就是一种实践,劳动精神不能离开劳动实践而凭空存在。劳动是人类特有的基本的社会实践活动,是人通过有目的的活动改造自然对象,并在这一活动中改造人自身的过程。全部的人类历史是由人们的实践活动构成的。

3. 历史性

劳动精神的历史性指的是劳动精神既是创造历史的动力,也是劳动历史的产物。人类在劳动中不断总结经验,凝聚智慧,制作劳动工具,改进生产技术。劳动创造了人类和历史,人类和历史发展过程中也留下了劳动文明和劳动精神。

4. 人民性

劳动精神的人民性体现的是马克思主义劳动观的立场,展现的是社会主义、共产主义社会的价值追求。马克思主义劳动观坚持人民群众是社会物质财富和精神财富的创造者,是社会进步的决定力量。2020年3月24日,国家主席习近平在与波兰总统杜达通电话时强调,战胜这次疫情,给我们力量和信心的是中国人民。中国14亿人民同舟共济,众志成城,坚定信心,同疫情进行顽强斗争。中国广大医务人员奋不顾身、舍生忘死,人民才是真正的英雄。

5. 教育性

劳动精神的教育性是指劳动精神既是劳动教育的重要内容,也是发挥劳动自身教育功能的具体表现。进行劳动精神教育,就是要大力宣传辛勤劳动、诚实劳

---

① 马克思, 恩格斯. 马克思恩格斯选集: 第3卷 [M]. 3版. 北京: 人民出版社, 2012: 359.

动、创造性劳动的典型人物和事迹，弘扬劳动光荣、创造伟大的主旋律，反对一切不劳而获、贪图享乐的错误观念，营造全社会弘扬和践行劳动精神的良好氛围。

二、劳动精神的主要内容和时代价值

2020年11月24日，习近平总书记在全国劳动模范和先进工作者表彰大会上的重要讲话中指出，在长期实践中，我们培育形成了崇尚劳动、热爱劳动、辛勤劳动、诚实劳动的劳动精神。崇尚劳动就是要让每一位劳动者认识到劳动的重大价值，树立劳动最光荣的理念。热爱劳动就是让每一位劳动者热爱自己的岗位和工作，营造热爱劳动的社会风气，培育青少年热爱劳动的习惯和素养。辛勤劳动就是勤奋劳动，从中磨炼劳动意志和劳动毅力。诚实劳动可以概括为诚实做事、诚实做人。

（一）劳动精神的主要内容

1. 崇尚劳动

崇尚劳动，就是树立正确的劳动价值观，充分认识到劳动最光荣、劳动最崇高、劳动最伟大、劳动最美丽，把劳动视为人类的本质活动和创造财富的源泉。

习近平总书记指出，人民创造历史，劳动开创未来。劳动是推动人类社会进步的根本力量。劳动是财富的源泉，也是幸福的源泉。劳动是一切成功的必经之路。人类是劳动创造的，社会是劳动创造的。习近平总书记为我们指出了崇尚劳动的重要意义。

崇尚劳动要将崇尚劳动的观念深耕人心，劳动在现实社会中表现为不同的形式，有脑力劳动和体力劳动，有简单劳动和复杂劳动，等等。所有直接或间接地从事物质生产或精神生产的工作，都属于劳动的范畴。无论哪种形式的劳动，只要是有益于人民和社会的，就是人类历史发展不可或缺的内容和推动力量，都应该得到承认、保护和尊重，正如习近平总书记所指出的"劳动没有高低贵贱之分，任何一份职业都很光荣"。此外，崇尚劳动本质上是崇尚劳动者。因为劳动的主体是劳动者，劳动的成果也是满足劳动者的需要。因此，要尊重劳动、尊重知识、尊重人才、尊重创造和珍惜他人的劳动成果。不论是普通工人、农民所从事的创造社会财富的基础性劳动，还是知识分子的创造性劳动，抑或是自由职业者的劳动，只要为社会主义事业的发展作出了贡献，就都是伟大的、光荣的、美丽的。

案例阅读

赵传宏：小事做到极致，平凡铸就辉煌

赵传宏，1956年1月出生，高中学历，高级工职称，原中国农业银行山东东阿县支行综合管理部驾驶员，1995年被山东省人民政府授予"山东省劳动模范"称号，2005年被国务院授予"全国劳动模范"荣誉称号，2012年当选为中国农业银行60年人物。

"小事做到极致，平凡的岗位也不平凡。"在中国农业银行山东东阿县支行，记者见到了退休多年的赵传宏。因为对机械的喜爱，赵传宏一头扎进了汽车这行，不论是开车，还是修车、养车，但凡与车有关的事儿，他都要钻研钻研。他曾驾驶一辆北京吉普12年，安全行驶43万公里未有大修纪录，一起买的吉普，人家报废了三辆，他这辆却又开了好几年，同行们都戏称他的车是辆"长寿车"。

其实哪有"长寿车"，一辆车开过三辆车都是得益于他日常细心到位的维护。通过不断的学习和实践，他逐渐摸索出了一套全面、实用的汽车管、用、养、修技术，并养成了出门先弹尘、停车即擦拭、入库先检查、有故障立刻修的维护习惯。

赵传宏还记得一次查库回来已到深夜12时许了，在车辆入库检查时，他发现发动机工作不正常，为了不耽误第二天的出车任务，他叫来另一位司机一起修到凌晨3点多钟。

"财神爷掉进醋缸里，越浮（富）越寒酸。"这是看不惯赵传宏作风的人送给他的一句话。也就是他这个寒酸的"财神爷"，多年来刻苦钻研维修技术，小打小闹的故障他都能对付，有些简单零件要么找材料自制，要么用以前自己攒的旧零件加工改造再利用，经过赵师傅的精心维护，他开过的车小修自己修，大修很少有。汽修厂的老板们都说："要是所有的司机都像你这样，我们都得关门大吉喽！"就是这个让人笑话寒酸、让汽修厂"闲弃"的"车把式"，在农行工作二十多年来，累计为行里节约汽油10 000多升，汽车维修费9万余元。正因为有这样过硬的技术和良好的工作态度，很少进行维修报销的他，被同事称为"无票司机"。

赵传宏一直用"普通""平凡"来评价自己，但说到"全国劳动模范"，他眼睛里闪出了光芒，"那是这辈子最激动的时刻"。不忘初心，方得始终。赵传宏始终用实际行动，证明了一名党员、一名劳模的初心，在平凡的岗位上书写了不凡的人生故事。

资料来源：全国劳动模范赵传宏：小事做到极致，平凡铸就辉煌 [N/OL]. (2021-05-31)[2023-09-05]. https://baijiahao.baidu.com/s?id=1701245924051292606&wfr=spider&for=pc. （有删改）

2. 热爱劳动

热爱劳动，是培养正确的劳动态度，促进劳动者自觉劳动、积极劳动、主动劳动。发自内心地热爱自己的岗位和工作，身体力行去劳动，爱惜劳动成果，焕发劳动热情，在劳动中找到自己的人生定位和实现自己的人生价值。

热爱劳动是指劳动者对劳动积极热衷的态度，是由劳动意识转化为劳动行为的重要环节。在一定程度上讲，热爱劳动展现着一个人对待整个劳动过程的态度与风貌，是劳动精神的逻辑起点。具体而言，热爱劳动意味着人们要从精神层面上认可劳动、珍爱劳动，对于劳动存在一种内生的热情；意味着人们要在实践层面上积极劳动、主动劳动，无论客观条件有多恶劣也不会有怨言，都想办法去完成。

高尔基说："热爱劳动吧，没有一种力量能像劳动，即集体、友爱、自由的劳动的力量那样使人成为伟大和聪明的人。"每一位劳动者都希望通过劳动创造自己的幸福生活和美好未来，更希望能在工作岗位上不断提升自己的综合素质，带来更好的发展机会，这都需要一颗热爱劳动的心。对于劳动者来说，热爱劳动就是勇于承担工作中的重任、积极面对岗位上的难题，恪尽职守，认真完成每一项工作，从而推动企业、社会发展，汇聚成国家振兴的力量。对岗位和工作的热爱，实际上就是对单位、社会和国家的热爱。热爱劳动表面上看热爱的是劳动，实际上热爱的是劳动所承担的责任。热爱劳动对所有人来说都是必不可少的，一个富有高度社会责任感乃至对人民、对国家有大爱的人，他的劳动能够带来难以想象的成就，他的劳动价值也将是不可限量的。

 案例阅读

辛苦了！1 小时为 60 人打疫苗，护士手磨出血

2021 年 5 月，在广州市花都区东风体育馆，医护人员卓冬燕正在为市民接种新冠疫苗。除了接种疫苗之外，她还要清点盘仓、核对数据、清洁、消毒、准备物资、将急救设施整理归位……接种点的工作任务远比想象中繁重。

2021 年 5 月 23 日，花都区新冠疫苗单日接种量突破 4 万剂次，累计接种 66.986 万人次。在井然有序的疫苗接种背后，离不开默默付出的医护人员，他们有的练就了一双接种"快手"，有的曾经连续奋战了 21 个小时。

在东风体育馆接种点，记者从花都区妇幼保健院的护士卓冬燕那里了解到她的"工作时间表"：早晨七点半从医院出发，8 点开始接种疫苗，12 点半轮流吃午饭，吃完继续接种，下午 6 点轮流吃晚饭，然后继续工作。每天下班时间根据当日接种点疫苗数量清零的时间而定。12个小时的工作是日常，如果当天接种人员较多，医护人员完成这一系列工作后，通常已经是深夜。

3月26日，卓冬燕一直坚守岗位到晚上。22:30，卓冬燕临时接到任务，另一接种点由于接种人数太多，需要临时支援。于是，她又奔向了另一个接种点，凌晨2时许再返回东风体育馆与同事们一同清点疫苗数目，登记完回家的时候已经是凌晨4点了。

花都体育馆是辖区三个大型临时接种点之一，由花都区人民医院负责，接种疫苗最多的一天达到约5 500人次。在花都体育馆接种点，黄俊媚是有名的"快手"，一小时能为60人接种疫苗，同事们都在为她的专业和高速惊叹。而她的手也因不断地掰疫苗瓶盖，被磨得出血，干到起皮。黄俊媚笑称，自己一开工就进入机器人模式，脑子里只有接种的标准流程。尽管有时候因为长时间的高度专注和重复动作，身体感到不适，但她也会尽快做好自我调整，不影响工作进度。在她看来，提高接种速度就能减少市民等待时间，而自己加快速度多干点儿，医院其他科室来支援的同事就能少做些。

狮岭镇体育馆临时接种点由花都区第二人民医院负责。连日来，居民接种热情高涨，区第二人民医院的彭霞和同事们一直坚守在岗位上，中间没有休息，午餐也是以轮换的形式进行，只要有一个群众在等候疫苗接种，就始终有医护人员提供专业服务。彭霞主动请缨在周末到接种点帮忙，从早上7点忙到晚上7点。她说这几天广州天气炎热，穿着隔离服就像"蒸桑拿"一样，全身都湿透了，但是一忙起来就不觉得渴或累，"少喝一口水，就能多接种几个人。多接种几个人，就能早点达成群体免疫"。

这些默默付出的医护人员，是花都区接种工作人员的一分子。据了解，目前花都区有1520名接种工作人员奋战在各自岗位上，花都区还将通过启用流动疫苗接种车、继续培训医务人员加入接种队伍、增设临时接种点等方式，提升大规模人群接种工作的速度和服务能力。

资料来源：深圳网警.辛苦了！1小时为60人打疫苗，护士手磨出血[EB/OL].（2021-05-27）[2023-09-05].https://baijiahao.baidu.com/s?id=1700904106687554542&wfr=spider&for=pc.（有删改）

3. 辛勤劳动

辛勤劳动，是对劳动过程及其强度的充分肯定，表明要充分遵循劳动的客观规律以及要达到的劳动强度，体力劳动要付出辛劳和汗水，脑力劳动也要付出智慧和心血。

辛勤劳动是劳动精神的基本要求。"民生在勤，勤则不匮。"习近平总书记曾用《左传·宣公十二年》中的这句古语阐释"只要辛勤劳动，就不会缺衣少食"的朴实道理。幸福不会从天降，美好生活靠劳动创造。"若有恒，何必三更眠五更起；最无益，莫过一日曝十日寒。"中国人民自古以来就明白持之以恒、辛勤劳动的重要性。劳动不是一蹴而就的，而是需要我们久久为功、绵绵用力。

辛勤劳动是对劳动者永葆劳动姿态的形象描述，它是指人们为了明确的目标不辞辛劳，踏踏实实地努力奋斗，以持续不断且接续不止的实践夺取伟大胜利。自中华人民共和国成立以来，经过中国人民的辛勤劳动，中华民族取得了历史性的成就。在抗击新冠疫情的过程中，广大劳动群众在各自的工作岗位，用自己的辛勤劳动为疫情防控作出了贡献。习近平总书记在给郑州圆方集团全体职工的回信中指出："伟大出自平凡，英雄来自人民。面对这次突如其来的疫情，从一线医务人员到各个方面参与防控的人员，从环卫工人、快递小哥到生产防疫物资的工人，千千万万劳动群众在各自岗位上埋头苦干、默默奉献，汇聚起了战胜疫情的强大力量。希望广大劳动群众坚定信心、保持干劲，弘扬劳动精神，克服艰难险阻，在平凡岗位上续写不平凡的故事，用自己的辛勤劳动为疫情防控和经济社会发展贡献更多力量。"① 虽然当前国际环境与国内环境已经发生了许多变化，当今世界正经历百年未有之大变局，我国正处于乘势而上开启全面建设社会主义现代化国家新征程、向第二个百年奋斗目标进军的特殊历史时期，但我们解决发展中的各种难题、应对前进中的各种挑战、实现永续发展的途径没有变也不会变，那就是辛勤劳动。

案例阅读

> **谷祥峰：车厢处处是温暖**
>
> 　　早上5时起床，5时20分坐交通车，7时20分跑第一趟车……只要当班，乌鲁木齐市公交珍宝巴士有限公司公交车司机谷祥峰就会准时驾驶着公交车，穿行于乌鲁木齐，无论寒暑从不缺席。
>
> 　　"我开公交车30年了，每天驾驶着公交车穿梭在城市的街道中，看着熟悉的乘客上上下下，早上送他们去上学、工作，晚上送他们平安回家，我觉得自己的工作非常有意义。"2020年11月24日，刚刚荣获"全国劳动模范"称号的谷祥峰笑着说。
>
> 　　在乌鲁木齐西山塑料厂至大浦沟社区的70路公交线副线上，谷祥峰整整

---

① 习近平给郑州圆方集团全体职工的回信 [EB/OL]. (2020-04-30) [2023-09-05]. http://cpc.people.com.cn/n1/2020/0430/c64094-31695168.html.

跑了10年。如今，他坚守的这条城郊公交线路由3.6公里延伸至6.7公里，一人一车变为两人两车，公交线路更名为2005路，他和徒弟亚生江·依明相向而行，熟悉的道路、熟悉的居民、熟悉的笑脸，谷祥峰带着徒弟在这条路上坚守，践行着一名共产党员的初心和使命。

谷祥峰每天十几个小时围着公交车转，一天的营运里程为216公里，一年下来就是7万多公里，相当于绕地球将近两圈，但无论驾驶的线路如何改变，他对公交事业、对岗位的热爱都从未改变。公交车驶入大浦沟社区、草原站这两个站点时，谷祥峰都会多停留一下，因为他知道草原站每天有七八个孩子要上学。"天冷，孩子们错过一班车就要等很久，我多等一会儿，路上加脚油，时间就赶回来了。"谷祥峰说。

沿路居民遇到难事，谷祥峰都会伸手帮一把，大浦沟社区的年轻人都把谷祥峰当榜样。在珍宝巴士公司及各级组织的支持和协助下，大浦沟社区的年轻居民亚生江·依明、热依木·芒苏尔等8人成了谷祥峰的徒弟。

谷祥峰小时候就很向往当公交车司机。成为公交车司机后，他自知文化程度不高，努力干好自己喜爱的工作必须加倍努力。因此，他干好工作最有效的方法就是不怕苦，任劳任怨。功夫不负有心人，努力工作的谷祥峰先后获得了"全国民族团结进步模范个人""全国五一劳动奖章""全国热爱企业优秀员工"等荣誉。

"这是我第四次进京领奖了。"11月24日，参加完全国劳动模范和先进工作者表彰大会后，谷祥峰自豪地说："习近平总书记说，幸福是奋斗出来的。我荣获'全国劳动模范'称号，也更加深刻地理解了这句话的内涵。今后我要更努力去奋斗，和徒弟们一起创造更加幸福的生活。"

资料来源：车厢处处是温暖：记全国劳动模范谷祥峰[N]. 新疆日报，2020-11-29（2）. （有删改）

4. 诚实劳动

诚实劳动，是对劳动者品德的客观规定，表明劳动要踏踏实实、求真务实、真抓实干、实事求是。

"言必信，行必果"，"人而无信，不知其可"。诚实劳动是一种正向善行的劳动。具体而言，诚实劳动有两方面含义。一方面，诚实劳动是指劳动要具有务实性。务实性是指人们在劳动过程中要实事求是，一切从实际出发，杜绝一切弄虚作假的劳动。另一方面，诚实劳动要具有合法性，"君子爱财，取之有道"。任何劳动成果都应该建立在合法、合规的条件下，必须坚守法律道德的底线，通过合法手段换取劳动成果。虚假的"伪"劳动既损人又害己，只有诚实劳动才能推动个人健康成长，实现全面发展，为社会主义现代化建设贡献力量。

习近平总书记强调："劳动是财富的源泉，也是幸福的源泉。人世间的美好梦想，只有通过诚实劳动才能实现；发展中的各种难题，只有通过诚实劳动才能破解；生命里的一切辉煌，只有通过诚实劳动才能铸就。"①习近平总书记把诚实劳动放在实现梦想的高度和解决发展问题的难度上来阐释，并把诚实劳动作为实现事业辉煌的必要凭借。诚实劳动是基本的劳动状态。习近平总书记在给中国劳动关系学院劳模本科班学员的回信中写道："社会主义是干出来的，新时代也是干出来的。希望你们珍惜荣誉、努力学习，在各自岗位上继续拼搏、再创佳绩，用你们的干劲、闯劲、钻劲鼓舞更多的人，激励广大劳动群众争做新时代的奋斗者。"②所以，在全社会形成劳动最光荣、劳动最崇高、劳动最伟大、劳动最美丽的劳动观念，形成诚实劳动、勤勉工作的劳动状态，体现的就是习近平总书记所要倡导的劳动精神。

以全民诚实劳动托起民族复兴的希望

五一劳动节，是全世界劳动者的节日。习近平总书记曾指出，无论时代条件如何变化，我们始终都要崇尚劳动、尊重劳动者，始终重视发挥工人阶级和广大劳动群众的主力军作用。在中国，劳动就是这样光荣、崇高、伟大、美丽。劳动是一切幸福的源泉，社会主义是干出来的，新时代是奋斗出来的。

镜头里的中国，故事里的中国，典籍里的中国，现实里的中国，在解读的每一个维度里，都有一个最闪耀的符号，那就是劳动者的激情燃烧。因为波澜壮阔的中华民族发展史是中国人民书写的，博大精深的中华文明是中国人民创造的，历久弥新的中华民族精神是中国人民培育的，一切成就都归功于人民，一切荣耀都归属于人民。

每一场胜利凝结着广大劳动群众的艰辛付出，在伟大的抗疫斗争中，从一线医务人员到各方参与人员，从环卫工人、快递小哥到生产防疫物资的工人，千千万万普通人迎难而上，在各自岗位上埋头苦干、默默奉献，用各自的方式克服困难，为各项事业发展贡献力量，共同挺立起一个国家风雨无阻向前进的雄伟身姿。平凡铸就伟大，英雄来自人民，每个劳动人民都了不起。

伟大梦想不是等得来、喊得来的，而是拼出来、干出来的。立足新发展阶

---

① 习近平. 在同全国劳动模范代表座谈时的讲话 [N]. 人民日报，2013-04-29（2）.
② 习近平回信勉励中国劳动关系学院劳模本科班学员 [N]. 人民日报，2018-05-01（1）.

第二章 劳动精神

段，贯彻新发展理念，构建新发展格局，推动高质量发展，在危机中育先机、于变局中开新局，必须紧紧依靠工人阶级和广大劳动群众开启新征程，扬帆再出发。说到底，实现中华民族伟大复兴的中国梦，要靠各行各业人们的辛勤劳动、诚实劳动、科学劳动、创造性劳动。

劳动光荣、知识崇高、人才宝贵、创造伟大，鲜明社会风尚形成的背后，离不开"弘扬""尊重""关爱"等一系列要素的支撑。大力弘扬劳模精神、夯实劳模待遇，充分发挥工人阶级和广大劳动群众主力军作用，努力建设高素质劳动大军，切实实现好、维护好、发展好劳动者合法权益。让劳动者更有收获，更有保障，更有奔头，更有荣光和尊严。

行百里者半九十。中华民族伟大复兴，绝不是轻轻松松、敲锣打鼓就能实现的。今天，中国人民比历史上任何时期都更接近、更有信心和能力实现中华民族伟大复兴。相信在全国各族人民的辛勤劳动下，中国的未来必然一片光明，中华民族的伟大复兴也将加速到来。

每一滴汗水都折射太阳的光芒，每一份付出都照亮梦想的天空。勿忘昨天的苦难辉煌，无愧今天的使命担当，不负明天的伟大梦想，以全民诚实劳动托起民族复兴的希望，向着民族复兴的光辉彼岸奋勇前进。

资料来源：李强．以全民诚实劳动托起民族复兴的希望[EB/OL]．(2021-05-01)[2023-09-05]. https://baijiahao.baidu.com/s?id=1698523380816475394&wfr=spider&for=pc.

（二）劳动精神的时代价值

新时代劳动精神展现着新时代砥砺奋进的新风貌，彰显着中国理论、中国制度和中国文化的价值，是促进人的全面发展、夺取新时代中国特色社会主义伟大胜利和实现中华民族伟大复兴的中国梦的重要力量源泉。

1. 促进人的全面发展

劳动精神的发挥，是精神力量转化为物质力量的过程。在这一精神的激励下，广大人民群众真正意识到劳动的伟大，树立勤劳致富的理念，自觉投入到劳动之中，用自己的双手创造出更多的物质财富和精神财富，劳有所得、劳有所获，共建共享，进而不断增强人民的安全感和幸福感，增进人民福祉。

劳动精神的发挥，将引导人走向全面的发展。劳动是促进人的全面发展的根本手段和途径。劳动不仅改造客观世界，也在改造主观世界，进而人类获得自身的发展。人类社会历史的发展表明，劳动的产生就是人类的产生，劳动的异化就是人类的异化，劳动的解放就是人类的解放和发展，从这个意义上说，劳动是人的全面发展的重要内容。通过劳动，人的劳动意识、劳动态度、劳动情感和劳能力得到发展，自我的道德品质、智力水平、体力水平和审美能力得到充分提升；在劳动的过程中，人的本质得以确认，人的需要得到满足，人的发展得到实现，最终实现自我价值与社会价值的统一，增强人们的劳动幸福感与获得感，从而实现人的德智体美劳全面发展。

2. 体现社会主义制度鲜明特色

习近平总书记多次论及劳动精神，强调劳动光荣、劳动者伟大，积极构建和谐劳动关系。新时代劳动精神与剥削阶级所宣扬的好逸恶劳、不劳而获的劳动观有着根本区别，是中国特色社会主义制度的鲜明特色，体现出中国特色社会主义制度的优越性。在剥削阶级占统治地位的社会，由于以私有制为经济基础，劳动分工是非自愿和强制性的，劳动对于人本身的活动来说，是与之对立的力量。物的增值同人的贬值成正比，劳动成为奴役性的活动。

我国建立以公有制为主体的经济制度，确立了劳动者的主人翁地位，把劳动者的地位和尊严放在首位。我国实行以按劳分配为主体、多种分配方式并存的分配制度，坚持效率和公平的有机统一，极大地调动了劳动者的积极性。新时代劳动精神生动地诠释了社会主义条件下"劳动光荣、劳动者伟大""劳有所得、名实相符""成果共享"的劳动观念，强调构建和谐劳动关系，高扬社会公平正义，与剥削阶级宣扬的好逸恶劳的劳动观念和对立的劳动关系划清了界限，体现着社会主义特征的新时代劳动精神，是对那些将中国特色社会主义污蔑为"资本社会主义""国家资本主义""新官僚资本主义"荒谬言论的有力抨击，从先进劳动观的特定角度彰显出中国特色社会主义制度的优越性。

3. 实现中华民族伟大复兴

习近平总书记强调实现中国力量、中国精神、中国效率。"人民是中国梦的主体，是中国梦的创造者和享有者。"① 劳动精神的培育，将促进广大群众充分意识到在中华民族伟大复兴、实现中国梦的过程中劳动、劳动精神的意义和价值，批判和摒弃剥削阶级轻视体力劳动和好逸恶劳的观念，确认自我的劳动者职责，以辛勤劳动、诚实劳动、创造性劳动投入伟大中国梦的实现之中。"中国梦是国家的、民族的"②，每一位劳动者都是追梦者，更是圆梦者，广大人民群众要敢于承担起造梦者的责任，敢于有梦，敢于追梦，敢于充当先锋，敢于将青春奋斗、聪明才智贡献给社会主义的伟大事业。劳动精神的伟大在于，它将凝结广大群众的劳动热情，将14亿人的需要、意志、智慧汇集到中华民族伟大复兴的事业中来，最广泛、最充分地调动一切积极因素，激活各种劳动资源，让一切劳动、知识和资本的发展活力和创造能力充分释放；它将使广大人民群众正视中国梦的艰

---

① 中共中央宣传部. 习近平新时代中国特色社会主义思想三十讲[M]. 北京：学习出版社, 2018：37.
② 中共中央宣传部. 习近平新时代中国特色社会主义思想三十讲[M]. 北京：学习出版社, 2018：36.

难实现过程，发挥主体性、能动性和创造性，为中国梦的实现无悔奋斗，凝聚正能量。

（三）新时代大学生劳动精神的培育

1. 劳动精神与新时代大学生的全面发展

弘扬劳动精神，培养大学生成长为符合经济社会发展要求的时代新人。培养大学生的劳动精神，促进大学生的全面发展，从而最大限度地帮助大学生真正成为新时代中国特色社会主义需要的合格接班人和建设者。鼓励大学生热爱劳动、尊重劳动者，有利于提升大学生的综合素质，以此来培养大学生成为德智体美劳全面发展的时代新人。作为承担民族复兴、实现中国梦重任的时代青年，只有具备良好的劳动精神，才能立足实际，在辛勤劳动中练就扎实过硬的本领，将自己打造成符合经济社会发展要求的时代新人。

弘扬劳动精神，鼓励大学生通过劳动创造美好生活。我国作为社会主义国家，实行的是按劳分配制度，劳有所获是社会运行遵循的基本价值理念。倡导劳动崇高、劳动光荣、劳动伟大、劳动美丽的社会主义劳动精神，对于鼓励大学生依靠合法劳动来实现梦想，抵制现实存在的不劳而获、贪图享乐的想法具有非常重要的现实意义。

弘扬劳动精神，鼓励大学生用劳动彰显自身昂扬奋进的时代风貌。青年朝气蓬勃的精神面貌是民族积极奋进的主要标志。大学生处于人生奋斗的关键时期，应该树立自觉劳动、奋发图强的思想理念。劳动精神的培育和养成可以提高大学生的独立生存能力，促使大学生以更加积极的姿态投身于社会主义建设事业，从而更好地服务人民。青年大学生劳动精神培育与养成的过程是自身想象力和创造力不断被激发的过程，这也是时代青年自信奋进的最好写照。

2. 新时代大学生劳动精神的培育路径

（1）以实现中国梦激发大学生的劳动热情。

对于当代大学生而言，除了实现自我发展的人生目标、探寻超越自我的价值追求、创造属于个体的幸福美好生活外，还应具备参与社会劳动奉献、勇于承担社会责任的精神。新时代大学生期盼能够通过知识技能的学习和社会经验的积累来促进自我的发展，使自身获得更好的工作和更美好的生活，这些都是个体美好的生活愿景。但是要想达成理想，没有艰辛的努力付出，终究会变成个人的空想。国家的富强、民族的复兴、伟大的中国梦都需要作为逐梦者和筑梦者的大学生依靠自己的聪明才智和辛勤劳动来实现。新时代为大学生提供了广阔的发展舞台，高校大学生要以国家富强、民族复兴、人民幸福为己任，将自己的个人梦想与国家的前途、民族的命运紧密地结合起来，胸怀理想、志存高远，以勤学苦干、敢于创新的精神激励自己投身于高举中国特色社会主义伟大旗帜的实践中去。

（2）以科学的劳动精神引领大学生的劳动观念。

当前社会，浮躁功利的心态占据了一些大学生的内心世界，他们认为急功近利、投机取巧、靠关系、走捷径可以快速获得人生的成功。不想参与劳动、不愿付出努力、认识不到劳动的意义、不尊重劳动者的付出、不珍惜劳动成果，成为大学生劳动精神缺乏的集中体现。要以科学的劳动精神引导大学生形成正确的劳动观念。首先，加强大学生劳动精神培养的理论建设，使大学生充分认识到劳动对自身成长的重要意义，鼓励大学生勇于参与劳动实践，尊重诚实守法劳动者的一切努力和付出，珍惜自己和他人的劳动成果。其次，要告诫大学生抵制急功近利、一夜暴富的想法，培育不懈奋斗的精神，与自身存在的惰性思想做斗争。坚决摒弃不劳而获的想法，不沉溺于徒有虚名的伪奋斗，保持求真务实、奋发有为的精神风貌。最后，鼓励大学生学有所长、学有所专，利用自己学习获得的知识技能来提高劳动的创造性和含金量。

（3）以良好的社会环境培育大学生的劳动情感。

要营造良好的社会环境氛围，更好地弘扬劳动精神。第一，要在社会范围内弘扬劳模精神，通过更多的正面引导、典型示范，耳濡目染地将劳动精神内化于大学生的内心、外化于大学生的言行。榜样的力量是无穷的，通过弘扬时代先锋精神、挖掘大学生身边的劳模先进事迹，让大学生对符合时代要求的劳动意义有更为直观和真切的感受，从而激发大学生参与劳动、勇于奉献的行为。高校要积极构建促进大学生劳动精神养成的良性环境，讴歌时代劳模、学习时代劳模，以此来培育大学生的劳动情感。第二，要推动社会的法治进程和道德建设，为大学生创造公平正义的劳动环境和劳动保障，为大学生的成长成才提供公平的权利和机会，让大学生在耕耘中获得收获，在奋斗中获得发展。

（4）以丰富的劳动实践活动培养大学生的劳动习惯。

新时代大学生劳动精神的培育和养成，需要具体落实到大学生的言谈举止以及具体的学习生活和社会实践中，以丰富的实践活动促成大学生良好的劳动习惯的养成。首先，大学生要结合自己的特长和专业，从事一些与专业相关的社会实践活动，做到理论与实践相结合，在增长才干中培育劳动精神。其次，大学生应积极参与公益性社会活动，体验劳动的快乐，实现自身的社会价值，真正做到将劳动精神内化于心、外化于行，养成勤劳奉献的良好习惯。

拓展阅读

着力推进"五个一"工程，将劳动教育纳入人才培养全过程

中国劳动关系学院是中华全国总工会直属、由中华全国总工会与教育部共建的普通本科院校。建校70年来，学校紧密结合我国劳动关系和工会工作发展的新形势、新需要，开展人才培养与科学研究，在弘扬劳动精神、培育劳动英才、研究劳动科学方面形成了鲜明的办学特色。1992年以来，学校坚持举办劳模本科教育，在为广大劳动模范和大国工匠提供研修深造机会的同时，形成了"劳动模范在身边，大国工匠在校园"的独特育人资源优势。2018年"五一"节前夕，习近平总书记给学校劳模本科班学员亲切回信，勉励他们用自己的干劲、闯劲、钻劲鼓舞更多的人，激励广大劳动群众争做新时代的奋斗者。近年来，学校大力发挥学科特色优势和独特育人资源优势，着力推进"五个一"工程，将劳动教育纳入人才培养全过程。

1. 确立一项劳动特色育人目标

2016年，学校制定"十三五"发展规划时，明确将"劳动情怀深厚"确立为学校人才培养的四维目标之一，提出了适时修订培养方案、持续优化专业实习实训、扎实推进马克思主义劳动学说进课堂、大力营造学校劳动文化氛围、探索建立"劳动与社会实践"小学期、持续编写好《劳动与发展》学生科研论文集等一系列育人举措。各二级学院也围绕"劳动情怀深厚"的人才培养目标，推出一系列"专业+劳动"特色育人活动。经济管理学院"50元能买什么"和"50元怎么挣"的假期社会实践，法学院"劳动法律宣传与服务进社区进企业活动"，社会工作学院"致青春，关注民生志愿公益行动团"等，均已建设成为持续时间久、参与面广、社会影响力高的劳动教育特色品牌。

2. 开设一组劳动教育特色课程

一是开设"劳动通论"通识必修课，按32学时2学分的标准，面向全体大一学生开设，进行系统的马克思主义劳动观和社会主义劳动关系教育，普及大学生未来职业发展必备的通用劳动科学知识，如劳动与法律、劳动与伦理、劳动与社会保障、劳动与管理、劳动与安全等，培

养懂劳动、"明劳动之理"的新时代大学生。二是开设"大国工匠面对面"思政类公选课,结合国家经济社会发展形势以及党和国家大政方针,精心挑选若干主题作为案例背景。每个案例都邀请该行业领域的一位劳动模范走进课堂,讲述从业经历,演示精湛技艺,阐释工匠精神;特邀一位校内外专家与劳动模范共上一堂课,围绕劳模所在行业领域进行理论分析,深入阐释习近平新时代中国特色社会主义思想,展现国家经济社会发展的形势与政策。这种两位教师围绕一个主题共同上好一堂课的"211"授课模式,通过入脑入心的生动故事、深刻全面的专家讲评,让学生在深刻理解新时代劳动发展趋势的同时,由衷感受到新时代劳动精神的震撼与鼓舞。三是开设"劳动实践创新"实践类公选课,以劳动—创新—实践为主线,将"科学、技术、工程学"三大创新理论模块与"工艺类实践、家庭类实践、工程发明学引导、工具使用与车库文化模拟、信息时代的工程学探索"五大动手实践模块有机结合,在手脑并用的创新实践中,引导大学生树立"劳动光荣、技能宝贵"的观念。

3. 打造一种劳动模范协同育人机制

一是开办"劳模大讲堂",先后邀请许振超、郭明义等20余名全国著名劳模走上讲台,分享成长历程,宣讲劳模事迹,弘扬劳模精神,让青年大学生近距离感受"爱岗敬业、争创一流,艰苦奋斗、勇于创新,淡泊名利、甘于奉献"的劳模精神,自觉践行社会主义核心价值观。"劳模大讲堂"活动至今已举办10期,并成功走出校园,走进中小学、社区、企事业单位,让更多人受益。二是将劳模精神融入党建工作,坚持组织劳模班党支部和本科生党支部结对子共建。在共建活动中,劳模党员分享先进事迹,本科生党员畅谈学习心得,在同学习中共进步,取得了很好的效果。三是选聘劳模兼职辅导员,印发《劳模兼职辅导员聘任管理办法》,先后聘请9位劳模兼职辅导员。他们积极参加班级活动,与大学生一起进行社会实践,一起组织主题班会,充分发挥劳动模范的榜样力量,在深入交流的过程中,潜移默化地用劳模品质引领青年大学生,用劳模精神感染青年大学生。四是推广劳模特色志愿服务,开展"大国工匠面对面"志愿服务,通过众创众筹众评的方式确定服务项目,以"1名劳模志愿者+10名青年志愿者服务团队"的模式开展系列志愿服务活动。活动中,学生志愿者与劳模学员结伴走进军队、社区、医院、企业,通过劳模事迹宣讲、劳模技艺展示、劳模精神座谈等形式,弘扬劳模精神、劳动精神和工匠精神。习近平总书记回信两年多来,此项志愿服务开展活动17次,共有包括社区居民、部队官兵、企事业机关单位职工、在校大学生等在内的两万余人受益,荣获第四届中国青年志愿服务项目大赛银奖。

4. 拓展一片劳动文化宣传阵地

以线上线下相结合、党团学组织相协同的形式,大力营造校园劳动文化氛围。一是确立"立德守正、崇劳创新"的办学使命,以研究劳动科学、弘扬劳动精神、推进劳动育人为重要使命,推动"劳动最光荣、劳动最崇高、劳动最伟大、劳动最美丽"的观念在校园和社会蔚然成风。二是加强新时代劳模精神宣传,在教学楼、图书馆等公共场所,以多种形式展示各行各业劳动模范和大国工匠的成长故事;在官方微信公众号开设"身边劳模"专栏,在官方网站报道劳模故事,在学校报纸讲述劳模事迹,实现劳模精神宣传的常态化、传播的广域化。三是以"劳动的名义"为主题组织70周年校庆系列活动,设计了"爱劳动立心正青春,迎校庆奋斗新时代"劳动文化节,举行了"迎70校庆,颂劳动情怀"劳动主题诗词朗诵会;开展了"迎校庆,学劳动,铸精神"校友系列讲座……一系列特色鲜明的劳动文化宣传活动,唱响了"劳动光荣、创造伟大"的主旋律。

5. 搭建一系列劳动教育研究平台

学校充分发挥劳动领域学科高度集聚、相关的优势,以劳动科学研究丰富、深化新时代劳动教育研究。组建了全国高校首家劳动关系与工会领域新型智库,以"资政、启民、崇劳、厚生"为使命,紧扣新时代劳动关系治理与劳动教育问题开展政策性研究;成立了大国工匠与劳动模范研究所等研究机构,组织召开了新时代劳模精神工匠精神与思想政治教育、加强新时代高校劳动教育等多场学术研讨会,编写出版了《新时代高校劳动教育论纲》《劳动的名义》《中国劳模口述史》等18部著作,深入研究劳动教育、传播劳动科学、阐释劳模精神。2019年,学校成立劳动教育中心,作为统筹规划学校劳动教育课程教学与研究的专门机构;创办了全国首家劳动教育研究专门刊物——《劳动教育评论》,为大中小学劳动教育的持续加强与改进汇聚智慧。

多年来,中国劳动关系学院坚持以劳模精神为引领、以劳动科学为支撑,围绕"劳动情怀深厚"的人才培养目标,着力加强劳动教育课程

新时代大学生劳动教育

建设，扎实推进劳动教育与思想政治教育相结合、与科学研究相结合、与社会实践和志愿服务相结合、与校园文化相结合，初步构建起德智体美劳全面发展的人才培养体系。

资料来源：着力推进"五个一"工程，将劳动教育纳入人才培养全过程[EB/OL].(2020-03-27)[2023-09-05].http://www.moe.gov.cn/jyb_xwfb/moe_2082/zl_2020n/2020_zl15/202003/t20200327_435389.html.

实践思考

①劳动精神的内涵是什么？
②为什么要弘扬劳动精神？
③新时代的大学生应该树立怎样的劳动价值观？
④结合自身实际，谈谈大学生应培养哪些劳动精神。

第二节 发扬工匠精神

课前导读

工匠精神不仅仅是工匠个人独有的精神，更是全民族的精神，应该成为全社会所追求的职业品格。尽管我们不必人人都成为大国工匠，但是人人都可以成为工匠精神的践行者。科学家的工匠精神体现在一次又一次地重复枯燥的科学实验中，建筑工程师的工匠精神体现在施工方案一次又一次地修改完善中，技术工人的工匠精神体现在对产品质量的精益求精、反复打磨与雕琢之中，文化传播者的工匠精神体现在用匠心传承弘扬中国优秀文化的不懈努力中，快递行业从业者的工匠精神体现在保证每次快递准确及时送达收件人手中，社区工作者的工匠精神体现在服务社会与百姓的一点一滴中。总之，不论从事什么工作，只要在自己的本职岗位上一丝不苟，把工作做到最好，就一定能够成就精彩的人生。这不仅是对工匠精神最好的传承，也是在为社会进步、国家强大作出自己应有的贡献。

第二章 劳动精神

思考

工匠精神是从什么时候产生的？如何理解工匠精神的科学内涵和精神实质？

一、工匠精神概述

千百年来，技艺工匠的劳动实践及其生产的物质文明成果遍布人类生活及审美的各个方面，同时在精神文明层面形成了以工匠精神为核心的工匠文化。工匠精神有着十分丰富的内涵。

（一）工匠精神是一种劳动精神

人民创造历史从根本上看是劳动创造历史。人类在改造自然的伟大斗争中，不断认识自然的客观规律，通过在劳动实践中不断积累实践经验与技能，从而推动历史进步和创造更为丰富的社会财富。中国梦的实现，人民群众美好生活需要的满足，都需要广大劳动人民的劳动创造。人民在创造历史的同时，也在创造自我。通过劳动实现自我价值或人生价值是工匠精神的本质内涵。劳动是人类赖以生存的根本，同时也为个人提供了实现人生价值的舞台和空间。一个人只有通过诚实劳动，才可为社会创造物质财富与精神财富，才可得到他人和社会的认可与褒奖。与此同时，实现自我人生价值目标而产生的幸福感和愉悦感，会进一步激发劳动者的创造激情，从而为社会和他人创造更为丰富的财富。工匠精神首先就是热爱劳动、专注劳动、以劳动为荣的精神。在劳动中体验和升华人生的意义与价值。

（二）工匠精神是对职业劳动的奉献精神

几千年来，从事技艺劳动的各种工匠，其社会地位并不高，然而，他们以业维生，并以技艺为立身之本，无私地奉献自己的全部心血，提高和完善自己的技艺，创造了灿烂的工匠文化。工匠精神就是干一行爱一行，在干中增长技艺与才能。发扬工匠精神，就要提高我们的爱岗敬业精神。劳动最崇高，劳动最光荣，在平凡的岗位干出不平凡的业绩，就是工匠精神的体现。无论是三峡大坝、高铁动车，还是航天飞船，都凝结着现代工匠的心血和智慧。

（三）工匠精神是一丝不苟、精益求精的精神

重细节、追求完美是工匠精神的关键要素。几千年来，我国古代工匠制造了无数精美的工艺美术品，如精美陶瓷以及玉器。这些精美的工艺品是古代工匠智

慧的结晶，同时也是中国工匠对细节完美追求的体现。现代机械工业尤其是智能工业对细节和精度有着十分严格的要求，细节和精度决定成败。对细节与精度的把握，是长期工艺实践和训练的结果，通过训练，培养成为习惯气质、成为品格，工匠就能从心所欲不逾矩。"功夫"一词，不仅是指武功，而且也是指各种工匠所应具有的习惯性能力。功夫是长期苦练得来的。不下一定的苦功，不可能出细活。工匠从细处见大，在细节上没有终点。中央电视台曾播出《大国工匠》纪录片，讲述了24位大国工匠的动人故事。这些大国工匠令人感动的地方之一，就是他们对精度的要求。例如，彭祥华，能够把装填爆破药量的呈送控制在远远小于规定的最小误差之内；高凤林，我国火箭发动机焊接第一人，能把焊接误差控制在0.16毫米之内，并且将焊接停留时间从0.1秒缩短到0.01秒；胡双钱，中国大飞机项目的技师，仅凭他的双手和传统铁钻床就可产生出高精度的零部件；等等。无数动人的故事告诉人们，我国作为制造大国，弘扬工匠精神、培育大国工匠是提升我国制造品质与水平的重要环节。

（四）工匠精神的核心要素是创新精神

一个民族的创新离不开技艺的创新。在现代工业条件下，对于工匠技艺的要求已经不仅仅是像传统工匠那样，只是从师傅那里学得技艺从而能够保持和发扬祖传工艺技法。实际上，传统工艺也是在传承与创新中得到发展的，我们要将传承与创新统一起来，在传承的前提下追求创新。现代机械制造尤其是现代智能制造，对技艺提出了越来越高的难度和精度要求，不仅要求有娴熟的技能，而且要求技术创新。每一个产品的开发、每一项技术的革新、每一道工艺的更新，都需要有工匠的创新技艺参与其中。《大国工匠》纪录片中的那些卓越工匠，不仅具有高超的技艺，而且具有强烈的创新意识和创新能力。创新，不是对以往工艺的墨守成规，而是对现有的生产技艺的大胆革新，给行业技艺带来突破性贡献，促进生产技艺水平提升，推动社会经济发展。

（五）工匠精神的本质：道技合一，追求卓越

中国哲学对工匠精神有着深刻的认知：道技合一或"匠工蕴道"。《庄子》中的多篇文章表达了对工匠精神的本质看法。《庄子》以庖丁解牛、匠石运斧、老汉粘蝉等生动事例告诉人们，古代匠人的技艺能够达到鬼斧神工的至高境界，即所谓"臣之所好者，道也，进乎技矣"。庖丁以19年解牛数千之功力，技法能够以神遇而不以目视，达到"官知止而神欲行，依乎天理"的境地，足以见得，古代工匠精神既是实践的积淀，又是内心对道的追求的展现。"道"是中国哲学的最高概念，其意蕴着天地与人间社会的规律或准则（天道、人道等）。在道家看来，道既是思维所能把握的最高概念，也是万物存在之理。万物的本性都是道的体现，

第二章 劳动精神

匠工蕴道，这个道，是技艺之道，同时也是得天理之道。庄子以庖丁游刃有余的技艺来表明，庖丁对劳动对象的自然机理纯熟于心，并化为精神生命之道。在庖丁的精神境界里，则深蕴着对道的追求和把握，同时也将这种追求和把握与技艺的完美结合在一起，从而达到鬼斧神工的境界。当代大国工匠高凤林、张冬伟、顾秋亮等，其技艺达到臻于完美的境界，都是通过刻苦训练和反复实践，从而达到对其劳动对象的自然机理之道的深刻把握。

从根本上说，工匠精神是一种伦理德性精神。就德性论层面而言，人的一切行为发自内在品格。对完美的追求、精益求精以及持之以恒地探索创新，是内在德性的展现。从道德的观点看，每个人都应当追求德性，过一种有德性的生活。德性论认为，在人们的现实生活中，我们可以找到德性行为者作为我们行为的典范。那么，什么样的人可以充当这样一种典范？在古希腊，苏格拉底的回答是，工匠，并且只有像铁匠、铜匠甚至修鞋匠那样具有手工艺的人才真正具有德性。道技合一是德性品格的见证。在苏格拉底看来，工艺制作是指向善的活动，一个人熟练地掌握了他所从事的技艺，也就能够把这类事情做好，从而成为一个有德性的人。因而，做一个有德性的人，也就是像匠人那样生活和工作。具备工匠精神的大国工匠坚守质量品质，一生打造精品，把产品的好坏看成自己人格和荣誉的象征，他们就是这样具有优美德性、始终追求卓越的人。我们要以大国工匠和劳动模范为榜样，做一个品德高尚而追求卓越的人，积极投身于中华民族伟大复兴的宏伟事业中。

二、大学生培养工匠精神的意义

在大学生中培育工匠精神，对大学生个人综合素质的提高以及未来发展，有着重要的意义。对国家社会而言，在大学生中培育工匠精神有助于实现新时代美好建设，有利于实现中华民族伟大复兴的中国梦。新时代大学生的成长，需要工匠精神的指引。培育大学生的工匠精神关乎个人成长成才、国家和民族的发展，关系到祖国的未来建设。

（一）有利于传承中华优秀传统文化的精髓

中华民族的历史实践与积淀，铸就了中华文化的薪火相传。中华文化博大精深，中华民族精神代代相传。工匠精神是中华民族优秀文化的瑰宝，同时也是中华民族传统文化的重要组成部分。弘扬工匠精神，不仅是新时代的背景要求，同时也是中华民族优秀文化精髓继承和发展的需要。发扬工匠精神，就是学习中华民族具有工匠精神的优秀典范，传承历史文化经典，在新时代的实践中发扬和传承中华优秀传统文化精髓。

新时代大学生劳动教育

　　工匠精神中蕴含的爱岗敬业、精益求精、尊师重道、开拓创新等内涵都是中华优秀传统文化的重要组成部分。工匠精神是中华优秀文化的重要体现，对它的培育，同时也是对中华优秀传统文化的传承。所以，培育工匠精神有利于传承和发扬中华民族优良传统文化的精髓。培育工匠精神，有利于传承中华文化中"执事敬""事思敬""修己以敬"的敬业思想；培育工匠精神，有利于传承中华文化中"如切如磋""如琢如磨"的精湛技艺与精神；培育工匠精神，有利于传承中华文化中尊师重道的优良传统；培育工匠精神，有利于传承中华文化中开拓创新、坚持不懈的精神。

　　中华传统文化中体现工匠精神的例子数不胜数，如被中外专家学者称为"稀世珍宝"的曾侯乙编钟，以其精湛的铸造技术闻名世界。中华民族把自己的聪明才智和工匠精神相结合，把中华优秀文化传递给了世界。中国古代工匠们以其对职业的敬畏、对作品的虔敬与专注，连同自己的满腔热爱，让工匠精神闪耀世界。总之，工匠精神代表着一种处世态度和人生哲学，是一种优秀的品质和精神，因此，培育大学生的工匠精神对中华优秀传统文化精髓的传承有着重要意义。

（二）有利于大学生个人的全面发展

　　大学生工匠精神的培育有利于大学生个人综合素质的提升。促进大学生全面发展是高等教育事业面临的重要课题之一，新时代中国特色社会主义建设，需要更多全面发展的优秀人才贡献力量。因此，对大学生进行全面发展型人才培育显得至关重要。

　　工匠精神培育是大学生思想政治教育的重要组成部分，也是高等教育改革的重要内容。工匠精神作为一种积极的精神品质和宝贵的精神财富，培育大学生工匠精神，是培育大学生具备良好的道德品质和积极的价值观、道德观、择业观。工匠精神的内涵所包括的爱岗敬业精神，更是新时代大学生应必备的就业品质。同时，新时代大学生更应具备高超的实践能力、精湛的技艺、精益求精的精神、执着专注的品质、以德为先的美德。培育大学生的工匠精神，有利于新时代大学生个人全面发展，有利于大学生个人就业能力的提高。首先，工匠精神倡导爱岗敬业思想，就是要求未来走向工作岗位的各行各业工作者热爱本职工作，契合了社会主义核心价值观所倡导的敬业精神。爱岗敬业是新时代大学生职业发展和从业精神不变的宗旨。其次，工匠精神提倡的创新、追求卓越的精神，是当代大学生所应具备的品质，对大学生进行工匠精神培育，旨在培养其崇尚劳动、勤于钻研的精神，锻造其以德修身的品格，增强其勇于创新的本领，从而有利于个人就业能力的提高，达到自身全面发展的目的。同时，工匠精神更加重视养成中华民族优秀美德，将中华民族吃苦耐劳、以德为先的优秀品质内化于心、外化于行。优秀品质的养成，有利于提升自身综合能力，从而有利于大学生成长为德才兼备的创新型人才，有利于大学生个人的全面发展。

三、大学生如何培养工匠精神

（一）树立正确的职业观

大学生应树立正确的职业观，从内心接受工匠精神。端正学习动机、从主观上加强对工匠精神的认识、树立正确的职业观是培养工匠精神的前提；改变固有的"铁饭碗"观念，树立正确的职业观、价值观，提高对工匠精神的自我培育意识；认识到工作没有高低贵贱之分，树立职业平等的观念，加强自我管理并提高自我约束力，主观能动地进行学习和体验；积极考察社会需要，结合自身兴趣爱好，认清就业严峻形势，合理调整就业期望值；积极参加社会实践，通过实习和实践活动，在工作中遵守职业规范，养成良好的职业道德。

此外，大学生要树立正确的职业观，还应全面地思考问题，清晰地认识就业形势，并根据就业形势，选择自己的职业岗位；在学习好精湛技艺的同时，始终坚持专注认真、精益求精的品质，在理论与实践结合中不断探索，深化敬业、奉献、专注、创新、重德等优秀品质，转变传统的职业观念。

新时代大学生应加强自身职业素质的培养，培养自己吃苦耐劳的意志品质，树立正确的择业观，不畏惧艰苦的工作环境，培养从基层做起的观念和意识，锤炼自己的品格。大学生工匠精神的培育是一项理论与实践结合的活动。大学生在社会实践中可以深刻认识敬业、创新、奉献精神，深刻体会专注、卓越的优秀品质，在实践中弥补理论的不足，并检验所学知识和技能是否正确。

（二）发挥主观能动性

首先，主动开展自我学习和自我教育。大学生要发挥主观能动性，树立积极的自我培育态度；提高专业素养和理论文化素养，为走上工作岗位打下坚实的理论基础；积极主动去寻找就业机会，及时关注各类招聘信息，了解企业的需求，而不是盲目地选择和等待。

其次，大学生应加强综合素质以及各项能力的提升，主动在学校和社会实践中有意识地培育自己在创新就业、道德品质、爱岗敬业方面的能力和精神，提高培育自觉性，并积极参加社会实践活动、校园技能竞赛和各类社团活动，在各项活动中感受工匠精神。大学生还应该培养自己的民族自豪感和责任感，勇于担当，心系家国天下，胸怀祖国和人民，以人民幸福和中华民族伟大复兴的中国梦为己任，肩负时代赋予的重任和使命；主动培养自己的时代品质和当代所具备的工匠精神，无论走向哪个岗位，都争做一个德才兼备、德艺双馨的匠人。

再次，树立远大的职业理想，用信仰累积生命的厚重，做自己喜欢的事情，把每一个当下做到极致，实现伟大抱负；重视责任意识的培养，在处理事情时，能够主动承担，并出色完成，做到言行一致。

最后，大学生应培养社会责任感和时代使命感，培育爱国精神，结合自身的处境明确自身应承担的责任，并自觉、认真地履行，最终把责任转化为自己的行为准则；树立师道精神、尊敬师长、勤奋学习，不断地突破自我，实现人生理想。工匠精神表现的是积极进取、不断探索的精神品格，从古至今为我们熟知的大国工匠们，每一位都具备了这种品格。大学生要有时代使命感，主动提升各项综合素质，积极培育自身的工匠精神。

（三）提高培育自觉性

大学生提高敬业观念和创新能力，增强严谨专注态度，不仅需要社会高校的合力，还需要加强自我培育。

一方面，加强思想理论与科学文化知识的学习。大学生应强化对科学文化知识的学习，充分利用学校的教学资源汲取文化知识，加强自己的理论素养。端正学习动机，在学业上养成一丝不苟的态度、严谨专注的学风，为以后的从业奠定坚实的理论基础。

另一方面，理论与实践相结合。大学生工匠精神的培育需要知行合一，而不是简单说教。精益求精的品格、创新能力、一丝不苟的态度，需要在社会实践中提升，工匠精神的培育与大学生个体积极提高社会实践能力分不开。大学生通过参与社会实践、社会实习等活动，在工作中可提高精益求精的能力和严谨专注的态度。大学生在实践中可以锻炼创新创造能力，弥补理论上的不足，了解劳动人民的艰苦奋斗精神，增强乐于奉献的职业精神，养成严谨、专注的态度，达到培育自身工匠精神的目的。

青年学生是新时代中国特色社会主义的建设者，身上肩负着时代和民族赋予的使命。大学生要用工匠精神引导自己的实际行动，坚定行动意志，达到知行合一的目标。大学生是新时代中国特色社会主义发展的力量源泉，也是国家的文化智库和人才后备力量。青年学生要深刻意识到培育工匠精神，是为新时代社会发展注入力量、提供技能和精神支撑。培育工匠精神有利于践行社会主义核心价值观，工匠精神包含的爱岗敬业的态度、立德树人的品质是自身全面发展的需要，大学生只有积极培育自我的工匠精神，努力践行社会主义核心价值观，才能为实现中华民族伟大复兴的中国梦作出自己应有的贡献。

以优秀传统文化涵养培育工匠精神

新时代培育和弘扬工匠精神,对于中国特色社会主义从"制造大国"迈向"制造强国",实现中国特色社会主义从富起来到强起来具有重要意义。要以优秀传统文化涵养培育尊重工匠、崇尚劳动的社会风尚,培育精益求精、臻于完美的工匠品格,建立产品追溯和质量监督的工匠制度。

我国是人口大国,也是传统工匠古国。在历史上的很长一段时间,我国在建筑、陶瓷、纺织、冶炼、水利等诸多领域保持世界领先地位,这也促成了我国古代社会的进步和繁荣。古代工匠们在长期实践中积累传承技艺的同时,形成了悠久的工匠文化,并在中华悠久历史中不断流淌,是我国优秀传统文化的重要内容和宝贵财富。当下,从我国优秀传统文化的沃土中汲取营养,有助于涵养和培育新时代工匠精神。

以优秀传统文化涵养培育尊重工匠、崇尚劳动的社会风尚。尊重工匠、崇尚劳动是培育和弘扬工匠精神的社会基础。我国传统文化中十分珍视工匠职业,尊重工匠劳动。在我国古代,工匠被称为"百工",被认为是社会不可或缺的职业阶层。正是我国传统文化中对工匠地位的重视,一些能工巧匠才被社会所认可赞同,被时代流传与推崇。例如,鲁班、李冰父子、张衡、祖冲之等,都是令后人传颂的"能工巧匠"。在我国传统文化中,对工匠社会地位的认可,也使古代工匠们更加珍惜重视自己的工匠身份,更加努力地用毕生精力和心血专注于自己的工作。

值得注意的是,当前社会中尚且存在不尊重工匠、轻视劳动的观念和心态,认为工匠只是体力劳动者,这严重阻碍了工匠精神的培育和弘扬。因此,培育和弘扬新时代工匠精神,要从传统文化中汲取尊重工匠、崇尚劳动的精神营养,在全社会大力倡导珍视工匠、尊重劳动的价值观念,提高工匠的社会地位。加大宣传力度,使公众正确认识工匠劳动的重要性、工匠形象的可爱可敬,树立劳动不分贵贱、行业不分高低的平等职业观,为培育和弘扬新时代工匠精神奠定社会基础。

以优秀传统文化涵养培育精益求精、臻于完美的工匠品格。精益求精是工匠精神所内化的工作态度和职业品格。在我国传统文化中，精益求精是古代工匠们的至高追求。这种精益求精的工匠品格也推演至其他领域，如"庖丁解牛，技进乎道"、贾岛"推敲"二字的斟酌，逐渐形成了治学立德的哲学态度。《考工记解》中"周人尚文采，古虽有车，至周而愈精，故一器而工聚焉。如陶器亦自古有之，舜微时，已陶渔矣，必至虞时，瓦器愈精好之"，反映的是我国古代的能工巧匠们日积月累不断追求技艺精进的精神品格。由此可见，我国古代的制作工艺已经达到了十分精细的程度，也显示出古代工匠们对艺术创作的无限追求，只有更好、没有最好的职业精神。

当前社会，工作生活节奏加快，人们过于追求速度和效率，产生敷衍了事、急功近利、焦虑不安、浮躁气盛等不良心态，缺少了追求极致和臻于完美的执着和专注，严重影响了工匠精神的培养。因此，培育和弘扬新时代工匠精神，要汲取我国传统文化中精益求精的工匠品格，大力倡导"慢工出细活""十年磨一剑"的工作态度和职业品格，沉得下心、耐得住性子，不为功名所累、不为困难所惧，做到精雕细琢、追求完美，实现产品从量到质的提升。

以优秀传统文化涵养建立产品追溯和质量监督的工匠制度。"物勒工名"是我国传统文化中运用最早的质量监管方式，主要用于手工业生产过程中。就是在我国古代，官府强制要求器物制造者将工匠名字、监造者、生产机构，甚至制造日期、数量、器物编号等信息铭刻在器物之上，以便官府对官员和工匠的绩效进行考核。"物勒工名"作为我国古代相对完善的产品追溯制度，有效地保障了古代社会手工业的产品质量，加强了古代官府对手工业生产和工程建筑质量的监管。

当今社会，针对粗制滥造、假冒伪劣产品时常出现的问题，要建立健全严控质量的工匠制度体系，不断改进质量监督管理，完善对产品质量、性能、安全等方面的硬性规范，形成一种督促生产高质量产品的倒逼机制。可以借鉴传统文化中"物勒工名"的做法，运用大数据、物联网、人工智能等新一代信息技术，建立集监督、管理、服务于一体的监督管理制度，完善从产品设计、生产制造到市场营销等各个环节的产品追溯和质量监督，形成全方位的职业道德约束，助推新时代工匠精神的培育。

资料来源：王敏. 以优秀传统文化涵养培育工匠精神[EB/OL]. (2022-07-01)[2023-09-05].
https://baijiahao.baidu.com/s?id=1737132555023198102&wfr=spider&for=pc.

第二章　劳动精神

实践思考

工匠精神与自我职业发展

【目标】

理解工匠精神对自我职业发展的作用。

【任务】

阅读背景材料，讨论"焊神"张翼飞的工匠精神体现在哪里。

【准备】

地点：无场地限制。

材料和工具：无。

【行动】

①阅读背景材料，同时思考材料中张翼飞的工匠精神体现在哪里。

张翼飞是沪东中华造船（集团）有限公司（简称"沪东中华"）的一名焊工。焊接，是造船企业的关键工序，对上岗者有着严苛的素质要求。张翼飞从进厂起，就开始系统地学习焊接理论，潜心研究焊机设备的操作技术，这使得他在后来的各类全国技术比武中屡屡获得殊荣。数年前，沪东中华从日本引进一批先进焊接设备，日本专家几经调试都无法使设备的某些技术参数达到施工要求。张翼飞顺利解决了这个问题，保证了新的生产线如期投入生产。现在，张翼飞掌握了100多种焊材的焊接技术，成为企业的一名"焊神"。

②以4～6人为一个活动小组，通过小组内部讨论形成小组观点。

③每个小组选出1名代表陈述本组观点，其他小组可以对其进行提问，小组内其他成员也可以补充回答问题。通过交流，将每一个需要研讨的问题都弄清楚。

④教师进行分析、归纳和总结。

⑤教师根据各组在研讨过程中的表现，给予点评并打分。

【活动思考】

①你知道哪些具有工匠精神的劳动者？他们是如何工作的？

②结合你的经历或见闻谈谈你对工匠精神的认识。

第三节　践行劳模精神

课前导读

在职场中，什么样的人能够脱颖而出呢？答案肯定是肯真抓实干、追求卓越，并且能够和他人和谐相处的人，这种人就是具备劳模精神、工匠精神和团队精神的人。

时代需要劳模，劳模引领时代。"幸福都是奋斗出来的""成就都是劳动创造出来的"，美好的蓝图要靠劳动者的汗水绘就，华丽的篇章要靠奋斗者用双手书写。新的时代和使命呼唤新的担当，作为大学生，我们要争当劳模，大力弘扬劳模精神，让劳模精神在新时代熠熠生辉。

"只要拥有一种纯粹为了把事情做到极致而忘我工作的欲望，我们每个人都会成为匠人。"真正的工匠精神，既不会在无聊反复的工作程序中自然天成，也非仅具天才之人才能攀此高峰，唯有"干一行爱一行"的职业追求，方得始终。

团队精神产生于团队之中，是团队中的个体基于共同的价值观念，为了实现集体的目标而采取共同行动，并在行动中展现出来的积极沟通、团队合作、相互支持、彼此负责、顾全大局的共同意愿和精神风貌。

知识讲堂

一、劳模精神概述

"爱岗敬业、争创一流，艰苦奋斗、勇于创新，淡泊名利、甘于奉献"的劳模精神，生动诠释了社会主义核心价值观，是我们的宝贵精神财富和强大精神力量。

劳动模范是时代的先锋、民族的楷模，他们身上承载和彰显的劳模精神一直发挥着引领作用，丰富和拓展了中国精神的内涵，充分展现出我国新时代工人阶级和劳动群众的高度自信，已成为社会主义核心价值体系的重要组成部分。

劳模精神主要体现在以下几个方面。

（一）爱岗敬业、孜孜不倦

爱岗敬业是爱岗和敬业的总称，爱岗指热爱自己的工作岗位，热爱本职工作，这是职业道德的基础，它与敬业两者互为前提、相辅相成。即使面对的是乏味的、枯燥的工作，也能以一颗赤诚之心孜孜不倦地投入其中。

（二）争创一流、勇当源头

争创一流，就是要做得比其他人强，敢于争当标兵，敢于做他人的榜样；勇当源头，就是要进行大胆的尝试，有勇气、有决心，排除万难、勇于开创。劳模就是凭借这样一种精神，在自己的工作岗位上刻苦钻研，让平凡的工作成为自己崇高的事业。

第二章　劳动精神

（三）艰苦奋斗、顽强拼搏

艰苦奋斗、顽强拼搏，自古以来就是中华民族的传统美德。勤劳勇敢的中国人民正是凭借这种精神，让饱经沧桑的中华民族屹立于世界的东方。在建设中国特色社会主义现代化的进程中，艰苦奋斗、顽强拼搏的精神在劳模们身上彰显得更加明显，更加突出。

（四）淡泊名利、甘于奉献

观察劳模，我们就能发现他们身上具有的淡泊名利、甘于奉献的特质，不论眼前的事物多么纷繁，他们总是能穿越迷雾，坚定地向自己心中设定的目标前进、奋斗。心无杂念，淡泊名利，宁静致远，劳模们用他们的实际行动诠释着一名普通劳动者应该有的人生态度。

（五）砥砺奋进、开拓创新

劳模精神永不过时。无论时代怎样变迁，劳动模范始终都是时代的领跑者，是时代最为蓬勃向上的力量。新时代涌现出越来越多的智慧型劳模和创新型劳模，他们开拓创新、刻苦钻研、勇于担当，不断谱写时代发展新篇章。

案例阅读

用技术挺起中国建造的"脊梁"

也许你并不认识中国建筑集团有限公司（简称"中建集团"）旗下中国建筑第三工程局有限公司（简称"中建三局"）的总经理、总工程师张琨，但提起中央电视台新台址、北京第一高楼"中国尊"，或许大家并不陌生。这些享誉国内的摩天大厦，凝聚着他的拳拳匠心。从业36载，张琨4次获国家科技进步奖，85次获国家发明专利，从一名基层技术员成长为敢与国际顶尖对手抗衡的科技专家，挺起中国建造的"脊梁"。

1982年，20岁的张琨从重庆建筑工程学院毕业，入职中建集团旗下的中建三局，成为一名技术员。酷爱钻研的张琨，一边参与各类新型建筑实践，一边不断用新知识装备自己。早在1996年，很多施工单位还在手工绘图时，张琨就开始自学三维动画技术。2000年，深圳文化中心钢结构工程处于招标筹备阶段，日本著名设计大师巧妙赋予其"黄金树"的造型——67个铸钢节点没有一个相同，最复杂的节点伸出的接头多达10个。当时树枝钢结构非常新颖，铸钢节点更是一个尖端课题。面对这个集设计计算、铸造工艺、安装工艺于一体的综合课题，时任中建三局钢结构公司总工程师的张琨迎难而上，认真学习铸造行业基本知识，多方查找信息，一遍遍设计，一遍遍修改，一次次试验，终于摸索出一整套关于多支管结构铸钢节点的设计、验算、铸造及树枝结构安装、测控、焊接技术……仅用一年，就把图纸上错综复杂的"树枝状"线条变成了"铁"，使中国企业以低于外方十分之一的报价，成功拿下"黄金树"。更重要的是填补了国内技术的空白，从此中国钢结构施工水平跨入国际先进水平行列。

资料来源：冉江舟，杨静. 大学生劳动教育[M]. 北京：人民邮电出版社，2021：35.

二、坚持弘扬劳模精神

全社会都应该尊敬劳动模范、弘扬劳模精神，让诚实劳动、勤勉工作蔚然成风。

弘扬劳模精神是中国共产党在新时代的伟大历史征程中吹响的又一次号角。党的十八大以来，以习近平同志为核心的党中央高度重视弘扬劳模精神，明确阐述劳模精神的时代内涵，明确赋予劳模精神新的时代定位，明确劳模精神的发展方向和历史使命，明确肯定弘扬劳模精神的积极作用和意义。通过广泛开展劳模选树表彰活动，肯定劳模的历史贡献，健全完善劳模管理制度，提高劳模的政治待遇、经济待遇和社会待遇，号召全社会向劳模致敬，为劳模发挥作用搭建宽广舞台。新时代、新征程、新起点，我们必须通过不断探索、创新方法和途径来弘扬劳模精神，迎接新时代中国发展新的挑战和机遇。

全社会都要贯彻尊重劳动、尊重知识、尊重人才、尊重创造的重大方针，目的在于最广泛、最充分地调动一切积极因素，凝聚一切积极力量，为中国特色社会主义现代化建设提供取之不尽的力量源泉。

第一，必须提倡尊重劳动。"劳动是一切人类生活的第一个基本条件，而且达到这样的程度，以致我们在某种意义上不得不说：劳动创造了人本身。"[1]劳动是人类最基本和最重要的社会实践，是人类生存和发展的基础和根本前提，是推动历史前进的动力，因此，包括体力劳动和脑力劳动、简单劳动和复杂劳动、抽象劳动和具体劳动在内的一切劳动都应当受到尊重。我们要注意纠正两种错误观点：一是认为只有体力劳动才是劳动，不把脑力劳动作为劳动来看待；二是认为"劳心者治人，劳力者治于人"，轻视、歧视、鄙视体力劳动。尊重劳动就要尊重劳动者创造的价值，无论是物质价值还是精神价值；就要维护劳动者的尊严，保障劳动者的基本权益，实质就是尊重劳动者，不仅包括工人、农民、知识分子，还包括改革开放以来出现的新的职业。

---

[1] 马克思，恩格斯. 马克思恩格斯文集：第9卷[M]. 北京：人民出版社，2009：550.

第二章 劳动精神

第二，必须提倡尊重知识。知识，是人类创造的，是人类长期以来在社会实践中总结出来的经验和智慧，并被人类用来武装人、充实人和发展人。知识就是力量。知识是人最为宝贵的财富，既可以转化为物质力量，创造物质财富，又可以转化为精神力量，激发人的斗志，给人以启迪，给人以无限希望。知识是人类创造和使用的，尊重知识就是尊重人类自己；知识是人类实践的成果，尊重知识就是尊重历史文明；我们称拥有大量丰富知识的群体为知识分子，尊重知识就是尊重知识分子；知识，尤其是科学知识，推动和发展着人与人类社会，尊重知识就是尊重科学技术。尊重知识集中凸显于要重视教育，在发展科学技术上下功夫，把科学技术搞上去。尊重知识以尊重劳动实践为前提，是尊重劳动的必然要求。

第三，必须提倡尊重人才。当今世界各国综合国力的竞争，归根结底是人才的竞争。人才是实现民族振兴、赢得国际竞争主动的战略资源。"两个一百年"奋斗目标和中华民族伟大复兴中国梦的实现都离不开人才。新时代，我们需要树立正确的人才观念，以提高人才培养质量为己任，弘扬当代中国劳模精神，营造培育人才的时代风尚，使技能宝贵、创新光荣、创造伟大、人才可贵成为全社会的共识；需要依靠人才、重视人才、用好人才、关爱人才，充分发挥各类人才的作用，搭建人才施展抱负的宽阔舞台，完善人才流动和管理机制，落实好待遇保障，让人才不断创造新业绩。

第四，必须提倡尊重创造。在经济全球化和现代化的背景下，实现"两个一百年"奋斗目标，建成富强民主文明和谐美丽的社会主义现代化强国，从根本上要依靠劳动、依靠中国广大劳动人民群众的创造。创造是推动人类社会文明进步的持久力量和基本方式。一切创造，无论是个人创造还是集体创造，无论是物质创造还是精神创造，都值得尊重和鼓励。从某种意义上讲，创造是人有意识地对世界进行探索性劳动的行为和过程，一般带有创新性特点，所以尊重创造也就是尊重创新。劳动贵在创造，没有创造，劳动只能是简单的重复；科技贵在创新，没有创新，科技只能是止步不前。中国已经进入现代社会，要靠创新创造带来社会经济的发展进步，需要有创新性思维和创新创造能力的人通过创造性劳动来完成目标。

案例阅读

弘扬劳模精神，凝聚奋进力量

劳动模范是民族的精英、人民的楷模，是共和国的功臣。长期以来，广大劳模以高度的主人翁责任感、卓越的劳动创造、忘我的拼搏奉献，在经济社会发展中作出了巨大贡献，铸就了"爱岗敬业、争创一流、艰苦奋斗、勇于创新、淡泊名利、甘于奉献"的伟大劳模精神，生动诠释了中国人民具有的伟大创造精神、伟大奋斗精神、伟大团结精神、伟大梦想精神，为全国各族人民树立了光辉的学习榜样，是中国特色社会主义事业的宝贵精神财富和强大精神力量。

在中国革命、建设、改革的各个历史时期，劳模精神鼓舞着广大职工群众为完成党和国家提出的目标和任务而努力奋斗，始终是彰显时代精神的一面旗帜，始终是催人奋进的时代领跑者。当今世界正经历百年未有之大变局，我国发展的内部条件和外部环境正在发生深刻复杂变化，在全面建成小康社会、实现第一个百年奋斗目标之后，我们正乘势而上，开启全面建设社会主义现代化国家新征程、向第二个百年奋斗目标进军。在民族复兴新的历史进程中，更需要弘扬劳模精神，凝聚奋进力量。

大力弘扬劳模精神是引领教育广大职工的重要抓手。劳模精神代表着社会主义制度阶级下工人的主人翁精神风貌，包含着社会主义价值内涵，对于全社会弘扬劳动光荣的价值理念，形成热爱劳动、勤奋劳动、尊重劳动的社会氛围，激发劳动者的创造活力，发挥着不可估量的作用。在新时代，要通过大力弘扬劳模精神，树立劳动最光荣、劳动最崇高、劳动最伟大、劳动最美丽的理念，用劳模的干劲、闯劲、钻劲鼓舞更多人，激励广大劳动群众争做新时代的奋斗者。

大力弘扬劳模精神是增强文化自信的强大精神动力。在我国社会主义建设和改革的历史时期，劳模精神是激励广大职工和全国人民拼搏奋斗的不竭精神动力。在社会主义建设中，在劳模精神的鼓舞下，广大劳动者以主人翁的姿态，焕发出冲天的革命干劲。《中共中央关于制定国民经济和社会发展第十四个五年规划和二〇三五年远景目标的建议》提出，坚持创新驱动发展，把科技自立自强作为国家发展的战略支撑。为此，我们需要大力弘扬劳模精神，激励广大职工以攻克"卡脖子"技术为突破口实现科技自立自强，开拓奋进，建功立业。

大力弘扬劳模精神是推动产业工人队伍建设改革的重要力量。一直以来，劳模精神在职工思想政治引领、自觉践行社会主义核心价值观、坚定不移听党话、跟党走等方面发挥着重要作用。因此，坚定产业工人队伍理想信念，提升产业工人队伍素质，实现"十四五"规划和二〇三五年远景目标，仍需大力弘扬劳模精神。

社会主义是干出来的，新时代是奋斗出来的。在全面建设社会主义现代化国家新征程上，立足新发展阶段，贯彻新发展理念，构建新发展格局，推动高质量发展，更需要大力弘扬劳模精神、劳动精神、工匠精神，充分发挥工人阶

第二章 劳动精神

级和广大劳动群众的主力军作用，特别是充分发挥劳动模范作为榜样人物的示范引领作用，团结动员广大劳动者辛勤劳动、诚实劳动、创造性劳动、激励工人阶级和广大劳动群众勤于创造、勇于奋斗，众志成城、团结一心，汇聚起共同奋斗的强大力量，努力创造新的时代辉煌、铸就新的历史伟业，为夺取全面建设社会主义现代化国家新胜利作出更大的贡献。

资料来源：杨冬梅.弘扬劳模精神，凝聚奋进力量[N].工人日报，2020-11-30（7）.

三、做新时代的劳动模范

党的十九大报告指出，要建设知识型、技能型、创新型劳动者大军，弘扬劳模精神和工匠精神，营造劳动光荣的社会风尚和精益求精的敬业风气。就其精神载体来看，劳模精神与工匠精神、中华文化具有一脉相承的价值底蕴和价值导向。将劳模精神内化为意志品质，用干劲、闯劲、钻劲激发更多的新时代青年勇做"实干兴邦"的"代言人"，这彰显了新时代劳模精神的崭新价值意蕴。

（一）新时代劳动模范精神的价值意蕴

1. 从内容上看，新时代劳模精神是马克思主义劳动价值观的生动展现

"劳动创造了人类社会，劳动推动了人类社会的发展，劳动是价值和财富的源泉。"社会主义制度下的劳动不再是异化的，而是体现平等、自主的本性，这为新时代劳模精神的产生提供了丰沃的土壤，而劳模精神也在中国特色社会主义进入新时代的征程中不断发挥凝聚力、生命力、创造力。新时代劳模精神，需要立足新时代、把握新矛盾、学习新思想、掌握新方略、迈上新征程。

2. 从地位上看，新时代劳模精神是中华优秀文化的时代结晶

回顾中华文明史，中华文化源远流长，有中华优秀传统文化、革命文化、社会主义先进文化，贯穿其中的劳动人民的生产实践及其凝练出的劳模精神，又在新的时代条件下再生再造、凝聚升华。从钻木取火到大禹治水，从《管子·地数篇》到《天工开物》，无不凝结着劳动者踏实朴实、甘于奉献的精气神，这种精气神传承了中华文化的因子，为劳模精神与中华文化在推动中华民族向前发展的进程中注入强大的精神动力。

3. 从目标取向上看，新时代劳模精神根植于中国共产党领导中国人民进行的长期奋斗

1949年以来，我国经历了1959—1961年的三年困难时期、1976年的唐山大地震、1998年的特大洪水、2003年的"非典"、2008年的汶川地震，以及2020

新时代大学生劳动教育

年暴发的新型冠状病毒感染疫情。多难兴邦，在一场场具有许多新的历史特点的伟大斗争中，中国共产党始终是中国人民和中华民族的中流砥柱，有了这个主心骨，无论是科研攻坚者还是坚守一线者，无论是"外卖小哥"抑或"90后"护士，都在埋头苦干、躬身实践、共克时艰中创造了中国奇迹，也赋予了奋进新时代技术精湛、勇攀高峰、敢为人先的劳模形象和劳模精神，实现了劳动创造幸福的价值引领。

（二）做新时代最美劳动者，让青春在劳动中闪光

1. 让新时代劳动模范"活起来"

广大劳动群众要勤于学习，学文化、学科学、学技能、学各方面的知识，不断提高综合素质，练就过硬本领。劳动模范是民族的脊梁，他们身上凸显出的"淡泊名利、艰苦奋斗、勇于探索"的意志品质，是立体、饱满的新时代劳动教育的精神宝库；"工匠精神"的优良品质是劳动模范高尚品德的时代表达，是"肯学肯干肯钻研、练就一身真本领、掌握一手好技术"的典范。新时代劳动模范的形象需要通过可视度高、互动性强的方法、工具、手段，与新时代青年产生"连接、呈现、体验、反思、应用"，不断激活大学生向劳动模范学习的同向同行的原动力。

2. 让新时代劳动模范"实起来"

"天眼"探空，"蛟龙"入海，"墨子号"发射，这些都让我们由衷地相信幸福是奋斗出来的，劳动是奋斗的源泉。讲好新时代劳模故事，做新时代最美劳动者，就是要将"担当实干"扛在肩头，讲好"干一行、爱一行"的坚守与踏实，讲好"服务人民、报效祖国"的快乐与成长，讲好"爱岗敬业、争创一流"的态度与尊严，用踏实劳动来磨炼意志、淬炼精神，引导新时代大学生埋头苦干、真抓实干，做实干家，不断释放劳动潜能、焕发劳动热情。

（三）让新时代劳动模范"酷起来"

在全面加强新时代劳动教育的关键时刻，需要用更加饱满的热情、更加理性的认知、更加高效的方法，把握大学生成长的内在规律，遵循劳动育人的教育原则，不断提炼新时代劳动育人的新样本，勇当新时代的劳动模范，让青春在劳动中闪光。把"带着学生劳动"转变为"师生一起共同劳动"，开展以"美好劳动节"文化创意展示为主题的系列活动，利用抖音小视频、B站分享、荔枝FM，制造一些外部具化的文化场景，给大学生提供与劳动模范可接触、可参与、可体验的渠道。在增进亲近感、信赖感的同时，一方面，让大学生将自身劳动创造幸福的潜力迸发出来，从而带动周围的人增强对劳动理念的认同、对劳动课程的认同；另一方面，寻求劳动教育与思政的有机融合，探索"全天候、立体化、强赋能、

可辐射"的劳动育人模式，打造一个高净值、个性化、强链接的交互场域，让"边讲边做、学练结合"提高劳动模范精神育人的"沉浸感"，形成良好的互动机制。

拓展阅读

惠女精神

"团结奋斗、弘扬美德、胸怀梦想、奉献时代"——"惠女精神"历久弥新，闪耀着璀璨的时代光芒，传述着惠女的不朽传奇。福建省惠安县净峰镇三面环海，向海而生淬炼出惠女团结包容的品格，向海而强培养了惠女坚韧不拔的精神。作为"惠女精神"的重要发源地之一，深入挖掘新时代"惠女精神"内涵，净峰镇当仁不让，惠女村干部、惠女网格员、惠女志愿者、惠女道德模范、惠女调解员不断涌现……惠女们在基层奋斗的身影，成为一道亮丽的风景线。

汗洒沃土　柔肩挑重担

作为渔业重镇和建筑之乡，净峰镇许多家庭的成年男子常年出海谋生、外出打工，留守本地的多为女性，惠女们柔弱的肩膀扛起责任，撑起了一片天。

20世纪50年代，为解决粮食短缺问题，净峰镇莲城半岛的周亚西等8名青年妇女，驾舟前往大竹岛开垦拓荒，《人民日报》评论她们为"善于斗争、敢于胜利"。

新时代，净峰镇立足实际，注重推进优秀妇女进村两委班子，既做干部队伍上的"加法"，凝聚共同奋进的力量，亦做理想信念上的"加法"，汲取"惠女精神"的伟力。"她智慧"不断激发，"她力量"在此凝聚。

巾帼卫士　志愿护海岸

海养育了净峰的惠女们，她们知道，"讨海"的人要"哺海"更要"护海"，而她们执意相护的正是惠女湾。日前，惠安巾帼志愿服务宣传片《我，为什么要当志愿者》入选首届全国巾帼志愿服务关爱行动微电影大赛十大优秀作品。宣传片中的惠女们，每日身穿红马甲，顶着烈日，伴着海风，拿着钳子、簸箕，在净峰镇惠女湾清理海漂垃圾，构成海岸线一道别样的风景线……

惠女湾是一条风光秀丽的海岸线，惠女湾的开发加之"蓝眼泪"季节游客的聚集，海岸边的垃圾也随之出现。"我想为惠女湾做点什么！"惠女志愿者邱巧燕萌生了这样的念头。今年47岁的邱巧燕是一位渔民，更是一名护海志愿者。"我，为什么当志愿者？"用她的话来说，"因为我知道，如果大海不干净了，那我织再多的网都没用。"

在党支部和村委会的引导下，邱巧燕主动担起惠女湾志愿服务队护海队长的职责，十余名沿线村民、网格员也自告奋勇加入志愿服务队。就这样，她们成了惠女湾第一批护海志愿者。没想到，一守就是六年。

"刚开始，每天总能捡几大袋的垃圾。后来，我们加强护海宣传，游客的环保意识渐渐提高，垃圾也慢慢减少了。"想起当初录制宣传广播时，因为一口"地瓜腔"，邱巧燕还感到不好意思。但是，那一句句带着土味的话语，让游客们感受到了净峰的"海娘子"对大海真挚的爱恋。

2021年3月30日，"惠女湾志愿者服务站"成立，2021年5月20日，惠安县妇联、净峰镇妇联联合成立惠女湾志愿者服务站妇联，并被列为市级示范点。这是惠女护海志愿者的"大本营"，也是净峰镇打造的又一个惠女党建阵地。大海的壮阔需要每一朵浪花的努力，一个人的志愿，可以带动一群人的自觉。听，惠女湾的潮声仿佛在诉说——"海"好有你们。

孝老爱亲　无言谱赞歌

新时代下，人民群众生活日益富足，如何形成文明乡风、良好家风、淳朴民风，净峰的妇女们给出了答案。

"我们拖累了她四十多年，她却比亲女儿还亲呐。"松村村杨秀丽的家属们说起她，总是赞不绝口。1982年，49岁的公公因患脑卒中导致半身不遂，生活处于半自理状态。之后，婆婆也双眼失明了。作为儿媳妇，16岁的杨秀丽辛勤耕作贴补家用，默默承担着家务琐事，照顾公公婆婆的日常生活起居，喂水喂饭、洗澡洗头……生活的沉重与辛酸，杨秀丽从不声张，这一担便是四十载。

资料来源：福建惠安净峰镇：新时代"惠女精神"开出基层善治之"花"[EB/OL].(2022-07-01)[2023-09-05].https://baijiahao.baidu.com/s?id=1737123025016853749&wfr=spider&for=pc.（有删改）

第二章 劳动精神

―――― 实践思考 ――――

讲述劳模故事，颂扬劳模精神

【目标】

向劳模学习，体会劳模精神。

【任务】

搜集新冠疫情中涌现出的各行各业的劳动模范事迹，并通过演讲、诗朗诵、小品等形式讲述他们的故事。

【准备】

地点：教室。

材料和工具：演讲的逐字稿，诗朗诵的逐字稿及配乐，小品的脚本及服装、道具等。

【行动】

2020年春，突如其来的新冠疫情肆虐全国，举国上下万众一心，众志成城抗击疫情。在这场疫情防控阻击战中，医护人员等"战士"冲锋在前，在人民与病毒之间砌起高墙，在没有硝烟的战场上冲锋陷阵；防疫、保障供应等行业的劳模"战斗"在后，他们立足岗位，以行动支援前线。

以班级或院系为单位，围绕新型冠状病毒感染疫情中涌现出的各行各业的劳动模范事迹举办一场"记新型冠状病毒感染疫情之劳模故事会"，讲述他们的故事，感受并颂扬他们所传递的劳模精神。

【活动思考】

①你认识哪些劳模？他们是怎么工作的？你最佩服他们的哪些品格？

②结合你的现状谈谈你将如何在学习中践行劳模精神。

③劳动实践项目：暑假期间参加社会实践。

第三章　劳动保障

- 劳动关系与法规
- 劳动安全保障
- 劳动合同与劳动权益
- 劳动争议与处理方式

【知识目标】

1. 掌握劳动法调整对象的概念。
2. 掌握劳动关系的概念。
3. 掌握超龄劳动者与用人单位之间的关系。
4. 掌握在校学生与用人单位之间的关系。
5. 掌握劳动关系建立和劳动合同生效的关系。
6. 掌握安全劳动的概念，学会安全组织实施劳动。
7. 掌握劳动安全风险防范。
8. 理解劳动事故类型与责任。
9. 掌握应急处理方法。

第三章　劳动保障

【思政目标】

1. 了解涉及新时代大学生就业权益保障的法律法规、树立就业权利思维；
2. 防范就业陷阱，引导新时代大学生学会利用法律武器保护自己的合法权益；
3. 增强新时代大学生就业求职的风险防范思维与迎接挑战能力。

第一节　劳动关系与法规

课前导读

司法实践中如何认定事实劳动关系；劳动关系与劳务关系的区别。

一、事实劳动关系的认定

事实劳动关系是指用人单位与劳动者虽未签订书面劳动合同，但劳动者接受用人单位的管理，从事用人单位安排的工作，成为用人单位的一员，从用人单位领取劳动报酬和受劳动保护所产生的法律关系。

《关于确立劳动关系有关事项的通知》（劳社部发〔2005〕12号）第一条"用人单位招用劳动者未订立书面劳动合同，但同时具备下列情形的，劳动关系成立。（一）用人单位和劳动者符合法律、法规规定的主体资格；（二）用人单位依法制定的各项劳动规章适用于劳动者，劳动者受用人单位的劳动管理，从事用人单位安排的有报酬的劳动；（三）劳动者提供的劳动是用人单位业务的组成部分"。该规定分别从主体资格、双方依附性、管理与被管理的角度进行了确定，只要同时满足这三个条件就成立劳动关系。

参照上述规定，在司法实践中，判断是否形成事实劳动关系主要把握以下几点：

首先，主体适格。劳动关系中用人单位只能是《中华人民共和国劳动法》（简称劳动法）规定的中国境内的企业、国家机关、事业组织、社会团体和个体经济组织，而劳动者则必须达到法定年龄，具有劳动权利能力及劳动行为能力，劳动者的年龄始于最低用工年龄（除特种工作外为 16 周岁），终于法定退休年龄。

其次，身份具有隶属性。劳动关系中劳动者与用人单位之间具有身份隶属性，具体体现在劳动管理及劳动报酬的支付上。实践中，某些用人单位与劳动者之间并未签订书面的劳动合同，但在劳动过程中必须遵守用人单位的各项规章制度、听从用人单位的劳动安排和各项监督，用人单位向劳动者发放工作证、工作服或者缴纳社会保险，同时，用人单位按月向劳动者支付劳动报酬，那么此种情况下，可以认定双方之间存在事实劳动关系。

再次，工作内容为用人单位的业务组成部分。如何界定"业务组成部分"，应作广义解释，将与用人单位开展业务必不可少的辅助工作涵盖在内，例如保险公司的保洁工作、厨房工作、保安工作等。

最后，值得指出的是，劳动者与用人单位之间是否具有建立劳动关系的合意，也是判断是否属于劳动关系的关键。在规范的用工环境下，应当是劳动者与用人单位在平等自愿协商的前提下，通过合同的方式明确约定双方权利义务而建立劳动关系，虽然事实劳动关系中双方没有订立书面的劳动合同，但首先双方应当具有建立劳动关系的合意，否则不能认定存在事实关系。

二、劳动关系与劳务关系的区别

劳动关系与劳务关系相近，两者很容易混淆，厘清劳动关系与劳务关系的区别，对于劳动关系的认定至关重要。

①主体范围不同。劳务关系主体双方当事人可以同时都是自然人；而劳动关系主体一方必须为法人或者其他组织。

②主体关系不同。劳务关系双方主体仅为一方提供劳务、另一方支付报酬的经济关系；而劳动关系除此之外，用人单位要对劳动者进行劳动内容及纪律的管理。

③主体待遇不同。劳动关系中劳动者除获得工资报酬外，还有保险、福利待遇等；而劳务关系中的自然人一般只获得劳动报酬。

④确定报酬的原则不同。劳动报酬体现按劳分配的原则，且不得低于最低工资标准；劳务报酬按市场原则支付，完全由双方当事人协商。

⑤雇主的义务不同。国家干预贯穿劳动关系的始终，劳动法律、法规要求用人单位必须为劳动者缴纳社会保险等；劳务关系则无此干涉，双方当事人可自由约定。

⑥法律调整不同。劳动关系由社会法中的《中华人民共和国劳动法》《劳动合同法》调整；劳务关系则由民法、合同法或经济法调整。

⑦合同的法律责任不同。劳动合同不履行、非法履行的责任不仅有民事责任，

而且还有行政上的责任，如用人单位支付劳动者工资低于当地最低工资标准，劳动行政部门可以给予行政处罚等；劳务合同所产生的责任只有民事责任中的违约或者侵权责任，不存在行政责任。

⑧纠纷处理方式不同。劳动合同纠纷发生后，必须经劳动仲裁前置程序处理后方能向法院提起诉讼；劳务合同纠纷发生后，可以直接通过诉讼方式解决。

一、劳动法的调整对象

任何一个独立的法律部门，都必须有自己特定的调整对象。法的调整对象，是指法所调整的能够体现为意志关系的具体社会关系。劳动法的调整对象，是指劳动法所调整的社会关系。具体而言，劳动法的调整对象包括两类：一类是劳动关系；另一类是与劳动关系密切联系的其他社会关系。

（一）劳动关系

1. 劳动关系的概念

劳动关系是劳动者与用人单位之间在实现社会化劳动过程中产生的社会关系。劳动法调整劳动关系的具体范围，是根据劳动法律制度价值目标以及将某一类劳动者纳入劳动法特殊保护范围必要性程度决定的。劳动法通过对劳动者和用人单位主体资格认定标准的调整，使劳动关系的具体范围随着社会发展的需要不断变化。就发展演变规律性而言，劳动法调整劳动关系的具体范围，呈逐渐扩大的趋势。

2. 劳动关系的特点

劳动法调整的劳动关系，具有以下特点：

①主体资格法定。劳动法调整的劳动关系范围大小，是由劳动法确立的劳动关系主体资格决定的。劳动关系双方的主体资格，必须由劳动法确认。我国劳动法关于劳动者主体资格的年龄标准，除国家另有规定外，必须年满16周岁。我国劳动法对用人单位主体资格的认定标准，是有关机关的审批或登记，经批准或登记设立的法人、非法人组织、个体工商户等依法取得用人单位主体资格，享有用工权利。在我国现行劳动法中，还不认可家庭的用人单位主体资格。因此，家庭与聘请的帮工或家政服务人员所形成的社会关系，现在还不属于劳动法调整范围。劳动法对劳动关系主体资格的认定标准和范围，并非一成不变，根据不同的社会发展阶段、劳动法的价值目标，需要适时调整。

②产生于社会化生产过程中。劳动法调整的劳动关系，不仅具有劳动给付与劳动报酬对价的市场性质，而且还必须具备产业关系的社会化属性。劳动法的产生与独立，或者劳动法特殊的制度理念和调整方法，都与社会化大生产有着密切的关系。社会化大生产背景下的劳动关系，远远超出了民法上劳动力出卖与购买的纯商品属性。劳动环境与劳动条件的恶劣、劳动力生产与使用的可持续性威胁、职业伤害与职业风险的控制等社会问题，无不是社会化大生产的产物。因此，劳动关系的社会化，构成了劳动法调整的劳动关系的基本特点。譬如，当家务劳动未走向社会的时候，劳动法不可能调整这类社会关系。一旦家务劳动逐渐趋向社会，成为社会劳动的一部分，具备了社会化劳动属性的时候，也就具备了劳动法调整的必要性。

③具有财产与人身双重属性。劳动法所调整的劳动关系，首先是以其财产属性为基础的。用人单位要通过社会化劳动过程实现自身利益目标，就必须雇佣大批劳动者；劳动者为了获得赖以生存的物质资料，只能通过劳动获得劳动报酬。这种以对价给付为主要内容的财产性社会关系，既是早期劳动关系纳入民法调整的原因，也是现代劳动关系的基础。其次，也具有典型的人身属性。劳动者在给付劳动实现劳动过程时，其人身在客观上也受到一定程度的限制，使劳动关系具备了典型的人身性质。劳动关系的财产性与人身性又相互交织在一起。正是基于这种不能分割的社会关系，才导致了不能纯粹用私法或者公法理念调整的结果。基于劳动关系的财产属性，衍生出了劳动者的劳动义务和用人单位的报酬支付义务。基于劳动关系的人身属性，一方面产生了劳动者忠实地维护用人单位利益、不断提高劳动技能、服从用人单位劳动纪律的义务；另一方面产生了用人单位保护劳动者生命安全、身体健康和职业培训的义务。

④平等性与从属性相互交织。劳动法调整的劳动关系，除具有一般合同法上的自愿平等特性之外，更重要的是这类关系中双方当事人的从属性。因此，从属性是劳动法调整的劳动关系的本质特征。劳动关系的存在，以实现正常劳动过程和用人单位生产经营利益目的为前提。劳动关系的目的性和劳动过程实现的特殊性，产生了用人单位对劳动过程的控制权。一方面，用人单位以实现正常劳动秩序为目的，合理调配劳动者，组织、指挥和协调劳动过程，是劳动关系中用人单位的基本权利；另一方面，用人单位合理行使控制权，也是劳动者服从其组织、指挥和劳动调配，遵守劳动纪律义务产生的基础。

（二）与劳动关系密切联系的其他社会关系

劳动法不仅调整劳动关系，还调整与劳动关系密切相连的其他社会关系。与劳动关系密切相连的社会关系有三种情形：第一，这种社会关系是劳动关系产生的前提，如就业培训、职业介绍等形成的社会关系；第二，这种社会关系是劳动关系产生的必然结果,如失业、养老保险等所形成的社会关系;第三,这种社会关系与劳动关系的产生、变更、消灭有一定的牵连,如集体协商、职业介绍、劳动监察、劳动争议处理等过程中产生的社会关系。无论哪一种情形,都与劳动关系具有紧密的联系,离开这种社会关系,劳动法就无法对劳动关系实行最有效的法律调整。因此,与劳动关系的密切关联性,就是劳动法调整的这类其他社会关系的本质特征。

在劳动法的调整对象中,劳动关系是最核心、最复杂的关系,实践中对于劳动关系的认定极易发生争议,因此有必要重点对该问题展开分析。

二、用工主体责任与劳动关系

(一)用工主体责任概念的提出

随着我国改革开放的推进和经济的发展,在基础建设领域的大量投入促进了建筑业的发展,也为农民工就业创造了大量就业岗位。但是,快速的发展也带来了不少问题,建筑企业非法转包、违法分包及层层转包、分包、挂靠等乱象大量出现,而伴随出现的是劳动者讨薪无门和发生伤亡事故后无法认定工伤的事件,2003年温家宝总理为农民工讨要工资事件凸显了问题的严重性。为解决这一问题,2003年国务院相继颁布《国务院办公厅关于做好农民进城务工就业管理和服务工作的通知》(国办发〔2003〕1号),《国务院办公厅关于切实解决建设领域拖欠工程款问题的通知》(国办发〔2003〕94号)等多个文件,提出自2004年起,用3年时间基本解决建设领域拖欠工程款以及拖欠农民工工资问题,同时强调要建立健全及时支付农民工工资的机制,从源头上防止新的拖欠。

(二)用工主体责任的概念和责任形式

2005年人力资源和社会保障部提出"用工主体责任"概念时,并未对该概念进行明确的定义,而后出台的法律法规也未作出明确的解释与定义,那么,用工主体责任到底该如何理解?包括哪些内容?如何认定承担用工主体责任?成为司法实践中经常遇到的问题。

要理解什么是用工主体责任,需要先弄清楚什么是用工主体。

在这里,用工主体经常会和另外一个概念混淆在一起,即"用人单位"。根据《中华人民共和国劳动合同法》(简称《劳动合同法》)第二条:"中华人民共和国境内的企业、个体经济组织、民办非企业单位等组织(以下称用人单位)与劳动者建立劳动关系,订立、履行、变更、解除或者终止劳动合同,适用本法。"用人单位是一个法律的概念,指具备用人权利能力和用人行为能力,运用劳动力组织生产劳动,且向劳动者支付劳动报酬的单位,包括企业、个体经济组织、民办非企业单位等组织。从《劳动合同法》的规定来看，用人单位与劳动者相对应，其主要的责任包括：要与劳动者签订劳动合同，为劳动者依法足额缴纳社会保险，提供劳动保护，支付工资，存在加班行为时需要支付加班费，符合法律规定时要依法支付经济补偿金，等等。用人单位与劳动者之间形成的法律关系为劳动关系。

而用工主体，则未有明确的法律上的特定含义，泛指一切有用人需求的组织和个人。从广义上理解，用人单位也属于用工主体之一，但用工主体却不仅仅限于劳动法上的用人单位，也包含其他有用人需要的组织和个人。

从司法实践上看，使用用人单位和用工主体，会产生不同的法律后果。比如在劳务派遣关系中，劳务派遣单位为"用人单位"，而被派遣的劳动者工作的单位为"用工主体"，因此，在劳务派遣关系中，作为用人单位的派遣单位需要按照《劳动合同法》承担与劳动者签订劳动合同、为劳动者缴纳社保、支付工资等法律义务，而作为实际"用工主体"的被派遣单位则与劳动者不存在劳动关系，其只基于用工需要与派遣单位签订《劳务派遣协议》，这个劳务派遣协议是平等主体之间的关于用工的权利义务的约定，属于民事法律范畴，不受劳动法律调整，因此当发生纠纷时，适用民事法律法规。

除此之外，从《关于确立劳动关系有关事项的通知》第四条规定："建筑施工、矿山企业等用人单位将工程（业务）或经营权发包给不具备用工主体资格的组织或自然人，对该组织或自然人招用的劳动者，由具备用工主体资格的发包方承担用工主体责任。"可知，用工主体中实际还包含了两种情况，一种是具备用工主体资格的主体，一种则是不具备用工主体资格的主体。实践中，欠薪行为以及发生伤亡事故后无法认定责任的事件往往就是出现在不具备用工主体资格的主体用工行为之中，这也是《关于确立劳动关系有关事项的通知》要求具备用工主体资格的发包方承担用工主体责任的原因之所在。由此可见，用工主体责任概念的出现，很大的原因便是为了解决因不同用工主体在发生欠薪以及伤亡事故之后的责任承担问题。

基于以上分析，我们大致可以对用工主体责任的概念有一个理解，从广义上讲，用工主体责任指的一切具有用人需求的主体在用工过程中所应履行的义务及在给劳动者造成损失或损害之后所应承担的责任。从狭义上讲，则是指具备用工主体资格的主体将自己的业务或工程发包或转包给不具备用工主体资格的组织或个人所应承担的责任。

从具体司法实践中，用工主体责任主要包括以下三种：

（1）支付劳动报酬的责任。

劳动保障部、住房和城乡建设部联合发布的《建设领域农民工工资支付管理暂行办法》第十二条中规定："工程总承包企业不得将工程违反规定发包、分包给不具备用工主体资格的组织或个人,否则应当承担清偿拖欠工资连带责任。"《劳动合同法》第九十四条也规定:"个人承包经营违反本法规定招用劳动者,给劳动者造成损害的,发包的组织与个人承包经营者承担连带赔偿责任。"基于此,法院在审理拖欠农民工工资案件中,一般在明确用工主体责任之后,会判决由承担用工主体责任的单位承担支付劳动报酬的责任。

(2)工伤保险责任。

《人力资源社会保障部关于执行〈工伤保险条例〉若干问题的意见》第七条:"具备用工主体资格的承包单位违反法律、法规规定,将承包业务转包、分包给不具备用工主体资格的组织或者自然人,该组织或者自然人招用的劳动者从事承包业务时因工伤亡的,由该具备用工主体资格的承包单位承担用人单位依法应承担的工伤保险责任。"《最高人民法院关于审理工伤保险行政案件若干问题的规定》第三条:"社会保险行政部门认定下列单位为承担工伤保险责任单位的,人民法院应予支持……(四)用工单位违反法律、法规规定将承包业务转包给不具备用工主体资格的组织或者自然人,该组织或者自然人聘用的职工从事承包业务时因工伤亡的,用工单位为承担工伤保险责任的单位。"基于此,法院在审理违法转包、分包情况下的工伤保险案件中,会认定由用工单位承担工伤保险责任,此时用工主体责任即为工伤保险责任。

(3)人身损害民事赔偿责任。

《最高人民法院办公厅关于印发〈全国民事审判工作会议纪要〉的通知》(法办〔2011〕442号)第五十九条:"对于发包人将建设工程发包给承包人,承包人又转包或者分包给实际施工人,实际施工人招用的劳动者请求确认与发包人之间存在劳动关系的,人民法院不予支持。"最高人民法院对《全国民事审判工作会议纪要》第五十九条进一步释明的答复中,支持劳动者与承包单位不存在劳动关系,也不存在劳务关系的观点。基于此,法院在审理违法转包、分包情况下的侵权案件中,如果确认双方不存在劳动关系,则用工主体责任相应地确认为人身损害的民事赔偿责任。

(三)用工主体责任关系与劳动关系

在司法实践中,用工主体责任关系和劳动关系是两个不同的法律关系。

《全国民事审判工作会议纪要》第五十九条规定:"对于发包人将建设工程发包给承包人,承包人又转包或者分包给实际施工人,实际施工人招用的劳动者请求确认与发包人之间存在劳动关系的,人民法院不予支持。"在《对最高人民法院〈全国民事审判工作会议纪要〉第五十九条作出进一步释明的答复》中,详细列举了用工主体责任关系不属于劳动关系的理由:

第一,实际施工人的前一手具有用工主体资格的承包人、分包人或转包人与

新时代大学生劳动教育

劳动者之间并没有丝毫建立劳动关系的意思表示,更没有建立劳动关系的合意,这与我国《劳动合同法》第三条规定——建立劳动关系必须遵循自愿原则相违背。

第二,如果认定实际施工人的前一手具有用工主体资格的承包人、分包人或转包人与劳动者之间存在劳动关系,那么,将由具有用工主体资格的承包人、分包人或转包人对劳动者承担劳动法上的责任,而实际雇佣劳动者并承担管理职能的实际施工人反而不需要再承担任何法律责任了,这种处理方式显然不符合公平原则。如果我们许可这样的做法,实际施工人反而很容易逃避相应的法律责任。

第三,《关于确立劳动关系有关事项的通知》(劳社部发〔2005〕12号)第四条之所以规定可认定承包人、分包人或转包人与劳动者之间存在劳动关系,其用意是惩罚那些违反《建筑法》的相关规定任意分包、转包的建筑施工企业。承包人、分包人或转包人违反了《建筑法》的相关规定,应当承担相应的行政责任或民事责任。不能为了达到制裁这种违法发包、分包或者转包行为的目的,就可以任意超越《劳动合同法》的有关规定,强行认定本来不存在的劳动关系。

从司法实践中来看,法院认为用工主体责任不等同于双方存在劳动关系,《关于确立劳动关系有关事项的通知》(劳社部发〔2005〕12号)第四条之所以规定用工主体责任实质上是对劳动者的特殊保护,是考虑到很多实际施工人缺乏赔偿能力,但又要及时救济劳动者之需而制定的。因此,不能简单粗暴地认为一旦认定发包方承担用人主体责任,就是确认与劳动者存在劳动关系继而应当承担劳动关系之相应义务,如签订书面劳动合同、购买社保等法定义务。

当然,虽然不认定实际施工人的前一手具有用工主体资格的承包人、分包人或转包人与劳动者之间存在劳动关系,并不意味着劳动者的民事权益得不到保护。从实际维权的角度,劳动者既可以单独起诉实际施工人,也可以将承包人、分包人或转包人与实际施工人列为共同被告;从责任分担的角度,劳动者既可以要求实际施工人承担全额或者部分赔偿责任,也可以要求承包人、分包人或转包人承担全额或者部分赔偿责任,还可以要求承包人、分包人或转包人与实际施工人一起承担连带赔偿责任。

综上,用工主体责任关系不等于劳动关系,其责任范围一般应当小于用人单位的责任范围,用工主体责任体现的是对劳动者的兜底性保护。

三、在校学生实习或就业的劳动关系认定

对于即将毕业的学生,因毕业季学校学业基本完成,多数学生基于学校要求及毕业后就业考虑,提前到用人单位实习,后因工作过程中用人单位拖欠工资报酬、发生工伤无法理赔等原因向劳动争议仲裁委员会申请仲裁,要求确认双方存在劳动关系,但多数仲裁委认为双方非劳动关系而均不予受理,那么双方是否属

第三章 劳动保障

于劳动关系呢？问题焦点是在校学生实习或就业是否具备了劳动者主体资格。

（一）劳动者主体资格

劳动者主体资格，是指自然人依法成为劳动关系中的主体条件。《中华人民共和国劳动法》第十五条规定，禁止用人单位招用未满16周岁的未成年人。该条规定的立法目的在于保护未成年人的成长利益，避免用人单位使用身心正在成长阶段的未成年人作为劳动力，侵害未成年人的健康权和受教育权，但是，是否只要达到法定就业年龄，就一定可以建立劳动关系呢？事实并非如此，虽然现行立法未作规定，但是劳动者是否具有建立劳动关系的主体资格，还取决于其是否有支配自身劳动力的自由。在特殊情形下，某些达到法定就业年龄的人群因为无法自由支配自己的劳动而无法建立劳动关系，例如，《关于贯彻执行〈中华人民共和国劳动法〉若干问题的意见》（简称《意见》）第十二条规定："在校生利用业余时间勤工助学，不视为就业，未建立劳动关系，可以不签订劳动合同。"对于上述《意见》的规定，实践中存在理解上的分歧，有必要对此加以讨论。在校学生在单位工作仍然需区分不同情形判断法律关系，一般而言可概括为以下三类：

1. 勤工助学

《高等学校学生勤工助学管理办法（2018年修订）》（教财〔2018〕12号）文件第四条规定："勤工助学活动是指学生在学校的组织下利用课余时间，通过劳动取得合法报酬，用于改善学习和生活条件的实践活动。"第六条规定："勤工助学活动由学校统一组织和管理。学生私自在校外兼职的行为，不在本办法规定之列。"

2. 职业学校学生实习

《职业学校学生实习管理规定》（教职成〔2021〕4号）第二条："职业学校学生实习是指实施全日制学历教育的中职学校、高职专科学校、高职本科学校（以下简称职业学校）学生按照专业培养目标要求和人才培养方案安排，由职业学校安排或者经职业学校批准自行到企（事）业等单位进行职业道德和技术技能培养的实践性教育教学活动，包括认识实习和岗位实习。认识实习指学生由职业学校组织到实习单位参观、观摩和体验，形成对实习单位和相关岗位的初步认识的活动。岗位实习指初步具备一定实践岗位工作能力的学生，在专业人员指导下，辅导或相对独立参与实际工作的活动。

3. 就业实习

就业实习一般指的是基本完成学校的学习任务且达到相关要求，但并未获得学校发放的毕业证书的学生，以就业为目的为用工单位提供劳动。

（二）实习生与单位之间用工关系法律性质

1. 劳动关系判断的总体标准

实习生与用工单位之间劳动关系是否成立，需根据实习生类型、结合双方签订的协议内容及实际履行中的权利义务关系来审查是否存在劳动关系。

《关于确立劳动关系有关事项的通知》（劳社部发〔2005〕12号）第一条规定："用人单位招用劳动者未订立书面劳动合同，但同时具备下列情形的，劳动关系成立。（一）用人单位和劳动者符合法律、法规规定的主体资格；（二）用人单位依法制定的各项劳动规章制度适用于劳动者，劳动者受用人单位的劳动管理，从事用人单位安排的有报酬的劳动；（三）劳动者提供的劳动是用人单位业务的组成部分。"该规定可以作为判断劳动关系是否成立的法律依据。

2. 勤工助学一般不成立劳动关系

在校学生的主要任务是完成学业，勤工助学只能在课余时间进行，不能与用工单位建立较为长期稳定的全日制劳动关系，也不可能与用工单位其他员工一样完全遵循用工单位诸如考勤管理、绩效考核、工作安排等管理制度。

但应当注意的是，《高等学校学生勤工助学管理办法》（2018年修订）（教财〔2018〕12号）文件，对勤工助学的范围进行了限制，即勤工助学必须在学校的组织和安排下进行。学生自己联系，利用业余时间从事的工作，即所谓的"私自在校外兼职的行为"不在此规定之列。校外用人单位未经过学校同意审核聘用勤工助学学生的，可参照"非全日制用工"形式处理。

3. 职业学校学生实习一般不成立劳动关系

教学实习是高校大学生学习知识和实践教学的一项重要内容。无论实习单位是由学校安排，还是学生自己联系，实习目的不是获取报酬而在于获得专业知识和实践经验，高校大学生与实习单位之间一般不成立劳动关系。但用工单位应当遵守《职业学校学生实习管理规定》的相关条款，保障实习人员的各项权利。

4. 以就业为目的的实习一般成立劳动关系

以就业为目的的实习，在校学生已完成了全部学习任务，有明确的求职就业愿望，实习期内接受单位的劳动管理，单位也会支付相应的报酬。在该情形下，符合劳动关系的本质特征，即便未签订劳动合同，双方也成立事实劳动关系。

（三）关于是否能安排实习生加班问题的规定

经学校审核同意的校外勤工助学的工作时间无明确规定，可以参考校内勤工助学的时间要求，即原则上每周不超过8小时，每月不超过40小时。若未经学校审核同意的校外勤工助学，如上所述，可参照非全日制用工形式处理。根据《劳动合同法》第六十八条的规定，非全日制用工一般平均每日工作时间不超过 4 小时，每周工作时间累计不超过 24 小时。勤工助学的前提必须是保证学生不因参加勤工助学而影响学习。

根据《职业学校学生实习管理规定》第十七条的规定，除相关专业和实习岗位有特殊要求，并事先报上级主管部门备案的实习安排外，实习单位应遵守国家关于工作时间和休息休假的规定，并不得安排学生加班和上夜班。因此，除非实习岗位有特殊要求，并报上级主管部门备案，接收职业学校学生实习的单位不得安排学生加班。

在就业实习一般成立劳动关系的情形下，实习人员可按照公司规章制度及《中华人民共和国劳动法》关于工作时间和休息休假的相关规定进行管理，但应尽可能保证实习人员的人身安全。

（四）关于实习生报酬标准的规定

1. 勤工助学报酬不应低于最低工资标准

经学校审核同意的校外勤工助学，根据《高等学校学生勤工助学管理办法（2018 年修订）》的规定，酬金标准不应低于学校当地政府或有关部门规定的最低工资标准，由用人单位、学校与学生协商确定，并写入聘用协议。若未经学校审核同意的校外勤工助学，小时计酬标准不得低于用人单位所在地人民政府规定的最低小时工资标准，且结算支付周期最长不得超过十五日。

2. 岗位实习报酬原则上不低于试用期工资标准的 80%

接收学生岗位实习的实习单位，应当参考本单位相同岗位的报酬标准和岗位实习学生的工作量、工作强度、工作时间等因素，给予适当的实习报酬，原则上不低于本单位相同岗位工资标准的 80% 或最低档工资标准，并按照实习协议约定，以货币形式及时、足额、直接支付给学生。

3. 就业实习报酬由双方约定

就业实习的报酬一般根据三方协议由用人单位与实习人员约定，实习期工资可以参考本单位相同岗位试用期工资标准。

（五）关于实习生工作中发生人身损害的责任承担

1. 勤工助学情形

在勤工助学活动中，若出现协议纠纷或学生意外伤害事故，协议各方应按照签订的协议协商解决。如不能达成一致意见，按照有关法律法规规定的程序办理。在经过学校审核同意的校外勤工助学的情形下，学校应当负有主要的管理职责。未经学校审核同意的校外勤工助学，按照学校、实习单位、实习人员的过错程度各自承担责任。

2. 顶岗实习情形下实习单位应承担主要赔偿责任

该情形下,因不成立劳动关系,应按照一般民事侵权纠纷处理。有实习责任保险的,由保险公司按保险合同进行赔付。不属于保险赔付范围或者超出的部分,由实习单位、职业学校及学生按照实习协议约定承担责任。

如未签订实习协议或协议对责任承担无约定的,在岗位实习情形下,因实习人员与单位之间一般存在支配与被支配的地位、劳动所创造的经济利益也归属于实习单位,实习单位应当承担的劳动保护以及劳动风险控制与防范的职责和义务。如实习人员受伤的危险来源属于其所从事的劳动的正常风险之内,实习单位应当对损害承担主要赔偿责任。学校作为间接管理人,虽无法直接支配实习人员的工作,但负有保障学生在实习中的安全防范和权益的义务,一般应当对损害承担次要责任。实习人员无重大过失的,一般不适用过失相抵。

3. 就业实习按工伤保险待遇承担责任

在劳动关系成立的前提下,实习单位应当按照工伤相关法律法规规定承担责任。

四、超龄用工中的劳动关系认定

关于劳动者达到退休年龄之后仍继续从事劳动的,其与用人单位之间属于何种关系,或者说已经达到退休年龄仍继续从事劳动的人员是否属于劳动法意义上的劳动者,在相应的劳动法律法规中均未作明确规定。《劳动合同法》第四十四条第(二)项中规定,劳动者开始依法享受基本养老保险待遇的,劳动合同终止。而《劳动合同法实施条例》第二十一条又规定,劳动者达到法定退休年龄的,劳动合同终止。而在社会现实中,由于社保体系中的基本养老制度尚未完善,劳动者达到退休年龄后往往无法真正实现老有所养,再加上我国人均寿命的延长,不少劳动者在达到退休年龄后仍然具有较强的劳动能力,所以不少劳动者在达到退休年龄后仍希望继续从事劳动并据此获得收入。因此,劳动者在达到法定退休年龄后,其与用人单位之间的劳动关系是否应自动终止,达到法定退休年龄的人员能否与用人单位建立劳动关系,成为劳动争议审判实践中一个值得关注的问题。

(一)超龄用工

超龄用工,是指达到法定退休年龄的劳动者到用人单位工作,与用人单位建立用工关系的现象。超龄用工的前提是劳动者达到法定退休年龄,而退休是指职业劳动者依据法律法规之规定,在达到法定退休条件的情形下,退出职业劳动领域,依法享受相应的退休待遇的一种法律行为以及该法律行为所导致的事实状态。

(二)法律法规关于退休年龄的规定

法定退休年龄,是指第五届全国人民代表大会常务委员会第二次会议批准的《国务院关于安置老弱病残干部的暂行办法》和《国务院关于工人退休、退职的暂行办法》(国发〔1978〕104号)文件所规定的退休年龄。《国务院关于工人退休、退职的暂行办法》第一条规定:"全民所有制企业、事业单位和党政机关、群众团体的工人,符合下列条件之一的,应该退休。(一)男年满六十周岁,女年满五十周岁,连续工龄满十年的。(二)从事井下、高空、高温、特别繁重体力劳动或者其他有害身体健康的工作,男年满五十五周岁、女年满四十五周岁,连续工龄满十年的。本项规定也适用于工作条件与工人相同的基层干部。(三)男年满五十周岁,女年满四十五周岁,连续工龄满十年,由医院证明,并经劳动鉴定委员会确认,完全丧失劳动能力的。(四)因工致残,由医院证明,并经劳动鉴定委员会确认,完全丧失劳动能力的。"综上,通常认为职工的法定退休年龄为,男职工60周岁、女职工50周岁、女干部55周岁。

《国务院关于安置老弱病残干部的暂行办法》第四条规定:"党政机关、群众团体、企业、事业单位的干部,符合下列条件之一的,都可以退休。(一)男年满六十周岁,女年满五十五周岁,参加革命工作年限满十年的;(二)男年满五十周岁,女年满四十五周岁,参加革命工作年限满十年,经过医院证明完全丧失工作能力的;(三)因工致残,经过医院证明完全丧失工作能力的。"

2015年12月2日,由中国社会科学院人口与劳动经济研究所及社会科学文献出版社共同发布的《人口与劳动绿皮书:中国人口与劳动问题报告》建议推迟法定退休年龄。报告建议通过分两步走的方式,到2045年时,将男职工、女职工和女干部劳动者的退休年龄都调整到65岁,因此,我国退休年龄制度正在进一步完善的进程中。

(三)超龄用工从事劳动的现状

目前,在我国,随着市场经济的不断发展,达到法定退休年龄的人员仍继续从事劳动的情形普遍存在。法律也没有禁止那些达到法定退休年龄的人员继续从事劳动和受聘。达到法定退休年龄的人员继续从事劳动享有的合法权益应受到法律的保护。

实践中,以是否享受基本养老保险待遇为标准,达到法定退休年龄仍继续从事劳动的人员大致可分为两种:一种是达到法定退休年龄并已依法享受基本养老保险待遇的人员;另一种是虽已达到法定退休年龄但并未依法享受基本养老保险待遇的人员。对于达到法定退休年龄并已依法享受基本养老保险待遇的人员从事劳动的,其与用人单位的关系不属于劳动关系的观点在实务中渐趋一致。《劳动部办公厅对〈关于实行劳动合同制度若干问题的请示〉的复函》(劳办发〔1997〕

88号）的规定："关于离退休人员的再次聘用问题。各地应采取适当的调控措施，优先解决适龄劳动者的就业和再就业问题。对被再次聘用的已享受养老保险待遇的离退休人员，根据《关于实行劳动合同制度若干问题的通知》（劳部发〔1996〕354号）第十三条的规定，其聘用协议可以明确工作内容、报酬、医疗、劳动保护待遇等权利、义务。离退休人员与用人单位应当按照聘用协议的约定履行义务，聘用协议约定提前解除书面协议的，应当按照双方约定办理，未约定的，应当协商解决。离退休人员聘用协议的解除不能依据《中华人民共和国劳动法》第二十八条执行。"明确了离退休人员再就业应通过与用人单位签订平等协议予以规范。而《最高人民法院关于审理劳动争议案件适用法律若干问题的解释（三）》第七条规定"用人单位与其招用的已经依法享受养老保险待遇或领取退休金的人员发生用工争议，向人民法院提起诉讼的，人民法院应当按劳务关系处理"，更是将已经达到法定退休年龄并依法享受基本养老保险待遇仍继续从事劳动的人员与用人单位的关系明确为劳务关系。至于达到法定退休年龄但并未依法享受基本养老保险待遇的人员从事劳动的，其与用人单位的关系如何认定，实务中各地做法不一。有认为属于劳动关系的，也有不少认为不应认定为劳动关系，而应按劳务关系处理的。

（四）超龄劳动者与用人单位之间的劳动关系应自动终止

关于达到法定退休年龄的劳动者与用人单位的劳动关系是否应自动终止的问题，《劳动合同法》和《劳动合同法实施条例》作了不同的规定。《劳动合同法》第四十四条第（二）项规定，劳动者开始依法享受基本养老保险待遇的，劳动合同终止；而《劳动合同法实施条例》第二十一条则规定，劳动者达到法定退休年龄的，劳动合同终止。由于实践中劳动者在达到法定退休年龄后并不一定能够享受基本养老保险待遇，而事实上不少达到法定退休年龄的劳动者又仍具有劳动能力，并且法律法规也没有禁止达到法定退休年龄的人员继续从事劳动。因此，有观点认为，结合《劳动合同法》第四十四条第（二）项的规定，劳动者达到法定退休年龄后，其与用人单位的劳动关系并不自动终止，而是否终止双方的劳动关系应视该劳动者达到法定退休年龄后是否享受基本养老保险待遇而定。虽然《劳动合同法》和《劳动合同法实施条例》关于劳动合同终止事由的表述内容不一致，但《中华人民共和国劳动法》第七十三条第一款规定："劳动者在下列情形下，依法享受社会保险待遇：（一）退休；（二）患病、负伤；（三）因工伤残或者患职业病；（四）失业；（五）生育。"可知，在理论上，在劳动者达到法定退休年龄的情况下，劳动者可以享受基本养老保险待遇。两个规定在逻辑上其实是一致的，即用人单位和劳动者依法履行缴纳社会保险费的义务，劳动者达到法定退休年龄后依法享受基本养老保险待遇，其与用人单位的劳动关系终止。两个规定实际上并无矛盾之处。问题在于实践中还存在着不少劳动者达到法定退休年龄，却不能享受基本养老保险待遇的情形。对此，应区分两个不同层次的法律关系。一个是劳动者达到法定退休年龄前与用人单位形成的劳动法律关系，一个是劳动者达到法定退休年龄后与用人单位或国家形成的养老保险待遇法律关系。两个法律关系的时间界限为劳动者达到法定退休年龄时。

劳动者在达到法定退休年龄后，其与用人单位存在的劳动法律关系终止，同时开始转为第二个法律关系，即与用人单位或国家形成养老保险待遇法律关系。是否享受基本养老保险待遇的问题，应属于第二个层面的问题，可另外通过途径解决。实务中根据《最高人民法院关于审理劳动争议案件适用法律若干问题的解释（三）》第一条规定"劳动者以用人单位未为其办理社会保险手续，且社会保险经办机构不能补办导致其无法享受社会保险待遇为由，要求用人单位赔偿损失而发生争议的，人民法院应予受理"，劳动者可依法主张社会保险待遇损失。可见，在劳动者获得社会保险待遇损失的情形下，未依法享受基本养老保险待遇的人员的权利实际上是能得到保障的，在这样的情况下，其继续从事劳动与那些已依法享受保险待遇者继续从事劳动是一致的。因此，厘清了劳动者在不同阶段存在的劳动法律关系和养老保险待遇法律关系，认定劳动者在达到法定退休年龄后与用人单位的劳动关系自动终止在逻辑上更为清晰。

（五）超龄劳动者与用人单位之间的关系应为劳务关系

我国学术界和实务界普遍认为，达到法定退休年龄继续从事劳动的人员与用人单位的关系应按劳务关系处理，不应认定为劳动关系。

劳务关系是指平等民事主体之间一方提供劳务、另一方支付报酬而形成的权利和义务关系。而劳动关系是指用人单位招用劳动者为其成员，劳动者在用人单位的管理下提供有报酬的劳动而产生的权利和义务关系。在劳动关系中，用人单位与劳动者是领导与被领导、支配与被支配的隶属关系；而劳务关系的双方则是一种彼此平等的有偿关系，双方的权利和义务完全依据协议确定。劳动关系和劳务关系最大的不同之处在于保护方面的巨大区别。在劳动关系中，更突出对相对弱者的劳动者的合法权益的保护，劳动关系中的劳动者，除获得工资报酬外，还有社会保险、福利待遇等。而劳务关系则更强调对当事人权利予以平等保护。劳务关系中提供劳务一方一般只是获得劳动报酬。

达到法定退休年龄的人员不是劳动关系的适格主体，不符合劳动关系中劳动者主体资格之主体要件。根据人力资源和社会保障部《关于确立劳动关系有关事项的通知》第一条第（一）项的规定，用人单位和劳动者须符合法律、法规规定的主体资格。又由于我国明确规定了法定退休年龄，法定退休年龄是法律所规定的丧失劳动者资格的年龄，劳动者在达到法定退休年龄后应当退休，退出劳动者的行列。因此，虽然达到法定退休年龄的人员仍可能具有劳动能力，法律法规也没有禁止他们继续从事劳动，但从主体身份而言，达到法定退休年龄的人员已不具备劳动关系中劳动者的主体资格，其已不是劳动法调整的劳动者。

达到法定退休年龄的人员不能享受劳动法中规定的全部权利。如上所述，劳动关系更突出对劳动者权益的保护，因此，劳动法律法规在最低工资、社会保险等方面对劳动者给予了更基本的保障。但按照有关规定，社会保险机构不可能接受超过法定退休年龄的人员缴纳社会保险费，当然，达到法定退休年龄的人员也就不能在其继续从事劳动的用人单位享受到诸如工伤等社会保险待遇。达到法定退休年龄的人员不能像其他劳动者一样得到最基本的保障，这种情况下其与劳动法意义上的劳动者明显是有区别的。另外，根据相关的法律规定，社会保险是劳动合同的必备条款之一，而达到法定退休年龄的人员由于不能缴纳社会保险，签订的劳动合同无法具备社会保险这个必备条款，在劳动合同的签订问题上也会产生矛盾。在此情况下，认定达到法定退休年龄的人员与用人单位的关系为劳动关系在逻辑上讲不通。

实际上，在劳动关系的实际履行中，如果达到法定退休年龄的劳动者没有依法享受基本养老保险待遇，则用人单位不仅不能终止这一类达到法定退休年龄员工的劳动关系，还不得不一直与该员工保持劳动关系。

综合以上分析，我们认为，达到法定退休年龄的人员可以依法享受基本养老保险待遇，未能依法享受基本养老保险待遇的人员亦可通过其他救济途径使其相应权利得到保障。对于已享受社会保障的人员，其相对弱势的地位发生了改变，应由双方在自主的基础上签订协议，对双方的权利义务进行约定，充分发挥达到法定退休年龄人员的优势和特长，有利于实现各方利益的最优化。因此，达到法定退休年龄继续从事劳动的人员与用人单位的关系应认定为劳务关系，并适用民事法律规范予以调整。

典型案例

案情简介

李×帅系某工商信息学校（以下简称工商学校）学生。李×帅因实习与工商学校和富×公司三方签订实习协议书，协议书约定：李×帅到富×公司实习一年,即 2020 年 7 月至次年 6 月,实习期间,李×帅每月可从富×公司获得实习津贴 1 800～2 000 元,加班及因其他超过规定时间的中班、夜班和特殊岗位的工作与公司职工待遇相同;公司为实习生安排岗前培训并安排到符合国家规定且对青少年健康无影响的工作,有师傅对实习工作指导评价,对有安全风险的岗位提供有劳动保护措施并为学生购买实习责任保险等内容。

同年 11 月,李×帅在公司加班,操控机器时不慎被机器截断右手第二、第三、第四和第五指。李×帅被送往医院治疗,后经伤残鉴定,李×帅右手功能障碍,相当于道路交通事故×伤残。因就赔偿事宜与富×公司和工商学校无法达成协议,遂李×帅提起诉讼请求赔偿护理费、误工费、营养费、住院伙食补助费、残疾赔偿金、精神损害抚慰金、鉴定费、律师费、交通费各项费用共计 22.6144 万元。富×公司事发后为李×帅垫付医疗费、护理费、日用品费、李×帅家属住宿费及支付的现金共计 7.8738 万元。

本案争议的焦点是:学生与学校和工作单位签订实习协议,学生在加班期间因工作场所受伤。在此情况下,应否由工作单位和学校共同承担赔偿责任。

一审法院认为,因无法证明被告工商学校对事故有过错责任,因此不支持原告李×帅要求学校承担赔偿责任的主张。责任分担比例由被告富×公司承担 80% 的责任,原告李×帅承担 20% 的责任。

一审法院判决:被告富×公司还应赔偿原告李×帅经济损失 7.0529 万元,判决生效之日起十日内履行完毕。

原告李×帅不服一审判决,提出上诉称:本人作为在校学生实习工作,加班未安排师傅陪同,被告工商学校与富×公司均有责任;残疾赔偿金的适用标准应为本市城镇居民标准;误工费应按本人实习期的实际所得每月 3 000 元计算,本人的住院期间应算在误工期内。综上请求撤销原判,支持本人原审中提出的诉讼请求。

被上诉人富×公司辩称:被上诉方工商学校对上诉人李×帅负有安保义务且应承担相应责任;上诉人李×帅作为实习生上班时间不固定,事发当天上诉人李×帅是自愿加班且带教师傅周六不上班,上诉人李×帅本人对事故的发生存在过错;富×公司已经对其进行过岗前培训,也发放了劳动手套,事后也积极救治,已经尽到了相应义务;李×帅的残疾赔偿金应当按照其户籍性质计算,误工费也应当按照实习补贴 1 800 元/月计算。请求二审法院驳回上诉，维持原判。

被上诉方工商学校辩称：本方强调实习单位不得在学生实习期间安排加班，请求二审法院依法裁判。

二审法院判决：撤销一审判决；被上诉方富×公司赔偿上诉人李×帅经济损失14.8387万元，被上诉方工商学校赔偿上诉人李×帅经济损失5.6781万元。

资料来源：王可红.学生在实习中受伤的赔偿归责原则和赔偿标准——李帅帅诉上海通用富士冷机有限公司等提供劳务者受害责任［EB/OL］.(2023-03-19)［2023-09-05］.https://lawyers.66law.cn/s2b01a6f80826e_i1094662.aspx.（有删改）

案例分析及法理拓展

根据《中华人民共和国劳动法》第二条规定，在中华人民共和国境内的企业、个体经济组织（以下统称用人单位）和与之形成劳动关系的劳动者，适用本法。可知，在校学生在企业实习不具有劳动者的主体身份，因而不能认定为劳动者，在校学生实习期间受伤不是工伤，应属侵权范畴。根据《民法典》第六条的规定，行为人因过错侵害他人民事权益，应当承担侵权责任。学生作为实习人员在工作单位实习，工作单位应当对实习人员进行岗前培训以及必要的安全教育管理，对实习生的安全负有保障责任。学生在工作场所中受伤，工作单位未尽到安全保障义务的，对学生受伤的损害结果存在一定的过错应承担赔偿责任。又根据该法第十二条规定，二人以上分别实施侵权行为造成同一损害，能够确定责任大小的，各自承担相应的责任；难以确定责任大小的，平均承担赔偿责任。学校安排学生在工作单位实习，对学生同样负有管理和安全保障的责任，故学生致伤学校也需承担一定的赔偿责任。

本案中，学生与学校和工作单位签订三方协议在工作单位实习工作，实习单位对学生所在工作场所工作负有安全保障义务，同时在岗前培训及加强安全教育的同时，应提供相应的安保措施。学生在工作单位中加班期间受伤，根据《中等职业学校学生实习管理办法》第五条规定，不得安排学生每天顶岗实习超过8小时。同时根据《教育部办公厅关于应对企业技工荒进一步做好中等职业学校学生实习工作的通知》第四条规定，不得安排学生每天顶岗实习超过8小时；不得安排学生加班。因学生在周六加班期间，没有带教师傅陪同，在工作场所致伤，故工作单位对学生所从事的工作负有赔偿责任；而学校对在校学生工作期间的安全仍负有保障义务，学生受伤的损害后果学校仍负有一定责任。因此工作单位应承担损害赔偿的主要责任，而学校对损害赔偿承担次要责任。

第三章 劳动保障

―― 实践思考 ――

案例一：20岁的李某在某超市上班，每天工作8小时，每月工资3000元，工作任务是前台收银，超市对其劳动过程进行管理，二者签订了《劳务合同书》。

案例二：某公司想要制作一批工作服，与30周岁的裁缝小明签订了工作服定做合同，合同约定小明月底按要求向公司交付成品，公司检查质量后按照约定支付对价。

结合本节内容，分析案例一、案例二中的单位与劳动者之间是否构成劳动关系。

第二节 劳动安全保障

课前导读

2020年3月20日，《中共中央、国务院关于全面加强新时代大中小学劳动教育的意见》要求提升安全风险防范能力，多方面强化安全保障。指出："各地区要建立政府负责、社会协同、有关部门共同参与的安全管控机制。建立政府、学校、家庭、社会共同参与的劳动教育风险分散机制，鼓励购买劳动教育相关保险，保障劳动教育政策开展。各学校要加强对师生的劳动安全教育，强化劳动风险意识，建立健全安全教育与管理并重的劳动安全保障体系。"

一、劳动的安全组织与实施

劳动安全事关广大劳动人民群众的根本利益，是对劳动者的最大利益保护。保护劳动者在劳动生产实践过程中的生命健康，是新时代中国特色社会主义的本质要求，这是全面建设社会主义现代化国家的重要保障。对于大学生来说，劳动安全是指大学生在科研实验、社会实践、志愿者服务、生活劳动等生产、服务性劳动中免于潜在危险和事故风险的伤害。

（一）校园如何安全组织实施劳动

大学生在劳动过程中的劳动安全是劳动教育过程的首要保证，确保安全组织实施劳动，是劳动安全的重要一环。那么在大学校园里如何安全组织实施劳动呢？

1. 明确大学生的劳动实践类型和社会化

校园的劳动教育需要一定的安全组织保障。一般来说校园劳动的范畴多为实践活动，并且在一定实施范围内。校园环境的劳动安全需要保障，应明确大学生劳动实践的类型，如生活劳动服务、勤工助学、专业实践等。明确劳动实践类型的组织保障部门，比如教务处、学生处、宣传部、团委、人事处、财务处、基建后勤与资产管理处、马克思主义学院、各二级学院、科室管理服务中心负责人等，这些部门须面向相关的劳动实践做好劳动安全保障机制，确保劳动教育实践的安全稳定实施。大学的劳动实践活动如果在校外，各部门则需要与社会机构共同搭建安全劳动教育平台，为安全组织实施劳动做好切实保障，责任分工，层层环节落实。大学生劳动者实施劳动实践时，可向相关部门获得劳动实践的环境组织保障。

2. 在校园进行劳动安全教育活动

劳动教育的实施主体是人，是组织者、管理者和劳动者。组织实施管理需要保障劳动过程的安全，需要彻底地进行劳动安全培训和教育，而不是走过场。劳动安全教育活动可以由组织管理部门根据劳动安全注意事项进行普及教育，定期不定时地进行全校性劳动安全教育警示，切实提高组织部门的劳动教育重视程度。同时在劳动实践开展前进行有针对性的专项劳动教育。生命无小事，看似简单的劳动都可能存在安全隐患，需要组织管理者和劳动者重视和切实做好安全教育培训。

第一，增强劳动安全意识。加强劳动安全教育宣传，开展劳动安全教育成果展示，制作劳动安全警示标志和劳动安全知识宣传栏，如危险源辨识、应急救援方法及求救电话、处理事故流程等。

第二，学习安全操作技能。集中劳动时，组织劳动实施的管理者、师生应能充分了解劳动实践过程中所涉及的安全技能，严格遵守安全操作规程及劳动安全操作的注意事项，如集体劳动中的劳动安全操作技能要点等。个性化劳动指劳动者应主动学习安全操作技能和实践过程出现故障的安全应对措施。

第三，演习安全事故后的应急救援。劳动实践准备时，对劳动过程产生的事故危险进行预判，做好安全事故预警和应急预案，必要时做好应急救援演习。如学生在农耕活动中，发现有人被农具利器误伤，应如何判断伤势并顺利施救，使

第三章 劳动保障

得伤者及时得到救治，在此过程中，学校的医务所等后勤保障部门进行应急措施保障。

第四，做好安全劳动总结。劳动实践过程中劳动者安全组织实施劳动最能充分体现劳动安全教育效果，经过劳动实践检验的有效保障措施是宝贵的劳动安全教育素材。总结每项劳动实践中得以有效保护劳动者健康安全的劳动安全措施，是以后开展劳动实践预案的基础。同时全面总结劳动过程中出现的突发情况及应急处理措施和结果，有助于不断完善劳动实践的应急预案，更精准地做好劳动安全教育。劳动安全教育是全民的，也需要全方位的总结。

3. 健全校园劳动安全管理机制及制度

建立健全安全管理机制及制度是劳动教育安全实施的重要支撑，学校要指导各单位安全组织实施劳动，落实责任，形成劳动安全教育与劳动教育管理并重的劳动安全保障体系。内容包括：确立劳动安全管理保障及组织架构；制定劳动安全管理制度；每项集体劳动实践活动均有具体操作规范及流程，个性化劳动按类别均有统一的劳动安全具体要求；对劳动实施过程的监督和管理；落实安全责任制；应急预案储备；等等。

4. 加强管理组织的统筹和安全防范工作

管理组织应绷紧劳动安全这根弦，做好安全防范各细节工作。劳动安全教育贯穿劳动教育实践全过程，包括劳动准备、劳动实施、劳动结果。首先，劳动筹备工作：全面针对性的劳动安全知识教育及强化安全防范知识储备，使得劳动者具有劳动安全防范能力；各岗位具备劳动防范条件及应急预案。其次，劳动实施过程：严格执行劳动安全管理制度，统筹协调各岗位职责，落实各项安全防范措施，确保安全防护用具完好，形成安全防范联动机制，保障劳动者的人身安全。最后，劳动结果：以劳动安全作为劳动实践是否成功组织实施的首要依据。

5. 组织学习法律法规和法律保障

劳动者既要注意保护自身的人身安全和身心健康，也要注重防范可能发生的事故，同时遵循劳动纪律和劳动法律法规，必要时寻求法律保障。

（二）如何带领劳动者安全实施劳动

大学生走出校园面向社会，参与到社会劳动中，他们将在实践中实施劳动，安全实施劳动是传承劳动精神并推动劳动教育发展的重要前提，劳动者都需要具备安全劳动基本素质。具体要求如下：

1. 提高自身劳动安全意识及能力

树立正确的劳动价值观，培养积极的劳动精神和良好的劳动习惯，形成较强的劳动能力，包括专业性技能和通用性劳动知识技能，切实提高自身安全劳动意识和能力，将学校的劳动安全教育理念应用到实际劳动中，根据劳动实践工作重点及劳动者特点，制定相应的劳动安全教育方案，指导劳动实践的安全实施。

2. 具备劳动科学知识等理论储备

面向劳动者讲述劳动科学知识和能力培养，如劳动技术规程，做好劳动保护和管理；具备劳动法规、劳动关系法等知识储备，保护劳动者权益。倡导健康劳动模式，注重劳动者的身心健康发展，合理安排劳动时间、劳动工作量等。

3. 保障劳动者心理健康

劳动安全包括劳动者身心健康两个方面，即身体健康和心理健康。劳动者心理健康指的是劳动者有一种高效而满意的、持续的心理状态。①运用劳动心理学知识，重视保护劳动者心理健康。劳动者的心理问题，如果没有正确的教育和引导，不仅会影响到人的心态和健康，还会影响劳动效率效果。充分重视劳动者的心理健康是劳动安全实施的重要内容。

4. 实施劳动安全保障措施

带领劳动者安全实施劳动，具体保障措施应全面而到位，包括如下六方面：第一，增强劳动安全意识；第二，组建安全管理机构；第三，制定安全管理制度；第四，组织安全教育指导；第五，实施安全监督；第六，保障应急救援措施。

二、劳动安全风险防范与安全保障

（一）预估劳动安全风险

劳动教育活动中存在诸多风险，涉及组织管理、人员素质、交通、环境等。

1. 组织管理风险

（1）规章制度风险。

一是没有预先制定劳动教育活动方案及实施规范，实施方案缺乏可行性。二是缺乏相应的规章制度约束，制度缺乏针对性和可操作性。三是没有完善的协调机制及责任机制。

（2）应急预案风险。

一是组织者缺乏安全责任意识，没有应急预案，应对措施不具体，安全保障不完善。二是应急预案缺乏专项安全教育及应急演练，形同虚设，组织者和参与者没有相关应对危机和安全保障培训。三是应急预案不够周全，组织者对应对危机的方案考虑不周。

（3）应急救援能力风险。

应急救援方案不全，专业救援能力不够，人财物的准备不足，导致难以处理

---

① 邓辉，李春耕. 大学生劳动教育 [M]. 北京：高等教育出版社，2001：50-51.

突发事件的风险。

2. 人员素质风险

（1）劳动者风险。

一是劳动者在参加劳动实践时发生突发疾病或意外伤亡的风险。二是劳动者在劳动实践中违规作业或不慎操作引起的不安全行为的风险。三是劳动者之间的纠纷、擅自行动等不可控行为的风险。以上都存在劳动教育风险，需做好及时防范机制和应急措施机制。

（2）指导人员风险。

一是指导人员受职业素养、思想认识、安全意识的影响，对于规章制度的执行程度及对劳动者管理存在风险。二是管理人员对突发事件应急能力和风险评估及相对应防范措施的实施存在风险。三是管理人员自身存在疾病，从而影响履行安全管理职责存在的风险。

（3）社会其他人员风险。

参与劳动的其他工作人员或者劳动所在场合的工作人员存在风险。

3. 交通风险

（1）交通工具风险。

交通工具的选择，存在交通工具性能无法全面排查安全隐患的风险。

（2）交通路线风险。

交通路线的选择，存在道路维修、封路、路面崎岖等风险。

（3）驾驶员素质风险。

交通工具选择时，存在司机等驾驶人员疲劳驾驶等情况的风险。

4. 环境条件风险

（1）生活环境风险。

一是存在饮食、饮水等生活条件的考察是否适应劳动者身体条件的风险。二是存在疾病传染等风险。

（2）人文环境风险。

一是劳动者实践基地的治安风险，如偷盗、抢劫等不良事件发生的风险。二是当地风俗习惯等形成的文化所可能产生的文化冲突风险。

（3）自然环境风险。

一是存在特殊自然环境如沙漠、高原、山地、水域等，劳动者的相关防护措施是否到位的风险。二是存在特殊环境下天气变化对劳动教育过程可能产生意外的风险。

（二）劳动安全防范

1. 预防高处坠落

在高处作业时，必须戴好安全帽，按规定使用安全带（绳、网）；严禁安排患有高血压、心脏病等职业禁忌证的人员进行登高作业；登高作业时，作业面下必须设置安全防护，不得抛、扔任何物品及工具。

2. 预防触电伤害

作业人员必须按照国家规定持相关资格证书方可上岗作业；禁止使用未安装漏电保护器的手持电动工具和移动设备，保持电气设备、线路完好；电力设备作业必须严格执行工作票和工作监护制度，挂"禁止合闸，有人作业"牌。

3. 预防物体打击

进入作业区域必须按规定使用安全帽等劳动防护用品；在高处和双层作业时，料具摆放牢固，不得向下抛掷料具，无隔离设施时，严禁双层同时垂直作业；搬运重、长、大物件时，必须有专人指挥、防护，确保安全。

4. 预防机械伤害

各种机械操作必须符合安全操作规程；严禁机械、设备带病或超负荷运转，安全防护装置必须齐全、性能良好。

5. 预防中毒、中暑措施

在有毒有害场所作业，必须正确使用劳动防护用品，必须在通风、吸尘、净化、隔离等措施处于良好状态下作业；露天作业应合理调整作息时间，尽量避开高温时段作业；室内加强通风，安装通风机械，隔离热源；个人携带防暑药品；具备必要的应急抢救知识。

6. 预防人为失误的主要措施

人为失误的表现：盲目蛮干，臆测行事，心存侥幸，明知故犯；轻视麻痹，缺少责任意识；忽视程序，违章指挥（操作）。预防人为失误可从以下几方面着手。

①完善安全规章制度：对劳动实践过程中容易发生差错或影响劳动效率的程序、薄弱环节、劳动时间、劳动时机进行细化、明确，达到规范化、程序化，从而有效地控制现场作业劳动流程，使关键岗位、关键工序、关键环节协调一致，保证劳动实践在制度的规定下有序进行。

②使用安全监控设备：一是预警，及时告知设备异常状态；二是记录，再现设备的原始数据与人的不安全行为，安全监控设备能为查清事故的真实原因、对事故的定性定责提供科学依据，同时也对违规行为起到震慑作用，减少人为失误的发生；三是采用声光报警装置，遇到不安全因素及时进行警示；四是优化劳动

程序，从源头上保证安全劳动正常进行。

③开展安全警示教育：定期结合事故案例开展安全警示教育，促使劳动者不断建立牢固的安全意识，控制作业风险，自觉抵制违章违纪的行为，防止伤害事故的发生。

（三）劳动安全保障机制

评估劳动实践活动的安全风险，制定劳动实践活动的风险防控预案，巩固树立劳动安全意识，加强劳动安全保障是开展劳动教育的前提。建立劳动安全管控机制，建立劳动教育风险分散机制，完善应急与事故处理机制至关重要。

1. 建立劳动教育安全管控机制

建立劳动教育安全管控机制是保证劳动教育活动安全有序的重要手段。政府要建立健全劳动教育安全保障制度，特别是针对突发性安全事件的安全管控预案。学校则将劳动教育安全管控机制落实到位，包括增强劳动安全意识、组建安全管理机构、制定安全管理制度、落实安全责任制、组织安全培训、实施安全监督、保障应急救援措施等环节。在劳动实践的过程中，组织者要提前评估劳动教育活动的安全风险，强化劳动管理，明确各方责任，防患于未然。劳动教育不是单纯的学生活动，而是多部门协同教育的结果，即以教育部门为主，交通、公安、财政等部门都对学生的劳动教育有着重要的影响，劳动教育过程需要各个部门之间的通力合作，建立跨部门协调与合作机制。

2. 建立劳动教育风险分散机制

建立劳动教育风险分散机制是保障劳动教育开展的长效之策，政府应完善学生劳动教育意外伤害保险制度。教育部颁布的《学生伤害事故处理办法》规定："学校有条件的，应当依据保险法的有关规定，参加学校责任保险。教育行政部门可以根据实际情况，鼓励中小学参加学校责任保险。"劳动教育风险需要政府、学校、家庭、社会共同承担，健全安全风险分散机制，保障劳动教育的正常开展。

学校健全劳动安全保障体系，做好安全管控，防患于未然，应及时给参与劳动教育实践的学生购买工伤险。

鼓励学校及家庭根据劳动教育实际情况，评估劳动实践过程中存在的风险，购买人身意外险、交通意外险、团体意外险等险种，在事故发生后达到风险分散的目的，降低风险损失。

意外险一般包括旅游意外险、人身意外险、交通意外险、团体意外险、航空意外险等各种保险。意外伤害保险责任是指在保险期间内，被保险人因遭受意外伤害导致身故、残疾或烧烫伤时，保险人依照条例约定给付保险金，且给付各项保险金之和不超过保险金额。

新时代大学生劳动教育

人身意外险，即人身意外伤害保险，是指在约定的保险期内，因发生意外事故而导致被保险人死亡或残疾，支出医疗费用或暂时丧失劳动能力，保险公司按照双方的约定，向被保险人或受益人支付一定量的保险金的一种保险。保障项目分死亡给付、残疾给付、医疗给付和停工给付等。

交通意外险，是以被保险人的身体为保险标的，以被保险人作为乘客在乘坐客运大众交通工具期间因遭受意外伤害事故，导致身故、残疾、医疗费用支出等为给付保险金条件的保险。主要包括火车、飞机、轮船、汽车、地铁等交通工具。

团体意外保险，全称团体意外伤害保险，是以团体方式投保的人身意外保险，而其保险责任、给付方式则与个人意外伤害保险相同。

劳动实践过程中存在着不可预料的风险，能够防范和处理好风险，做到安全防控，同时需要政府各单位部门的协同保障。

3. 建立劳动教育应急与事故处理机制

建立劳动教育应急与事故处理机制是劳动教育的前提和必备举措。学校应制定可行的有效的劳动教育应急预案，建立完善劳动教育应急与事故处理机制。

（1）制定可行的劳动教育活动方案。

劳动教育活动应严格遵照课程设计原则，从校情、生情和课程延伸需要，执行合理的实践计划，设计科学的路线。

（2）提前制定劳动教育应急预案。

在劳动教育活动前，学校提前到目的地进行现场的安全性调查，判定是否符合活动条件，制定有针对性的应急预案。

（3）切实进行安全应急演练。

在劳动教育实践开展之前，学校应组织师生进行安全专题教育及演练培训。

（4）规范科学处置突发情况。

实践活动中如果发生突发情况，学校应及时启动应急预案，规范、科学地应对险情。

（5）明确活动现场应急保障条件。

根据活动的内容，确定活动现场应急保障的水平。一般来讲，组织者要清楚活动附近是否有医疗机构，能否及时接诊，同时也需要组织者随身配备日常所需药物资源。

劳动事故与责任

（一）事故定义和事故类型

1. 事故定义

安全与危险是辩证统一的，在劳动实践过程中，面临很多危险。在劳动环境中，发生超过了劳动者可承受的程度的危险就可能发生事故，比如触电，弱电触电，电压1.5伏，对人体不会造成伤害；强电触电，220伏电压或两万伏高压电，对人体是致命性的伤害。

《现代汉语词典》对事故的定义是生产劳动中发生的意外损失或灾祸。比如，化工企业在劳动生产中发生了有毒有害气体泄漏，造成了意外的人员伤亡事故，劳动者在建筑施工中从脚手架上意外摔落，造成其身体多处骨折的人员受伤事故。

可以说，事故是指劳动过程中出现的导致人员伤亡、职业病、财产损失或其他损失的意外事件。

2. 事故类型

按事故特性看，事故分为因果性、随机性、潜伏性和可预防性等事故。因果性事故，事故发生的多种因素互相作用而导致的结果，究其原因可预防类似事件发生。随机性事故，是事故发生的时间、地点、产生的后果具有偶然性，无法事前预测。潜伏性事故，事故的突然发生的潜伏期到一定程度某种因素被触发导致的结果，长期存在事故隐患所导致。可预防性事故，常见的理论和客观上可预防的情况事故。

按事故伤害等级看，事故分为：暂时性失能伤害事故，事故发生后，受到伤害的人暂时不能从事劳动，经过治疗或休息可恢复劳动能力；永久性部分失能伤害事故，事故发生后，受到伤害的人身体的某些部位或器官功能发生永久性不可逆转的伤害；永久性全失能伤害事故，除死亡外，一次事故中导致受到伤害的人完全失去劳动能力或者生活能力的伤害；死亡事故，发生导致直接或间接死亡的事件。

（二）事故原因和事故责任

1. 事故原因

在实际劳动中，事故的发生通常是由多方面、多因素造成的，但归纳起来可以分为4个原因，通常称为"4M"（Man、Machinery、Medium、Management）因素，即人为因素、物体因素、环境因素、管理因素。

（1）人为因素指的是由于人的行为具有多变、灵活、机动的特性，受到条件与技术水平的影响，形成的人的失误的原因。如劳动活动中，操作错误，忽视安全，忽视警告；以手代替工具操作；物体（指成品、半成品、材料、工具、切削和生产用品）存放不当；冒险进入危险场所；攀坐不安全的位置；有分散注意力的行为；未使用个人防护用品；不安全的装束；对易燃易爆危险品的错误处理等。

（2）物体因素指的是机器的不安全状态，包括：防护、保险、信号等装置缺乏或有缺陷，设备、设施、工具、附件有缺陷，个人防护用品、用具缺少或有缺陷。个人防护用具包括防护服、手套、护目镜及面罩、呼吸器官护具、听力护具、安全带、安全帽、安全鞋子等。

（3）环境因素的不安全因素主要包括两方面：一是自然环境的不安全因素，例如洪涝灾害、山体滑坡、高温酷暑、寒潮低温等自然环境对劳动生产造成的不利影响；二是不良或危险工作环境潜伏的不安全因素，例如照明光线不良，通风不良，作业场地杂乱，作业场所狭窄，交通线路配置不安全，操作工序设计或配置不安全，地面滑，储存方法不安全，环境湿度、温度不当。

（4）管理因素指的是：安全教育不够，应急演习不到位；劳动组织不合理，连续作业时间过长，作业点布置不合理；规章制度不健全，实施不力；安全技术规程缺乏，缺乏现场作业指导与检查；隐患整改不及时，事故防范措施不落实。

2. 事故责任

据统计，90%以上的事故都是责任事故，在分析事故原因的同时，还应分析事故的责任，目的在于划清责任，作出适当处理，使劳动者从中吸取教训，改进工作。对于事故的责任划分，通常有直接责任、领导责任等。直接责任指的是：违章操作，违章指挥，玩忽职守，违反安全责任制和劳动纪律，擅自拆除、毁坏、挪用安全装置和设备。领导责任指的是：未按规定对劳动者进行安全教育和技术培训；设备超过检修期限或超负荷运行，或设备有缺陷；没有安全操作规程或规章制度不健全;劳动环境不安全或安全装置不齐全;违反职业禁忌证的有关规定;设计有错误,或在施工中违反设计规定和削减安全卫生设施;对已发现的隐患未采取有效的防护措施,或在事故后仍未采取防护措施,致使同类事故重复发生。

(三)应急处理原则及方法

应急处理机制应做好保障,当事故突发时,应急救援尚未到达,个人及共同劳动者、监管人员等应及时作出应急反应。安全应急与处理的基本原则是:第一,保持镇静,趋利避害;第二,学会自救,保护自己;第三,想方设法,不断求救;第四,记住电话,说明情况等。第一现场人员需具备一定的应急处理方法。遇到创伤性出血的伤员,应迅速包扎止血,并注意保暖。一般小伤口的止血法:先用生理盐水冲洗伤口,涂上红汞水,然后盖上消毒纱布,用绷带较紧地包扎。加压包扎止血法:用纱布、棉花等做成软垫,放在伤口上再包扎,增强压力而达到止血的目的。止血带止血法:选择弹性好的橡皮管、橡皮带或三角巾、毛巾、带状布条等,上肢出血结扎在上臂上 1/2 处(靠近心脏位置),下肢出血结扎在大腿上 1/3 处(靠近心脏位置)。结扎时,在止血带与皮肤之间垫上消毒纱布棉垫,每隔 25～40 分钟放松一次,每次放松 0.5～1 分钟。

对于出血较多的伤员,做好包扎后采取便捷的交通工具,及时把伤者送往邻近医院抢救,运送时尽量避免颠簸,密切注意伤者呼吸、脉搏、血压及伤口情况。

相关重要常见的事故及施救措施如下:

(1)物体击伤:被物体击伤,抢救重点应放在对伤者颅脑损伤、胸部骨折和出血部位的处理上。发生物体打击事故应马上通知专业人员抢救伤者并护送到附近有条件的医院。

(2)机械伤害:机械伤害发生时,安全事故发现者首先要关停机械设备(如条件允许则进行断电处理)并高声呼喊,传递事故信息,其他人员电话报警和报告。附近人员应对受伤人员实施抢救并及时将伤员转送医院。

抢险人员要穿戴好必要的应急设备(工作服、工作帽、手套、工作鞋、安全绳等),以防抢险救援时发生伤害。在抢险过程中,抢险人员保持通信畅通,同时监护人员不得离开监护岗位,做好现场保护等待调查处理。

（3）触电：发生触电事故，应立即切断电源或使人体脱离带电体，进行现场急救。如发生电气火灾，应设法及时切断电源后进行扑救；如果不能及时切断电源，应迅速用灭火器灭火。紧急情况下应直接拨打火警电话119。

（4）灼烫：发生灼烫事故，应迅速使烧烫伤人员脱离现场，如条件允许，剪掉受伤人员身上的衣服，检查有无损伤，并把伤员及时送医院救治。

（5）火灾：发生火灾时，首先要按照火灾现场撤离要求紧急撤离，若有易燃易爆品，条件允许时，尽可能转移易燃易爆品到安全地点，防止二次爆炸。应急救援人员身穿专用服装，在安全条件下，采取灭火措施，并拨打火警电话119汇报警情，请求支援。

（6）中毒窒息：发生中毒窒息事故，应迅速让中毒窒息者脱离现场至通风处，确保窒息者呼吸道畅通。尽可能切断泄漏源、加速通风，扩散有毒气体，并拨打120急救电话。

（7）高处坠落：发生高处坠落事故，如伤者头部先着地、发生呕吐、昏迷，可能造成颅脑损伤，应立即送医院抢救；如伤者耳鼻出血，严禁用手帕、棉花、纱布堵塞伤口；如伤者腰背部先着地，可能脊柱骨折、下肢受损，不要随意翻动，立即拨打120急救电话。

（8）电梯故障：电梯速度不正常，两腿应微微弯曲，上身向前倾斜，以应对可能受到的冲击；被困电梯时，保持镇静，使用电梯内的警铃、对讲机等和管理人员联系，等待救援；电梯停运时，不轻易扒门而出。

资料来源：郑耿忠，袁德辉，冯健文. 大学生劳动教育与实践[M]. 北京：清华大学出版社，2022：9.（有删改）

实践思考

①校园中安全组织劳动的措施包括哪些？
②简述如何带领劳动者劳动。
③结合自己所学专业，谈谈在劳动过程中可能会遇到什么劳动风险，可以做哪些劳动安全防范。

④简述如何做好劳动安全保障。
⑤简述事故原因有哪几方面。
⑥突发事故的应急处理原则和方法有哪些？

第三节 劳动合同与劳动权益

课前导读

典型案例

案情简介

马×胆称2016年7月1日，其与保×物业公司刘经理（或姓李，具体姓氏记不清）口头约定马×胆担任厨师，负责为该公司职工做饭，月工资标准2400元。2016年7月2日，马×胆在员工食堂（公司办公小区墙外的平房）现场操作时，对设备不熟悉，导致操作不当引起爆燃事故，并被烧伤。马×胆称事故发生时，其身边有两位公司的员工，具体姓名不清。公司对马×胆的上述说法不予认可，公司认为2016年7月2日上午，马×胆到公司面试，面试内容为在厨房（公司办公小区墙外的平房）试做几个菜，因马×胆的错误操作，导致引起爆燃事故，双方并未建立劳动关系。马×胆以要求确认与公司存在劳动关系为由向仲裁委提出申请，仲裁委员会裁决：驳回马×胆的仲裁请求。马×胆不服，起诉到法院。

一审判决：公司认可马×胆面试的岗位为厨师，且受伤地点为该公司办公地点，可以认定双方构成劳动关系。一审法院认为，本案争议焦点在于马×胆与公司之间是否存在劳动关系。

马×胆称其在公司担任厨师，双方约定月工资标准为2400元，在工作期间受伤，公司亦认可马×胆面试的岗位为厨师，且受伤地点为该公司办公地点，故法院认定马×胆接受的劳动管理，其所提供劳动系公司的工作业务组成部分，现公司否认双方之间存在劳动关系，主张当日系对马×胆进行面试，但并未就其主张提交证据予以证明，故法院认定马×胆与公司之间的关系符合劳动关系特征，法院依法确认双方存在劳动关系。作为负有管理责任的用人单位，公司应对马×胆的入职时间提举相应证据予以证明。

本案中，马×胆称其于2016年7月2日入职公司，公司基于否认劳动关系而未能对马×胆的入职时间作出陈述，应当承担相应的不利后果，故法院采信马×胆的说法，认定其入职公司的时间为2016年7月2日，并进而认定马×胆与公司自2016年7月2日起存在劳动关系。

综上，一审法院依照《中华人民共和国劳动法》第七十九条之规定，判决：公司与马×胆于2016年7月2日起存在劳动关系。

公司上诉：法院凭受伤地点系公司的办公地点，就认定是劳动关系无法律依据。公司不服，提起上诉。上诉请求：撤销一审判决，改判公司与马×胆不存在劳动关系，事实和理由：

①马×胆错误操作造成燃气事故系在保×物业公司对马×胆进行面试的过程中发生的，公司并无任何"用工"行为，双方不存在劳动或劳务关系；

②本案系确认劳动关系纠纷，不存在举证责任倒置的情况，一审法院要求公司承担举证不能的不利后果，属于举证责任分配错误；

③马×胆就双方存在劳动关系未能举证，且就案件事实描述系跟随案件裁判进展事后进行的拼接；

④一审法院以公司认可马×胆面试的岗位为厨师，马×胆受伤的地点系公司的办公地点，据此认定马×胆接受公司的管理，并无依据。

二审判决：本案比较特殊，不能苛求劳动者就双方存在持续、稳定之关系承担举证责任，单位应举证证明双方不属劳动关系。二审法院认为，双方争议焦点在于马×胆与公司是否存在劳动关系。

劳动关系，一般是指劳动者与用人单位之间因交换劳动与报酬而形成的持续性的、较为稳定的社会关系。然而在本案中，依马×胆所述，其于2016年7月2日入职公司从事厨师工作，当日即发生事故，产生纠纷，故就本案而言，双方不具备通常情形下认定劳动关系所依据的周期性的、规律性的工资支付、考勤管理及社会保险缴纳等客观因素，进而无法苛求劳动者就双方存在持续、稳定之关系承担举证责任。鉴于马×胆系在依公司要求、为公司提供劳动过程中受伤，在此情形下，公司主张双方仅为面试而并非劳动或劳务关系，应就此举证证明。现公司未能就此提举证据，应承担不利后果，一审法院转而采纳马×胆的主张，认定双方自2016年7月2日起存在劳动关系，并无不当，本院予以确认。

综上所述，公司的上诉请求不能成立，应予驳回；一审判决认定事实清楚，适用法律正确，应予维持。依照《中华人民共和国民事诉讼法》第一百七十条第一款第一项规定，判决如下：驳回上诉，维持原判。

资料来源：第一天到公司就受伤，算面试关系还是劳动关系？终审判决来了！[EB/OL].(2020-09-30)[2023-09-05].http://sft.qinghai.gov.cn/pub/qhpfw/rdpf/yasf/202009/t20200930_46990.html.（有删改）

案例分析及法理拓展

一、劳动关系与劳动合同关系的制度发展

我国对于劳动关系和劳动合同之间关系的认识经历了三个阶段的变化，第一阶段是《中华人民共和国劳动法》颁布初期，劳动关系和劳动合同之间的关系表现出绝对形式主义，《中华人民共和国劳动法》第十六条规定："劳动合同是劳动者与用人单位确立劳动关系、明确双方权利和义务的协议。"建立劳动关系应当订立劳动合同。即劳动合同是确认劳动关系存在的必要依据，并且还规定了劳动合同的必备条款，旨在便于司法实践系统以劳动合同作为判定劳动关系是否存在的标准。从文义解释的角度看，劳动合同成为劳动关系建立的必要条件，该立法目的旨在通过该规定，激励实践中劳资双方积极签订书面劳动合同。然而，正是因为用人单位认为存在劳动合同才存在劳动关系，不存在劳动合同就不存在劳动关系，用人单位与劳动者签订书面劳动合同的意愿大大降低，再加上对该规定的理解各不相同，从而导致《中华人民共和国劳动法》颁布后并没有改变劳动市场中劳动合同签订率低的状况，反而因为书面劳动合同的强制性规定导致用工实践中出现大量无书面合同的劳动者，使双方发生劳动争议后劳动关系难以界定，劳动者的合法权益难以维护。

为了解决这一问题，《关于确立劳动关系有关事项的通知》第一条规定，用人单位招用劳动者未订立书面劳动合同但同时具备规定情形的，劳动关系成立。也就是说，用人单位与劳动者如果未签订书面劳动合同但双方的法律关系符合劳动关系的要件，则双方存在劳动关系。该通知正式明确了劳动合同对于劳动关系建立的意义，该阶段可以看作劳动关系与劳动合同的关系属于相对形式主义的阶段，劳动关系建立既有形式性标准又有实质性标准，劳动关系的建立以实质性标准为主。

2008年《劳动合同法》的施行标志着劳动合同与劳动关系之间关系的第三个发展阶段，即劳动关系与劳动合同的关系的实质主义阶段，其中第七条规定："用人单位自用工之日起即与劳动者建立劳动关系。用人单位应当建立职工名册备查。"第十条规定："建立劳动关系，应当订立书面劳动合同。已建立劳动关系，

未同时订立书面劳动合同的,应当自用工之日起一个月内订立书面劳动合同。用人单位与劳动者在用工前订立劳动合同的,劳动关系自用工之日起建立。"法律明确规定用人单位用工之日与劳动者建立劳动关系,"用工"是劳动关系建立的实质标志。也就是说,用人单位与劳动者之间只要存在用工行为,符合劳动关系建立的主体标准和从属性标准,即使没有签订劳动合同或者劳动合同无效,也已经建立起劳动关系,同样受劳动法调整,产生劳动法律关系,互相享有权利承担义务。由此可见,用人单位和劳动者之间的关系经历了从形式主义到实质主义发展的过程。现行立法中,劳动关系与书面劳动合同呈现出既相互联系,又相互独立的关系。

二、劳动关系建立的标志

实践中,常常会存在劳资双方存在用工,但是却没有签订书面劳动合同,或者书面劳动合同无效的情形,例如,尹某与用人单位存在事实上的用工关系,但是双方之间的劳动合同因尹某的身份欺诈而无效。对于这种情形,《劳动合同法》之前将其认定为事实劳动关系,《劳动合同法》之后,直接明确为劳动关系。

用人单位与劳动者之间的劳动关系需要相关的标志予以证明,这些标志主要包括以下内容:第一,用人单位与劳动者之间要存在用工行为,即劳动者为用人单位提供的劳动是用人单位业务的组成部分,用人单位对其进行管理,就可以认定为实际用工。第二,符合劳动关系建立的主体标准和从属性标准。主体标准对于劳动者而言,需满足法定用工年龄未达到法定退休年龄标准,还应具有一定的自由度标准,能够自由支配自己的劳动能力;对于用人单位而言,必须具备用工资质和法定形式。从属性标准指的是用人单位依法制定的各项劳动规章制度适用于劳动者,劳动者接受用人单位的劳动管理;劳动者从事用人单位安排的有报酬的劳动;劳动者提供的劳动是用人单位业务的组成部分。

根据上面所说的两个标准,在劳动者未与用人单位签订劳动合同时,劳动者应当注意在工作中留存以下证据:(1)支付工资的凭证或记录;(2)能证明劳动者身份的证件,如工作证、入门卡、服务证;(3)劳动者的考勤记录;(4)劳动者填写的用人单位招聘过程中的登记表、报名表等能够证明自己在用人单位工作的重要材料,用以证明与用人单位之间的劳动关系。

综上所述,本案中,2016年7月2日,劳动者马×胆已经开始提供劳动,用人单位保×物业公司开始用工,双方的劳动关系已经建立起来,虽然双方未就劳动内容签订书面劳动合同,但是开始用工是双方劳动关系建立的唯一标志,虽然双方在建立劳动关系之前,劳动者马×胆在2016年7月1日与保×物业公司刘经理只是口头约定马×胆担任厨师,负责为该公司职工做饭,月工资标准2400元。并没有签订书面劳动合同,但是没有签订书面劳动合同并不影响双方劳

第三章　劳动保障

动关系的建立。劳动合同未订立的不利法律后果仍然由用人单位承担。既然劳动关系已经建立，那么用人单位对劳动者在劳动过程中发生的工伤事故就应该承担相应的责任。

> 入职是新员工进入一个单位的最初环节。我们在与用人单位签订合同时，只有了解劳动合同的形式和内容以及自己享有的合法权益，才能将劳动合同中的法律风险降到最低。

一、劳动合同的订立及履行

（一）劳动合同的概念及类型

1. 劳动合同的概念

劳动合同也称劳动协议，是指劳动者与用人单位之间确立劳动关系、明确双方权利和义务的协议。劳动者与用人单位就劳动合同条款内容达成一致意见，劳动合同即告成立；用人单位根据劳动者劳动的数量和质量给付劳动报酬，不能无偿使用劳动力；劳动者与用人单位均享有一定的权利并需要履行相应的义务。劳动者与用人单位之间是管理与被管理的关系。

同时，劳动者必须具备一定的资格、条件，最重要的是达到法定的就业年龄（16 周岁），国家严禁用人单位招用未满 16 周岁的未成年人。也就是说，劳动者必须是达到法定就业年龄且具有劳动行为能力的人。

2. 劳动合同的类型

劳动合同依其期限分为固定期限劳动合同、无固定期限劳动合同和以完成一定工作任务为期限的劳动合同。

①固定期限劳动合同，是指用人单位与劳动者约定合同终止时间的劳动合同。合同期限届满，当事人双方的劳动法律关系即终止。如果双方同意，可以续订劳动合同，延长期限。

②无固定期限劳动合同，是指用人单位与劳动者约定无确定终止时间的劳动合同。根据《劳动合同法》的规定，有下列情形之一，劳动者提出或者同意续订、订立劳动合同的，除劳动者提出订立固定期限劳动合同外，应当订立无固定期限劳动合同：a）劳动者在该用人单位连续工作满十年的；b）用人单位初次实行劳动合同制度或者国有企业改制重新订立劳动合同时，劳动者在该用人单位连续工

作满十年且距法定退休年龄不足十年的；c）连续订立两次固定期限劳动合同，且劳动者没有《劳动合同法》规定的用人单位可以单方面解除劳动合同的情形，续订劳动合同的。用人单位自用工之日起满一年不与劳动者订立书面劳动合同的，视为用人单位与劳动者已订立无固定期限劳动合同。

③以完成一定工作任务为期限的劳动合同，是指用人单位与劳动者约定以某项工作的完成为合同期限的劳动合同，如以完成某项科研任务以及具有临时性、季节性的劳动合同等。

（二）劳动合同的形式与内容

1. 劳动合同的形式

我国《中华人民共和国劳动法》《劳动合同法》均强调，建立劳动关系，应当订立书面形式的劳动合同。已建立劳动关系，未同时订立书面劳动合同的，应当自用工之日起一个月内订立书面劳动合同。用人单位与劳动者在用工前订立劳动合同的，劳动关系自用工之日起建立。

2. 劳动合同的内容

根据我国《劳动合同法》第十七条的规定，劳动合同应当具备的条款包括：①用人单位的名称、住所和法定代表人或者主要负责人；②劳动者的姓名、住址和居民身份证或者其他有效身份证件号码；③劳动合同期限；④工作内容和工作地点；⑤工作时间和休息休假；⑥劳动报酬；⑦社会保险；⑧劳动保护、劳动条件和职业危害防护；⑨法律、法规规定应当纳入劳动合同的其他事项。

（三）劳动合同的履行和变更

1. 劳动合同的履行

劳动合同的履行，是指劳动合同当事人双方按照劳动合同的约定履行义务、实现劳动过程和各自合法权益的行为。根据《中华人民共和国劳动法》《劳动合同法》的规定，劳动合同的履行应遵循以下几项原则：

一是全面履行原则。劳动者要遵守用人单位的规章制度和劳动纪律，按照合同约定的劳动时间、工作岗位和工作方式提供劳动和完成工作任务；用人单位要按照合同的约定向劳动者提供工作场所、劳动条件、劳动保护及支付劳动报酬、福利待遇等。

二是亲自履行原则。劳动关系是具有人身关系性质的社会关系，劳动合同是特定主体间的合同。劳动者选择用人单位，是基于自身经济利益、个人成长发展等方面的需要；而用人单位选择劳动者则是由于其具备用人单位所需要的个人品质、技能素质和身心条件。这就要求双方当事人必须以自己的实际行为履行劳动合同所约定的义务、实现合同规定的目标，而不能将应由自己履行的义务交由第三方代为履行，或者轻易地以支付违约金或赔偿金来代替应履行的义务。这是劳动合同特有的履行原则。

三是协作履行原则。劳动合同的履行和目标的达成，需要当事人双方发扬协作精神，相互理解、相互配合。比如，一方当事人履行合同义务时，另一方当事人应尽量为其履行合同义务创造必要的方便条件，以使其实际履行得以实现；一方当事人因客观情况发生变化需变更合同时，应及时通知对方，协商变更的办法，使合同继续履行；一方当事人因过错违约时，对方应尽快协助纠正，并设法阻止或减少损失；合同履行过程中发生争议时，双方应本着实事求是的态度，及时协商解决。

2. 劳动合同的变更

劳动合同的变更，是指劳动合同依法订立后，在合同尚未履行或者尚未履行完毕之前，用人单位和劳动者双方或单方依法对劳动合同内容进行修改、补充或者删减的法律行为。

一般情况下，只要用人单位与劳动者遵循合法、公平、平等自愿、协商一致、诚实守信的原则，即可变更劳动合同约定的内容。例如，劳动合同订立时所依据的客观情况发生重大变化，致使劳动合同无法履行，用人单位与劳动者可以协商变更劳动合同内容。同时，我国《中华人民共和国劳动法》《劳动合同法》也规定了劳动合同单方面变更的情形。例如，劳动者患病或者非因工负伤，在规定的医疗期满后不能从事原工作，用人单位可为其另行安排工作；如果劳动者不能胜任安排的工作，用人单位可调整其工作岗位。

二、劳动合同的解除和终止

（一）劳动合同的解除

劳动合同的解除，是指劳动合同当事人提前终止劳动合同、解除双方权利义务关系的法律行为。根据劳动合同解除的方式不同，分为协议解除和单方解除。

协议解除，是指经用人单位与劳动者协商一致，即可解除劳动合同；单方解除，即享有单方解除权的当事人以单方意思表示解除劳动合同。

（二）劳动合同的终止

劳动合同的终止，是指劳动合同的法律效力依法被消灭，亦即劳动合同当事人协商确定的劳动权利义务关系终结的一种方式。根据《劳动合同法》第四十四条的规定，劳动合同终止的一般情形包括：①劳动合同期满的；②劳动者开始依法享受基本养老保险待遇的；③劳动者死亡，或者被人民法院宣告死亡或者宣告失踪的；④用人单位被依法宣告破产的；⑤用人单位被吊销营业执照、责令关闭、撤销或者用人单位决定提前解散的；⑥法律、行政法规规定的其他情形。

除上述事由外，《劳动合同法实施条例》第五、六条规定了劳动合同终止的特殊情形。①自用工之日起一个月内，经用人单位书面通知后，劳动者不与用人单位订立书面劳动合同的，用人单位应当书面通知劳动者终止劳动关系，无须向劳动者支付经济补偿，但是应当依法向劳动者支付其实际工作时间的劳动报酬。②用人单位自用工之日起超过一个月不满一年未与劳动者订立书面劳动合同的，应当依照劳动合同法第八十二条的规定向劳动者每月支付两倍的工资，并与劳动者补订书面劳动合同；劳动者不与用人单位订立书面劳动合同的，用人单位应当书面通知劳动者终止劳动关系，并依照劳动合同法第四十七条的规定支付经济补偿。

此外，作为劳动合同期满终止的例外和补充，《劳动合同法》第四十五条还规定了劳动合同的延期终止及其法定事由。

三、劳动者的权利

劳动者的权利，是指我国法律、法规所规定的劳动者在劳动关系中享有的各项权利。由于劳动力与劳动者人身的不可分性以及用人单位与劳动者的组织隶属性，劳动者权利的实现必须由其本人亲自完成，而不得由他人代理。《中华人民共和国劳动法》第三条明确规定了劳动者的权利。

（一）平等就业和选择职业的权利

劳动就业权是劳动者赖以生存的基本权利，也是享有其他各项劳动权利的前提和基础。所谓平等就业的权利，是指劳动者有权获得平等就业的机会，不因民族、种族、性别、宗教信仰等的不同而受到歧视。所谓选择职业的权利，是指劳动者有权根据自己的意愿选择就业方向或就业岗位。

（二）取得劳动报酬的权利

劳动报酬是劳动合同的必备条款。劳动者付出劳动，依照劳动合同及国家有关法律取得报酬，是劳动者的一项重要权利。工资是劳动报酬的基本形式。《中华人民共和国劳动法》规定，工资分配应当遵循按劳分配原则，实行同工同酬；国家实行最低工资保障制度，用人单位支付劳动者的工资不得低于当地最低工资标准；工资应当以货币形式按月支付给劳动者本人，不得克扣或者无故拖欠劳动者的工资；劳动者在法定休假日和婚丧假期间以及依法参加社会活动期间，用人单位应当依法支付工资。

（三）休息休假的权利

《中华人民共和国劳动法》不仅明确规定了劳动者的法定工作时间，而且对休息休假制度和用人单位延长工作时间及相应的工资报酬作出了具体规定。

根据我国现行立法规定，劳动者每日工作时间不超过 8 小时，平均每周工作时间不超过 44 小时；用人单位应当保证劳动者每周至少休息一日；企业因生产特点不能实行法定工作时间和保证劳动者每周至少休息一日的，经劳动行政部门批准，可以实行其他工作和休息办法。用人单位由于生产经营需要，经与工会和劳动者协商后可以延长工作时间，一般每日不得超过 1 小时；因特殊原因需要延长工作时间的，在保障劳动者身体健康的条件下延长工作时间每日不得超过 3 小时，但是每月不得超过 36 小时。

有下列情形之一的，用人单位应当按照下列标准支付高于劳动者正常工作时间工资的工资报酬：①安排劳动者延长工作时间的，支付不低于工资 150% 的工资报酬；②休息日安排劳动者工作又不能安排补休的，支付不低于工资 200% 的工资报酬；③法定休假日安排劳动者工作的，支付不低于工资 300% 的工资报酬。

（四）获得劳动安全卫生保护的权利

《中华人民共和国劳动法》规定，用人单位必须建立、健全劳动安全卫生制度，严格执行国家劳动安全卫生规程和标准，对劳动者进行劳动安全卫生教育，防止劳动过程中出现事故，减少职业危害。用人单位必须为劳动者提供符合国家规定的劳动安全卫生条件和必要的劳动防护用品，对从事有职业危害作业的劳动者应当定期进行健康检查。劳动者对用人单位管理人员违章指挥、强令冒险作业，有权拒绝执行；对危害生命安全和身体健康的行为，有权提出批评、检举和控告。

（五）接受职业技能培训的权利

《中华人民共和国劳动法》《职业教育法》规定，公民有依法接受职业教育的权利。国家通过各种途径、采取各种措施发展职业培训事业，开发劳动者的职业技能，提高劳动者素质，增强劳动者的就业能力和工作能力。职业培训包括从业前培训、转业培训、学徒培训、在岗培训、转岗培训及其他职业性培训。各级人民政府应当把发展职业培训纳入社会经济发展的规划，鼓励和支持有条件的企业、事业组织、社会团体和个人进行各种形式的职业培训；用人单位建立职业培训制度，按照国家规定提取和使用职业培训经费，根据本单位实际，有计划地对劳动者进行职业培训；从事技术工种的劳动者，上岗前必须经过培训。

（六）享有社会保险和福利的权利

社会保险是社会保障制度的一个重要组成部分。依法享有社会保险也是劳动者的一项基本权利，具体是指劳动者在年老、患病、工伤、失业、生育等情况下，有获得一定物质帮助和补偿的权利。《中华人民共和国劳动法》规定，用人单位和劳动者必须依法参加社会保险，缴纳社会保险费。劳动者在下列情形下，依法享受社会保险待遇：退休；患病、负伤；因工伤残或者患职业病；失业；生育。劳动者死亡后，其遗属依法享受遗属津贴。劳动者享受的社会保险金必须按时足额支付。

社会福利是社会保障体系中保障水平最高的组成部分。现代国家的社会福利以公共福利为基础、职业福利为补充。社会福利的目的，是在既有生活水平之上进一步提高人民的物质和精神生活水平，促进人的全面发展和社会的文明进步。《中华人民共和国劳动法》规定，国家发展社会福利事业，兴建公共福利设施，为劳动者休息、休养和疗养提供条件。用人单位应当创造条件，改善集体福利，提高劳动者的福利待遇。

此外，劳动者还享有提请劳动争议处理的权利、依法参加和组织工会的权利、依法享有参与民主管理的权利、依法解除劳动合同的权利等。

拓展阅读

劳动合同生效与劳动关系建立的关系

1. 劳动关系建立的标志——用工。劳动关系就其实质内容而言，是劳动力使用关系。故《劳动合同法》第七条、第十条规定：用人单位自用工之日起即与劳动者建立劳动关系；用人单位与劳动者在用工前订立劳动合同的，劳动关系自用工之日起建立。可见，劳动关系的建立，不以订立书面劳动合同而以开始用工为标志。

用工是劳动者与用人单位的双方法律行为，其中已包含口头或推定形式的劳动合同，既意味着口头、推定劳动合同的订立，又是书面或口头、推定劳动合同履行的标志，故应当成为建立劳动关系的标志。

2. 劳动合同生效的两种形式及其后果。《劳动合同法》尽管要求建立劳动关系应当订立书面劳动合同，但同时确认，存在于开始用工中的口头或推定劳动合同所建立的劳动关系，即使未补订书面劳动合同，仍然是合法有效的劳动关系。于是，书面劳动合同生效与口头或推定劳动合同生效有可能并存。

第三章 劳动保障

　　根据《劳动合同法》的规定，除了书面劳动合同订立与开始用工同时的情形外，书面劳动合同生效后果与口头或推定劳动合同生效后果存在差异，存在于开始用工中的口头或推定。

　　劳动合同的生效，其法律后果是与生效同步建立劳动关系。而书面劳动合同生效的法律后果则不然，在先订立书面劳动合同后开始用工的情形下，书面劳动合同生效只是对劳动关系的建立形成有约束力的预设；在先开始用工后订立书面劳动合同的情形下，书面劳动合同生效则是对已建立的劳动关系的双方权利与义务和存续期限（定期或不定期）确认。

　　实践中有一种情况，用人单位在招用劳动者进入工作岗位之前，先与劳动者订立了劳动合同，比如与即将毕业的在校大学生订立劳动合同，毕业后可直接进入用人单位工作。对于这种情况，《劳动合同法》规定，用人单位与劳动者在用工前订立劳动合同的，劳动关系自用工之日起建立。劳动者的劳动合同期限、劳动报酬、试用期、经济补偿金等，均从用工之日起开始计算。

实践思考

①通过学习，你认为什么是劳动关系？什么是事实劳动关系？

②劳动关系与劳务关系的区别有哪些？

③如何区分用工主体责任与劳动关系？

④勤工助学的学生与用人单位存在劳动关系吗？

⑤在校学生实习与用人单位存在劳动关系吗？

⑥劳动者达到法定退休年龄劳动合同就终止吗？已达到法定退休年龄继续就业者与用人单位之间形成劳动关系吗？

⑦劳动合同的生效与劳动关系之间有什么关系？劳动合同生效劳动关系就建立起来吗？

⑧小李是北京某高等院校的大学生，在一次招聘会上，一家高科技公司很欣赏小李的专业知识，决定聘用他。由于小李尚未毕业，公司与小李签订了一份劳动合同，公司总经理告诉小李一毕业就可去上班。7月份，小李拿到了毕业证后，收拾行李兴高采烈地前往公司报到上班。不幸的是，小李在旅途中因交通事故导致伤残，小李向公司提出要求公司支付工伤保险待遇，公司予以拒绝，认为双方没有建立劳动关系，小李申请劳动仲裁。

　　结合本节内容，思考以下问题：

①小李与该公司之间是否存在劳动关系？
②如何理解"建立劳动关系，应当订立书面劳动合同"？

第四节 劳动争议与处理方式

课前导读

假期短工受侵害，如何来维权

小林是江门市某高校在读大学生，寒假期间，经朋友介绍，于2020年1月到某电器公司打短工，双方口头约定工资为计件工资，未签订劳动合同。小林在工作时，因操作机器不当，致使左手第二指被压伤。小林于2020年8月经江门市劳动能力鉴定委员会鉴定为劳动功能障碍伤残十级。随后，他以要求公司支付工伤待遇为由，向江海区劳动人事争议仲裁委员会申请仲裁。江海区劳动人事争议仲裁委员会以小林为在校学生，不是建立劳动关系的适格主体为由，不予受理。小林遂将该电器公司诉至江海区人民法院。

<small>资料来源：郑耿忠，袁德辉，冯健文．大学生劳动教育与实践[M]．北京：清华大学出版社，2022：75．</small>

如果你是小林，你怎么办？

劳动者和用人单位之间可能因为各种问题产生纠纷，那么哪些属于劳动争议？该如何解决呢？下面我们来学习常见的劳动争议及其处理方式。

一、劳动争议的常见情况

（一）劳动争议的受案范围

根据《劳动争议调解仲裁法》第二条规定，劳动争议的范围包括：①因确认劳动关系发生的争议；②因订立、履行、变更、解除和终止劳动合同发生的争议；

③因除名、辞退和辞职、离职发生的争议；④因工作时间、休息休假、社会保险、福利、培训以及劳动保护发生的争议；⑤因劳动报酬、工伤医疗费、经济补偿或者赔偿金等发生的争议；⑥法律、法规规定的其他劳动争议。

根据《最高人民法院关于审理劳动争议案件适用法律若干问题的解释（一）》第一条的规定，劳动者与用人单位之间发生的下列纠纷，属于《中华人民共和国劳动法》第二条规定的劳动争议：①劳动者与用人单位在履行劳动合同过程中发生的纠纷；②劳动者与用人单位之间没有订立书面劳动合同，但已形成劳动关系后发生的纠纷；③劳动者与用人单位因劳动关系是否已经解除或者终止，以及应否支付解除或者终止劳动关系经济补偿金发生的纠纷；④劳动者与用人单位解除或者终止劳动关系后，请求用人单位返还其收取的劳动合同定金、保证金、抵押金、抵押物发生的纠纷，或者办理劳动者的人事档案、社会保险关系等移转手续发生的纠纷；⑤劳动者以用人单位未为其办理社会保险手续，且社会保险经办机构不能补办导致其无法享受社会保险待遇为由，要求用人单位赔偿损失发生的纠纷；⑥劳动者退休后，与尚未参加社会保险统筹的原用人单位因追索养老金、医疗费、工伤保险待遇和其他社会保险待遇而发生的纠纷；⑦劳动者因为工伤、职业病，请求用人单位依法给予工伤保险待遇发生的纠纷；⑧劳动者依据劳动合同法第八十五条规定，要求用人单位支付加付赔偿金发生的纠纷；⑨因企业自主进行改制发生的纠纷。

根据《最高人民法院关于审理劳动争议案件适用法律若干问题的解释（二）》第七条规定，下列纠纷不属于劳动争议：①劳动者请求社会保险经办机构发放社会保险金的纠纷；②劳动者与用人单位因住房制度改革产生的公有住房转让纠纷；③劳动者对劳动能力鉴定委员会的伤残等级鉴定结论或者对职业病诊断鉴定委员会的职业病诊断鉴定结论的异议纠纷；④家庭或者个人与家政服务人员之间的纠纷；⑤个体工匠与帮工、学徒之间的纠纷；⑥农村承包经营户与受雇人之间的纠纷。

此外，根据最高人民法院对有关劳动争议的复函等，档案丢失要求补齐档案材料的不属于劳动争议案件受理范围；补缴社会保险、因办理退休手续的合法性产生的争议，也不属于劳动争议案件受理范围。

（二）试用期争议问题

根据《劳动合同法》的规定，用人单位与劳动者可以约定试用期、培训、保守秘密、补充保险和福利待遇等其他事项。

1. 试用期时间与权利

对于试用期，《劳动合同法》规定，劳动合同期限 3 个月以上不满 1 年的，试

新时代大学生劳动教育

用期不得超过 1 个月；劳动合同期限 1 年以上不满 3 年的，试用期不得超过 2 个月；3 年以上固定期限和无固定期限的劳动合同，试用期不得超过 6 个月。同一用人单位与同一劳动者只能约定一次试用期。以完成一定工作任务为期限的劳动合同或者劳动合同期限不满 3 个月的，不得约定试用期。试用期包含在劳动合同期限内。劳动合同仅约定试用期的，试用期不成立，该期限为劳动合同期限。劳动者在试用期的工资不得低于本单位相同岗位最低档工资或者劳动合同约定工资的 80%，并不得低于用人单位所在地的最低工资标准。

2．如何预防试用期陷阱

为了防止掉入种种试用期的陷阱，在此向求职大学生们提供四条建议：

①进入用人单位后，必须及时与单位签订劳动合同。

②试用期间要保留相关证据，如试用期间的劳动合同、工资单、考勤表等。

③求职时要先了解用人单位是否真有用人意向，不要被那些常年招人、常年换人的不法单位所蒙骗。

④一旦发现权益受到侵害，要及时向劳动监察部门举报或提起仲裁和诉讼，以便维护自己的合法权益。

二、劳动争议的处理方式

提请劳动争议处理，是劳动者的一项重要权利，也是维护自身合法劳动权益的有效途径。根据《中华人民共和国劳动法》《劳动争议调解仲裁法》的规定，劳动争议处理的方式通常分为和解、调解、仲裁和诉讼四种。

（一）协商和解

协商和解，即当事人双方自行协商，达成解决劳动争议的协议。协商和解的特点是不受程序的约束，协议的达成和遵守完全由双方自愿。

（二）申请调解

调解是处理劳动争议的基本办法或途径之一。发生劳动争议，当事人不愿协商、协商不成或者达成和解协议后不履行的，可以向调解组织申请调解。

当事人可以书面或者口头申请劳动争议调解。经调解达成协议的，应当制作调解协议书。调解协议书由双方当事人签名或者盖章，经调解员签名并加盖调解组织印章后生效，对双方当事人具有约束力，当事人应当履行。

（三）申请仲裁

自劳动争议调解组织收到调解申请之日起 15 日内未达成调解协议的，当事人可以依法申请仲裁。达成调解协议后，一方当事人在协议约定期限内不履行调解协议的，另一方当事人可以依法申请仲裁。劳动争议仲裁的程序包括申请、受理、开庭、裁决。

（四）提起诉讼

劳动争议诉讼，是指劳动争议当事人不服劳动争议仲裁委员会的裁决，在规定的期限内向人民法院起诉，人民法院依法受理后，依法对劳动争议案件进行审理的活动。此外，劳动争议诉讼还包括当事人一方不履行仲裁委员会已发生法律效力的裁决书或调解书，另一方当事人申请人民法院强制执行的活动。

实行劳动争议诉讼制度，通过司法程序保证了劳动争议的彻底解决，也从根本上将劳动争议处理纳入了法治的轨道。

工伤争议问题

1. 工伤的界定范围

《工伤保险条例》第十四条规定，职工有下列情形之一的，应当认定为工伤：

（1）在工作时间和工作场所内，因工作原因受到事故伤害的；

（2）工作时间前后在工作场所内，从事与工作有关的预备性或者收尾性工作受到事故伤害的；

（3）在工作时间和工作场所内，因履行工作职责受到暴力等意外伤害的；

（4）患职业病的；

（5）因工外出期间，由于工作原因受到伤害或者发生事故下落不明的；

（6）在上下班途中，受到非本人主要责任的交通事故或者城市轨道交通、客运轮渡、火车事故伤害的；

（7）法律、行政法规规定应当认定为工伤的其他情形。

第十五条规定，职工有下列情形之一的，视同工伤：

（1）在工作时间和工作岗位，突发疾病死亡或者在48小时之内经抢救无效死亡的；

（2）在抢险救灾等维护国家利益、公共利益活动中受到伤害的；

（3）职工原在军队服役，因战、因公负伤致残，已取得革命伤残军人证，到用人单位后旧伤复发的。

2．工伤的权利范围

我国《工伤保险条例》规定，依法享受工伤保险待遇的职工范畴是所有与用人单位存在劳动关系的各种用工形式、各种用工期限的劳动者。即使在试用期内，员工出现工伤，同样享受国家规定的各种工伤保险待遇。

资料来源：耿东东．劳务派遣员工的工伤认定及责任承担[J]．秦智，2022(3)：45-47．（有删改）

实践思考

试用期不是"白用期"

毕业生小王应聘到某化工机械厂，签订了为期1年的劳动合同，约定试用期为一个月。但在上班第8天，他就因机械发生故障，手臂受伤了。小王因此住院治疗，其间他的父母曾向厂方提出工伤待遇申请。但伤愈后，该厂不仅不按工伤支付小王全部医疗费用，还以误工为由只发给他基本生活费。其说法是小王试用期未满，不是企业正式职工，不能享受工伤保险待遇。

思考：小王是否应该在试用期内得到工伤赔付？

第四章 劳动实践

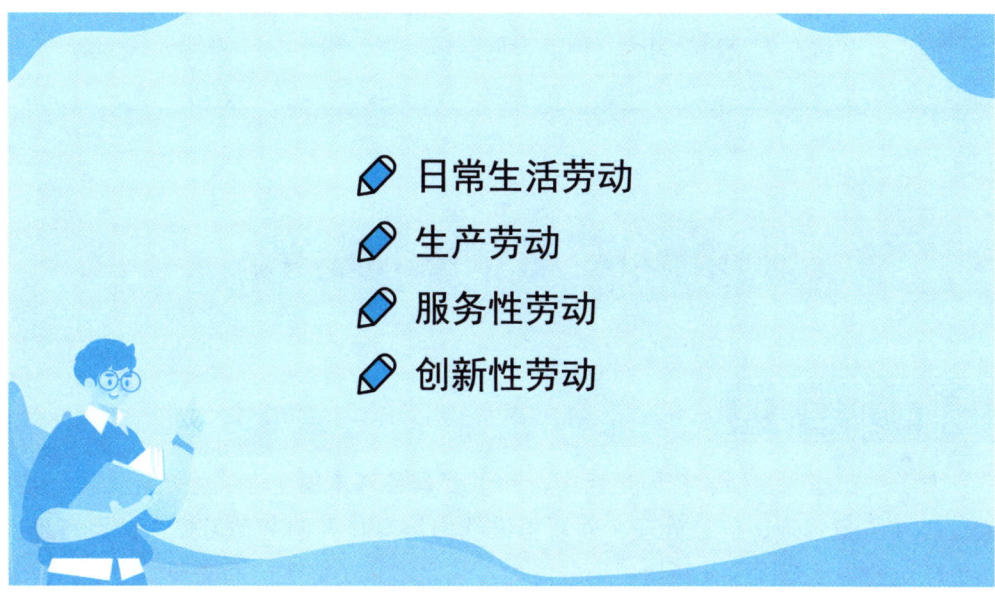

- 日常生活劳动
- 生产劳动
- 服务性劳动
- 创新性劳动

【知识目标】

1. 了解实习的作用，培养正确的实习态度。
2. 注意实习安全。
3. 区分实习与实训，掌握实训的关键。
4. 理解职业道德的含义，培养优秀的职业道德素质。
5. 了解生产劳动和服务劳动的基本含义。

新时代大学生劳动教育

【思政目标】

1. 弘扬勤劳拼搏、努力奋斗的精神；
2. 树立不怕吃苦、辛勤劳动的精神；
3. 养成勤劳的习惯和崇尚劳动的品质；
4. 培养劳动最光荣的品质，积极投身劳动之中；
5. 在义务劳动和志愿服务中体验劳动的乐趣和奉献的光荣；
6. 强化社会责任感，善于进行创新劳动；
7. 能够发挥所学专业技能特长参与学校和社会上的义务劳动和志愿服务，尝试在专业和学习生活中进行创新劳动。

第一节　日常生活劳动

课前导读

大学生在居家生活、校园生活中，除了要具备基本的生存、生活能力，还要通过提高自我管理、信息处理、创新思维能力培养良好的劳动习惯，扩展兴趣，在更广泛的生活范围内灵活运用这些能力，满足追求美好生活的需要。

①在居家生活、校园生活中，你可以在相关人员的支持和帮助下，自主安排学习与日常生活，主动为他人分担事务，养成尊重劳动、热爱劳动的习惯。

②在进行家务、内务和卫生劳动时，你可以在相关人员的支持和帮助下，主动接受新的劳动任务，通过一次简单的课程和技能训练，提高厨艺绿化、内务整理、个人卫生等生活方面的技能。

③在完成日常生活劳动任务后，你可以在相关人员的支持和帮助下，根据劳动任务的不同需要，努力探索自媒体工具的使用方法，传递并展示劳动成果。

本节要求在居家生活、校园生活中，完成一个以前没有接触过的生活劳动任务，或尝试策划一次较大型的活动（如公寓文化建设、校园保洁、礼仪服务、校园海报设计、新媒体创作、社团活动等），展现你制定工作目标与计划、处理信息、实施计划、应用学习成果和展示劳动成果的能力。

第四章 劳动实践

一、室内绿化

人的一生约 85% 的时间是在室内度过的，室内环境质量的好坏直接影响着人们的工作和生活是否顺利。植物能增添室内环境的生机和活力，提高环境质量，让室内变成"绿色空间"。本项目通过对宿舍或家庭环境进行绿化设计，探索绿植对提高室内环境质量、改善工作和生活环境的作用。

要完成本项目，首先要进行流程设计，以提高工作效率；其次需要用系统分析的方法来进行绿化设计，以提高设计的整体效果。

【 实践内容 】

选择室内绿化这个生活中常见的问题进行分析设计，在具体的设计过程中，既可以选择家庭绿化与绿植栽培，也可以选择宿舍绿化与绿植栽培作为实践项目。

【 实践要求 】

前期工作

（一）建立项目小组

①以小组为单位，分工合作。将班级每 3～5 位同学分为一组，明确任务分工及设计进度。

②了解室内绿化的相关知识。

（二）了解工作流程

工作流程反映完成一项任务的全过程。例如，邮寄一个包裹的工作流程为：领取包裹单、购买标准包装箱、包装密封、填写包裹单、交寄、缴费、收好回执。通过阅读学习材料、上网查询等方法，了解室内绿化的工作流程。

活动流程

（一）参观调查，设计室内绿化工作流程图

①到酒店、咖啡馆等场所实地参观调查，学习室内绿化的工作流程和基本方法。

②根据室内绿化的工作环节及时序，绘制工作流程图。

（二）资料整理，完成初步方案设计

①小组讨论并列出总体目标和具体性能指标，如布置区域、环境氛围、风格品位。

②根据空间布局选择装饰品类。注意选择绿植时要综合考虑栽培条件、季节因素、经济条件。

③考虑宿舍或家居卫生环境要求，使设计方案符合安全、健康等要求。

（三）绘制简单的设计平面图

①运用 CAD 等软件绘制设计平面图。

②收集意见，修改、优化设计方案。

（四）编写设计说明书

①对设计对象的情况进行简要的定性分析。

②说明设计时重点考虑的因素及设计创新点。

③列出需购买的劳动工具、绿植等做费用预算。

④简述设计方案实施效果，附上设计图纸。

（五）实施设计方案

分别实施各个小组的设计方案，并对实施效果进行评价。

①本项日常生活劳动实践结束后，撰写实践报告，并在班级进行汇报交流。

②提交与本项目相关的活动图片等资料。

注意事项

①注意关注绿植的特性，避免采用对人体有害的植物。

②不要将植物置于靠近灯光或暖气等温度较高的地方，以免造成植物枯萎与干叶。

结果评价

活动评价表

操作阶段	配分	评价内容与评价标准	自我评价	教师、同学、家长评价
策划阶段	25 分	参与活动全过程（10 分）		
		积极主动，献计献策（5 分）		
		提出建设性、可操作性意见（10 分）		

第四章 劳动实践

（续表）

操作阶段	配分	评价内容与评价标准	自我评价	教师、同学、家长评价
准备及宣传	20分	物品筹备（5分）		
		对外宣传（5分）		
		对外协作沟通（10分）		
活动开展	35分	完成自己的任务（5分）		
		促进活动关键节点的推进（5分）		
		发现问题解决问题的能力（10分）		
		能合理调配资源（10分）		
		活动现场气氛调动（5分）		
总结	20分	经验教训（10分）		
		整体策划有创新意识（10分）		
总计		100分		

二、家庭护理

　　健康是财富，健康是幸福。树立科学的健康观念和安全意识，建立合理的生活方式，掌握基本的维护健康和保障安全的知识与技能，将使家庭生活充满生机与活力。但人们往往在失去健康时，才真正意识到健康的重要。因此，我们每个人都要树立起疾病预防的意识，为健康筑起防护的围墙。预防疾病，无病先防，有病早治，努力创造和谐、幸福的人生。健康管理是运用信息和医疗技术，建立的一套完善、周密和个性化的服务程序，其目的在于帮助人们建立有序、健康的生活方式，降低健康风险，远离疾病。家庭护理是健康管理的重要环节，其主要内容有以下几点：

　　①身体状况的日常观测。学会量体温、测脉搏、测呼吸、量血压等，及时了解身体的一些基本情况。

　　②常见症状的家庭护理。对于发热、头痛、消化不良等常见的身体不适，学会居家护理的方法。

　　③常见疾病的家庭护理。帮助家庭成员掌握感冒、中暑、高血压、糖尿病等常见疾病的家庭护理方法。

　　④急症的家庭紧急处理。鼻出血、烧烫伤、跌倒外伤等急症，由于事发突然，需要掌握应急处理方法，及时做出科学有效的处理。

[实践内容]

以家庭为单位，与家庭成员交流以获得支持，通过咨询、搜索、查阅等多种手段，搜集家庭健康护理方面的专业知识、操作技巧，结合家庭成员的健康状况，为家人提供家庭备用药箱、编写《家庭疾病预防护理手册》。手册主要内容包括：①身体状况的日常观测，如量体温，需要给出测量体温的步骤、方法及注意事项。②常见症状的家庭护理，如出现头痛时，要区分外感性头痛、血管性头痛、贫血性头痛，还要根据不同类型的头痛给出不同的护理办法。③常见疾病的家庭护理，如护理感冒病人，要对症处理，防止并发症；让病人多休息，多食用新鲜果蔬，外出时戴口罩；保持居室通风，按时消毒。④急症的家庭应急处理，如鼻出血时，应根据出血原因分别给出紧急处理步骤和方法。

[实践要求]

前期工作

（一）提出实践项目计划，获得家人支持

①向家人科普健康新理念。
②列举家庭现有健康护理方面的不足。
③提出设置家庭备用药箱的可行性。
④提出编写《家庭疾病预防护理手册》的必要性。

（二）家庭会议讨论

通过与家人交流讨论，确定常见疾病种类，列出备用药类别，确定基本预算。

（三）前期素材准备

①上网搜索几种家庭多功能药箱，按价格、功能、大小等列表并附图。
②与家庭成员交流讨论，购买一种药箱。
③购买、借阅相关书籍，以供编写手册时参考。

活动流程

（一）学习家庭护理知识

①集中时间，较为系统地学习家庭护理方面的知识与方法。
②搜集常见疾病的诊断、症状、预防方法、注意事项等内容。

（二）整理家庭护理知识

①对搜集来的信息进行甄别、分类。
②对同类疾病的专业知识进行加工整理，建议手绘用药护理指南。

③按照实用、简约、可视化的原则,精选病例。

(三) 编写《家庭疾病预防护理手册》

①按照家庭护理的类别编写手册内容。
②注意页面的排版、页眉和页脚的设计。
③注意目录、索引的编排。
④生成 PDF 电子版,并打印装帧 3～5 册。

(四) 准备家庭护理备用药箱

家庭护理备用药箱中应具有以下物品:
①《家庭疾病预防护理手册》。
②外用类、内服类药品和急救用品。
③疾病应急预案,含附近医院和亲友的联系方式及病历等。

实践成果

①本项日常生活劳动实践结束后,撰写实践报告,并在班级进行汇报交流。
②认真完成疾病应急预案表。

疾病应急预案表

1. 附近医院的地址: 电话:
2. 熟悉医生的姓名: 电话:
3. 能够最快给予帮助的亲友姓名: 电话:
4. 慢性病史及专门用药的用药量:
5. 定期检查药箱: 药物是否足够用 3～5 人次: 药物是否过期:
6. 其他注意事项:

新时代大学生劳动教育

注意事项

①在编写《家庭疾病预防护理手册》时，需要做好研究和调查，不能凭空想象。

②在本项实践中需要与家人多沟通、交流，听取各方意见。

结果评价

活动评价表

操作阶段	配分	评价内容与评价标准	自我评价	教师、同学、家长评价
策划阶段	25分	参与活动全过程（10分）		
		积极主动，献计献策（5分）		
		提出建设性、可操作性意见（10分）		
准备及宣传	20分	物品筹备（5分）		
		对外宣传（5分）		
		对外协作沟通（10分）		
活动开展	35分	完成自己的任务（5分）		
		促进活动关键节点的推进（5分）		
		发现问题解决问题的能力（10分）		
		能合理调配资源（10分）		
		活动现场气氛调动（5分）		
总结	20分	经验教训（10分）		
		整体策划有创新意识（10分）		
总计		100分		

三、垃圾分类

垃圾是城市发展的产物。如今，"垃圾围城"已成为困扰全球城市的难题。高速发展中的中国城市，也正在遭遇"垃圾围城"之痛。要解决"垃圾围城"问题，离不开垃圾分类。

实行垃圾分类，关系广大人民群众生活环境，关系节约使用资源，也是社会文明水平的一个重要体现。垃圾分类是新时尚。全民参与垃圾分类，具有以下几个方面的意义。

（一）减少环境污染

我国现有的垃圾处理方式主要是填埋和焚烧。填埋垃圾时，即使远离生活场所，并采用相应的隔离技术，也难以杜绝有害物质的渗透，这些有害物质会随着地球物质循环而进入整个生态圈中，污染水源和土壤，通过植物或动物最终影响人们的身体健康。而垃圾焚烧也会产生大量危害人体健康的有毒气体和灰尘。

其实，有很大一部分垃圾是不需要填埋，也不需要焚烧的。如果我们能够做好垃圾分类，就能减少垃圾的填埋和焚烧，从而减少环境污染。

填埋和堆放等垃圾处理方式会占用大量土地资源，而且垃圾填埋场属于不可修复场所，即填埋场不能够重新作为生活小区。此外，生活垃圾中有些物质不易降解，会使土壤受到严重侵蚀。

据统计，垃圾分类可以使人均生活垃圾产生量减少三分之二，从而节省大量土地资源。

（二）促进资源的循环利用

很多垃圾的产生源于人们没有利用好资源，将自己不用的资源当成垃圾丢弃，这种废弃资源的方式给整个生态系统造成的损失都是不可估量的。在处理垃圾之前，通过垃圾分类回收，就可以将垃圾变废为宝，如回收纸张能够保护森林，减少森林资源的浪费；回收果皮蔬菜等生物垃圾，可以将其作为绿色肥料，让土地更加肥沃。

此外，垃圾分类有利于改善垃圾品质，以便更好地进行无害化处理。以垃圾焚烧为例，分类能使焚烧处理做得更好，可起到减量（减少垃圾处理量）、减排（减少污染物排放量）、提质（改善燃烧工况）、提效（提高发电效率）等作用。

（三）增强民众的环保意识

垃圾分类是处理垃圾公害的最佳解决方法和最佳出路，进行垃圾分类已经成为环境保护的必然路径。垃圾分类能够使民众学会节约资源、利用资源，养成良好的生活习惯，提高个人的素质修养。一个人如果养成良好的垃圾分类习惯，那么他就会关注环境保护问题，在生活中意识到资源的珍贵性，养成节约资源的习惯。

不可否认的是，好习惯的养成只是第一步，更重要的是坚持。我们坚信，只要坚持不放松，垃圾分类就会在潜移默化的氛围中，成为每个人的行为习惯，最后不再需要依靠外力推行，真正做到"推广开来、坚持下去"。

（四）垃圾分类标准

2019年11月15日，新版《生活垃圾分类标志》标准发布，同年12月1日起正式实施。与2008年版标准相比，新标准将生活垃圾类别调整为可回收物、有害垃圾、厨余垃圾和其他垃圾四大类。

新版《生活垃圾分类标志》分别由四大类标志和11个小类标志组成，具体见表4-1。

表 4-1　生活垃圾分类

大类	小类
可回收物	纸类
	塑料
	金属
	织物
	玻璃
有害垃圾	灯管
	家用化学品
	电池
厨余垃圾 （也可称为"湿垃圾"）	家庭厨余垃圾
	餐厨垃圾
	其他处置垃圾
其他垃圾（也可称为"干垃圾"）	—
除上述四大类外，家具、家用电器等大件垃圾和装修垃圾应单独分类	

[实践内容]

（一）分类原则

进行垃圾分类，关键要掌握分类原则：可回收物及材质，玻、金、塑、纸、衣；有害垃圾非常少，主要是废电池、废灯管、废药品、废油漆及其容器；厨余垃圾看是不是很容易腐烂、很容易粉碎；其他的就都是其他垃圾了，当发现有不能准确判断类别的垃圾时，也可以把它归到其他垃圾中。

第四章 劳动实践

（二）投放要点

1. 可回收物

投放要求：

①应尽量保持清洁干燥，避免污染；

②立体包装物应清空内容物，清洁后压扁投放；

③易破损或有尖锐边角的应包裹后投放。

2. 有害垃圾

投放要求：

①投放时应注意轻放；

②易破碎的物品及废弃药品应连带包装或包裹投放；

③压力罐装容器应排空内容物后投放。

另外，公共场所产生有害垃圾且未发现对应的收集容器时，应携带至有害垃圾投放点妥善投放。

3. 厨余垃圾

投放要求：

①厨余垃圾应从产生时就与其他类型的垃圾分开收集；

②投放前尽量沥干水分，有外包装的应去除外包装后投放。

另外，公共场所产生厨余垃圾且未发现对应的收集容器时，应携带至厨余垃圾投放点妥善投放。

4. 其他垃圾

投放要求：

投入干垃圾收集容器，并保持周边环境整洁。

活动流程

在第 20 届中国环博会上，展会第一次专门为智能垃圾分类开辟了展区，"互联网＋垃圾分类回收"成为热点。"互联网＋垃圾分类回收"正在多地推进。北京的多个居民社区就设置了各种智能垃圾分类回收机，也有不少居民参与到这种垃圾分类模式中来。

请查阅相关资料，以 2～3 个宿舍为单位，利用现有的小程序（或 App），或者联合本校或邻近院校的计算机系学生开发相关的垃圾回收小程序（或 App），组织 1～2 栋宿舍楼尝试为期半个月至一个月的"互联网＋垃圾分类回收"行动，并做好记录，如活动开展计划、活动开展关键点、活动开展难点及解决方案、心得体会等。

结果评价

活动评价表

操作阶段	配分	评价内容与评价标准	自我评价	教师、同学、家长评价
策划阶段	25分	参与活动全过程（10分）		
		积极主动，献计献策（5分）		
		提出建设性、可操作性意见（10分）		
准备及宣传	20分	物品筹备（5分）		
		对外宣传（5分）		
		对外协作沟通（10分）		
活动开展	35分	完成自己的任务（5分）		
		促进活动关键节点的推进（5分）		
		发现问题解决问题的能力（10分）		
		能合理调配资源（10分）		
		活动现场气氛调动（5分）		
总结	20分	经验教训（10分）		
		整体策划有创新意识（10分）		
总计		100分		

拓展阅读

环境保护

地球是全人类赖以生存的唯一家园，我们要像保护自己的眼睛一样保护生态环境，像珍视生命一样珍视生态环境，同筑生态文明之基，同走绿色发展之路！

建设美丽家园是人类的共同梦想，我们应该携手合作。面对生态环境挑战，人类是一荣俱荣、一损俱损的命运共同体，没有哪个国家能独善其身。唯有携手合作，我们才能有效应对气候变化、海洋污染、生物保护等全球性环境问题，实现联合国 2030 年可持续发展目标。只有并肩同行，才能让绿色发展理念深入人心、全球生态文明之路行稳致远。

人与自然和谐相处是人类社会生存和发展的永恒命题。随着工业革命的推进，人类掠夺自然资源的程度不断加深，环境问题不断显现，威胁着人类的居住条件和生存空间。党的十八大以来，党中央、国务院高度重视生态文明建设，先后出台了一系列重大决策部署，推动生态文明建设取得了重大进展和积极成效。生态文明建设是中国特色社会主义事业的重要内容，关系人民福祉，关乎民族未来，事关"两个一百年"奋斗目标和中华民族伟大复兴中国梦的实现。

资料来源：何健勇．劳动教育指导手册[M]．北京：机械工业出版社，2022：4．（有删改）

四、环境保护概述

环境（environment）是指人类生存的空间及其中可以直接或间接影响人类生活和发展的各种自然因素。《中华人民共和国环境保护法》对环境的定义为：影响人类生存和发展的各种天然的和经过人工改造的自然因素的总体，包括大气、水、海洋、土地、矿藏、森林、草原、野生生物、自然遗迹、人文遗迹、自然保护区、风景名胜区、城市和乡村等。环境既包括以空气、水、土地、植物、动物等为内容的物质因素，也包括以观念、制度、行为准则等为内容的非物质因素；既包括自然因素，也包括社会因素；既包括非生命体形式，也包括生命体形式。按照环境的属性，通常可将其分为未经人的加工和改造的自然环境（natural environment）、在自然环境的基础上经过人的加工和改造的人工环境（artificial environment），以及由人与人之间各种社会关系所形成的社会环境（social environment）。一般而言，环境保护的对象是指未经加工的、天然的、人类赖以生存的自然环境。

（一）环境问题

1. 环境问题的产生

原始社会时期，人类多以天然植物和动物为食，作为自然物的采集者，对自然环境的破坏微乎其微。随着蒸汽机的诞生，工业革命如火如荼地展开，人类的生产力得到了质的提升，同时，人类利用和改造自然的能力也大幅提高。工业急速发展的代价是自然环境遭到破坏，蒸汽机对空气污染的影响很快就改变了环境中的物质循环系统。1873年至1892年，伦敦多次发生"烟雾事件"，造成至少4000人死亡。20世纪80年代后，由于环境质量的急剧恶化和大范围的生态破坏，大气污染，森林、草场退化，核污染愈加严重，缓解人与自然环境的紧张关系已迫在眉睫。

2. 常见的环境问题

迄今为止，常见的威胁人类生存的环境问题主要有以下几种：

（1）大气污染。

大气污染是指人类活动或自然过程引起悬浮颗粒物、硫氧化物、臭氧、一氧化碳、二氧化碳、铅等物质进入大气中，达到足够的浓度和足够的时间，并因此危害了人体的舒适、健康和福利以及环境的现象。大气污染的污染源主要有自然污染源和由人类生产活动方式造成的污染源，前者如火山喷发、森林火灾等自然现象形成的污染源，后者如煤炭燃烧、石油化工产品的排放物以及工矿企业排放的氯气、金属蒸气或硫化氢等特殊气体。大气污染对人体健康、动植物的生存和气候都有重要影响。

（2）温室效应。

温室效应是指大气中的温室气体，如二氧化碳、甲烷等，通过对长波辐射的吸收而阻止地表热能耗散，大气中的温室气体就像一层厚厚的玻璃，使地球变成了一个大暖房，从而导致地面温度升高。温室效应会造成全球变暖，致使南北极等地冰川融化，严重破坏生态平衡，威胁生物的生存环境。

（3）淡水资源危机。

相对于海水，地球上可用于人类生产、生存的淡水资源极其有限。由于水污染和水资源浪费等情况的频繁发生，加之我国南北水域分布不均，我国有近五分之三的城市长期处于缺水状态，世界范围内更是如此，这给人类的生存带来了严峻的挑战。

（4）资源和能源短缺。

人类对自然资源的无止境开发和掠夺，使得石油、煤、水利、核能等资源和能源短缺成为全世界范围内的普遍环境问题。当前的资源和能源存储量远不及人类的需求量，长此以往，人类将面临资源和能源枯竭的窘境。

（5）垃圾围城。

城市化进程日益加快，伴随而来的是城市规模的不断扩大，人们的生活越来越便利，但同时城市生活垃圾的危害也不断地暴露出来。当前，人类的垃圾处理速度远远不及垃圾的产生速度，特别是忽略垃圾分类而造成的资源浪费、环境污染、无处消纳等问题，对自然环境造成的危害极大。垃圾围城已成为当今世界各国面临的棘手环境问题。

（6）海洋污染。

海洋资源是地球的重要资源，而人类活动范围急速扩增导致海洋生态环境发生了巨大变化。如人类活动造成近海区氮和磷含量增加，过量的营养物质导致沿海藻类大量生长，破坏了红树林、珊瑚礁、海草生长地，致使相关食物链的生物数量锐减。此外，原油泄漏、垃圾漂浮、化学物污染等造成的海洋污染和对海洋资源的过度开发，都使海洋生态环境面临巨大的挑战。

除上述常见环境问题外，人类还面临着臭氧层空洞、酸雨、森林锐减、土地荒漠化、生物多样性锐减、有毒化学品污染、危险废物越境转移等众多环境问题。

（二）环境保护举措

"绿水青山就是金山银山。"面对日益严峻的环境问题，人类必须主动作为，严抓、严管、严控、严厉打击破坏环境的行为，广泛开展环境教育和宣传，使环保意识深入人心，从各方面提升环境治理能力。

1. 强化环境管理与监测

环境管理是指在开展环境保护工作的过程中，充分调动人力、物力、财力以实现资源的合理整合与配置，保证环境保护工作的高效开展。环境监测是指运用科学方法和手段，通过对影响环境质量因素的代表值的测定，确定环境质量（或污染程度）及其变化规律。通过环境监测，可以有效侦测环境问题，对造成环境问题的潜在因素及时进行研判，降低环境污染带来的危害。

2. 提升法律强制约束力

1989年，我国第一部《中华人民共和国环境保护法》（以下简称《环境保护法》）公布。2014年4月24日，新修订的《环境保护法》公布。这次修订，是对我国严峻环境现实的一记重拳，是环境保护领域内的重大制度建设，对于环保工作以及整个环境质量的提升产生了重要的作用。新的《环境保护法》倡导"保护优先、预防为主、综合治理、公众参与、损害担责"的原则，突出强调政府责任，进一步完善环境管理、防治污染和其他公害的制度，通过法律的强制力约束公民行为，切实保护和改善环境，推进生态文明建设。

3. 加强环保宣传教育

为使环境保护意识内化于心、外化于行，各级各类教育行政部门、学校深入开展环境育人，广泛开展环境保护志愿活动，特别是动员作为国家发展生力军的大学生群体，深入群众、社区，开展环境保护法律法规、环境保护知识的宣传与科普，营造全民参与保护环境的良好氛围，实现人与自然和谐共生的美好愿景。

新时代大学生劳动教育

（三）环境保护志愿活动

《环境保护法》规定，"一切单位和个人都有保护环境的义务""公民应当增强环境保护意识，采取低碳、节俭的生活方式，自觉履行环境保护义务"。为响应国家号召，自觉履行环境保护的公民义务，共建美好家园，大批志愿者投身环境保护工作，为推进生态文明建设贡献青春力量。

1. 绿色生活新时尚——垃圾分类

垃圾分类是社会文明的一个重要体现，是一种"新时尚"。2019年9月，为推动全国公共机构做好生活垃圾分类工作，国家机关事务管理局印发通知，公布了《公共机构生活垃圾分类工作评价参考标准》，并就进一步推进有关工作提出要求。垃圾分类可以有效解决垃圾围城问题，从而减少环境污染、节省土地资源、促进资源的循环利用、推进城市可持续发展。

2. 绿色校园新追求——校园环境保护

环境保护要从身边做起，从日常做起，从自觉维护校园环境做起。净化、绿化、美化、亮化的校园环境是学生生活、学习的基础，对于陶冶师生情操，促进学生德智体美劳全面发展有着十分重要的意义。

（1）室内外卫生清洁。

室内外卫生清洁是校园美化工作的基础任务。要认真做好室内卫生清洁工作，保持办公室、实验室和学生宿舍内的地面、桌面、台面的洁净卫生，并及时清理室内垃圾杂物，防止积水，做到无灰尘、无蛛网、无垃圾、无杂物，物品摆放整齐；要开展室外环境卫生专项整治行动，做好校园道路、绿地、广场、楼道、厕所等公共场所的卫生保洁工作，清理乱堆乱放现象，消灭卫生死角。此外，我们要自觉维护良好的校园环境，不乱扔杂物，不乱倒垃圾，不乱贴非法广告，共同努力营造雅洁、舒适、文明、祥和的校园环境。

（2）倡导校园低碳行动。

校园低碳行动是在当前全民低碳行动的背景下，校园内应该遵循的一种生活模式。它是指在校园内发动学校全体人员参与的以降低二氧化碳的排放为目标的行动。全民低碳行动如今在中国进行得如火如荼，一些以低碳为中心的生活方式和理念已经被广大群众接受并且付诸行动。常见的校园低碳行动内容有：骑自行车出行，为空教室关灯，绿色旅游，少点外卖，环保护林，节水节电，等等。

（3）预防各类疾病。

校园中人员聚集，极易暴发和传播各类传染病，因此要认真贯彻"预防为主、综合防御"的工作方针，广泛开展各类传染病预防知识的宣传和教育。学生应注意个人卫生与宿舍卫生；适当增加户外活动，加强体育锻炼，提高自身对疾病的抵抗力。

（4）校园环境保护志愿活动。

校园环境保护是学校志愿活动中最为常见的志愿服务项目。为创造洁净的校园环境，营造浓厚的校园文化氛围，守护校园"精神家园"，学校会定期组织开展各类校园环境美化志愿活动，如校道清扫、卫生死角清洁、图书馆清洁、教室"牛皮癣"清洁、单车助摆等活动，旨在增强同学们的环保意识，提升环境保护能力。环境保护要从身边的小事做起，服务他人，传播正能量，在志愿服务精神的引领下，共同建设美丽校园环境。

——— 实践思考 ———

"绿水青山就是金山银山。"同学们，抓住季节时机选择合适的地方开展植树活动，美化环境吧！

第二节 生产劳动

课前导读

人类是劳动创造的，社会是劳动创造的。劳动是一切财富的源泉，也是一切幸福的源泉。劳动没有高低贵贱之分，任何一份职业都很光荣。大学生今后走出校门步入社会，无论从事何种职业，都要干一行、爱一行，学一行、钻一行。只要肯学、肯干、肯钻研，练就一身真本领，掌握一手好技术，就能立足岗位成长成才，在平凡的岗位上做出不平凡的业绩，从而在劳动中体现人生价值、展现人生风采、感受人生快乐。"空谈误国，实干兴邦"，而实干离不开在生产实践中脚踏实地地劳动和创造。

生产劳动是创造财富和价值的活动。具体而言，它是劳动者借助一定的生产资料，使自己的劳动作用于某一劳动对象，按照预定的目的生产某种产品或创造某种价值的活动。对大学生劳动教育来说，生产劳动实践的内容和形式要结合学科和专业特点，积极开展实习实训和专业服务；要围绕创新创业，创造性地解决实际问题，提升就业创业能力。

本节通过一系列生产劳动，使学生亲历实际的劳动现场和劳动过程，感悟劳动价值及劳动精神，积累职业经验，培育职业意识，体验新时代劳动工具、劳动技术、劳动形态的新变化，重视新知识、新技术、新工艺、新方法的运用，提高在生产实践中发现问题和创造性解决问题的能力，在动手实践的过程中创造有价值的劳动成果。

 知识讲堂

专业实训是指学生在学习、掌握一定的专业知识后，深入生产现场，以某个岗位身份直接参与实际生产过程，并综合运用所学专业知识和技能，完成一定的生产任务的劳动实践活动。专业实训的内容与形式，因具体学科和专业特点的不同而有所差异。例如，理工类、经管类专业的学生，可到厂矿企业跟班劳动、顶岗实习或在公司挂职，参与企业生产管理；农学专业的学生，可下乡参加农时劳作、助农服务，宣传乡村振兴战略，传播农业生产技术；医学专业的学生，可到医疗卫生机构尤其是乡镇卫生院、社区卫生服务中心等开展临床诊疗、疫情防控工作；师范类专业的学生，可到中小学做任课教师或班主任。

【实践内容】

以工学、农林学、医学专业为例，本生产劳动实践项目的内容如下。

（一）跟班劳动／顶岗学习

以班级为单位，结合工学专业知识，到附近厂矿企业或本专业实训实习基地观摩、了解企业生产过程，参加跟班生产劳动或者挂职顶岗实习，相对独立地参加企业生产管理或产品研发、技术革新等。

（二）支农助农

①以班级为单位，结合农学专业知识，到附近农村、涉农企业或本专业实训实习基地参加育种、播种、插秧、除草、施肥、收割以及农副产品加工等生产劳动，传播农业生产技术，宣传乡村振兴战略，感受现代农村发展和脱贫攻坚成就，体验稼穑之艰和劳动之乐。

②以班级为单位，结合林学专业知识，到附近林场、涉林企业或本专业实训实习基地参加育苗、种植、园艺、蚕桑、林产品加工等劳动实践，推广林业技术创新，宣传乡村振兴战略，体验林业劳动者的艰苦奋斗与无私奉献，感受林业生态之美。

第四章 劳动实践

（三）医者仁心

以班级为单位，结合医学专业临床知识，到附近医院、社区卫生服务中心和站点、乡镇卫生院、疾病预防控制中心、妇幼保健院、卫生防疫站等参加疾病诊断、治疗，疫情防控、疾病预防、日常急救知识宣传等劳动实践，践行救死扶伤、防病治病、为公民健康服务的宗旨。

【实践要求】

前期工作

①制定本项生产劳动实践的实施方案，明确实践目标、劳动内容、成果形式、实践要求等。

②按照就近就便原则，联系学校附近的实训单位，或者选择本专业实训实习基地，协商、确定参加生产劳动实践的具体时间、地点、人数、方式、岗位等。

③确定本项生产劳动实践的负责人、指导教师、经费预算、实训纪律等。

④准备必要的劳动工具、劳保用品、宣传材料等，联系往返车辆。

活动流程

①进行实训动员，使学生了解本项生产劳动实践的目的、内容及要求。

②参加本项生产劳动实践的全体成员在预定地点集合、上车。

③承接单位宣讲劳动纪律和相关劳动安全卫生规程，为参加本项生产劳动实践的学生分配劳动岗位。

④参加本项生产劳动实践的学生按照各自岗位内容及职责要求，了解基本的生产过程，所用工具（机器、仪器、设备）的使用方法、调试或检测技术等，听从承接单位相关人员的指导。

⑤参加本项生产劳动实践的学生开始跟班劳动或独立工作。

实践成果

①本项生产劳动实践结束后，撰写实践报告，并在班级进行汇报交流。

②提交与本项目相关的活动图片，通过橱窗、网络等进行成果展示。

注意事项

①服从本项生产劳动实践负责人的统一指挥、管理，避免迟到、掉队、散漫等现象。

②尊重承接单位指导教师，严格遵循岗位职责要求，不得擅自脱岗、离岗、调岗等。

③严格按照规程操作，注意劳动安全与劳动保护，避免各类事故的发生。

④本项生产劳动实践重在结合学科、专业知识，强调现场实习、实训。

结果评价

活动评价表

操作阶段	配分	评价内容与评价标准	自我评价	教师、同学、家长评价
策划阶段	25分	参与活动全过程（10分）		
		积极主动，献计献策（5分）		
		提出建设性、可操作性意见（10分）		
准备及宣传	20分	物品筹备（5分）		
		对外宣传（5分）		
		对外协作沟通（10分）		
活动开展	35分	完成自己的任务（5分）		
		促进活动关键节点的推进（5分）		
		发现问题解决问题的能力（10分）		
		能合理调配资源（10分）		
		活动现场气氛调动（5分）		
总结	20分	经验教训（10分）		
		整体策划有创新意识（10分）		
总计		100分		

二、非遗学堂

"非遗"即非物质文化遗产。《中华人民共和国非物质文化遗产法》规定，非物质文化遗产是各族人民世代相传并视为其文化遗产组成部分的各种传统文化表现形式，以及与传统文化表现形式相关的实物和场所。具体包括传统口头文学以及作为其载体的语言，传统美术、书法、音乐、舞蹈、戏剧、曲艺和杂技，传统技艺、医药和历法，传统礼仪、节庆等民俗，传统体育和游艺，其他非物质文化遗产。2003年10月17日，联合国教科文组织第32届大会通过了《保护非物质文化遗产公约》（以下简称《公约》），我国于2004年8月加入《公约》。

截至2022年12月，中国列入联合国教科文组织非物质文化遗产名录（名册）的项目共计43项，总数位居世界第一。其中，人类非物质文化遗产代表作35项；急需保护的非物质文化遗产7项；优秀实践名册1项。42个项目的入选，体现了

第四章 劳动实践

中国日益提高的履约能力和非物质文化遗产保护水平，对于增强社区、群体和个人的认同感和自豪感，激发传承保护的自觉性和积极性，在国际层面宣传和弘扬博大精深的中华文化、中国精神和中国智慧，都具有重要意义。

2005年12月发布的《国务院关于加强文化遗产保护的通知》指出，从2006年起，每年6月的第二个星期六为我国的"文化遗产日"，并建立国家和省、市、县非物质文化遗产名录体系。自2017年起，每年6月第二个星期六的"文化遗产日"调整为"文化和自然遗产日"。

【实践内容】

①以班级为单位，到当地非物质文化遗产代表性项目保护单位，听取非物质文化遗产代表性项目传承人讲解该项目的历史、现状和价值、技艺水平、社会影响等；观摩、了解该项目的演示或制作过程；在该项目传承人及其他技术人员的指导下，学习（或制作）该项目作品（或产品）。

②非物质文化遗产有多种表现形式，建议结合所学专业开展劳动实践活动。例如，理工类专业可选择传统手工技艺；艺术类专业可选择传统音乐、传统戏剧、民间舞蹈、民间美术等；医药类专业可选择传统医药；体育类专业可选择杂技与竞技。

【实践要求】

前期工作

①制定本次劳动实践的实施方案，明确实践目标、劳动内容、成果形式、实践要求等。

②按照就近就便原则，联系学校附近的非物质文化遗产代表性项目保护单位，协商、确定参加本次劳动实践活动的具体时间、地点、人数、方式等。

③确定本次劳动实践活动的负责人、指导教师、经费预算、学习纪律等。

④了解有关非物质文化遗产保护的政策、法规，联系往返车辆。

活动流程

①进行劳动生产实践动员，使学生了解本项目的目的、内容及要求。

②参加本次生产劳动实践的全体成员在预定地点集合、上车。

③承接单位介绍相关非遗项目，宣讲劳动纪律和注意事项，为参加本项生产劳动实践的学生分配劳动任务，如制作非遗文创产品，学习某传统戏剧、传统舞蹈等。

④参加本项生产劳动实践的学生观摩非遗项目演示或制作过程，听从承接单位相关人员的指导。

⑤将参加本项生产劳动实践的学生划分为若干小组，学习制作非遗文创产品

或者学习传统文艺作品。

实践成果

①本项生产劳动实践结束后，撰写实践报告，并在班级进行汇报交流。
②以图片、表演等形式进行成果展示。

注意事项

①服从本项目负责人的统一指挥、管理，避免迟到、掉队、散漫等现象。
②以敬重、谦虚的态度对待非物质文化遗产项目，尊重承接单位指导教师，认真完成任务。
③严格按照操作规程进行制作，尤其要注重在实践过程中体会匠人品格与工匠精神。
④"非遗学堂"仅为生产劳动实践提供了一个思路、参照或平台，其核心在于培育学生的工匠精神和劳动态度，以及对中华优秀传统文化的继承和弘扬。

结果评价

活动评价表

操作阶段	配分	评价内容与评价标准	自我评价	教师、同学、家长评价
策划阶段	25分	参与活动全过程（10分）		
		积极主动，献计献策（5分）		
		提出建设性、可操作性意见（10分）		
准备及宣传	20分	物品筹备（5分）		
		对外宣传（5分）		
		对外协作沟通（10分）		
活动开展	35分	完成自己的任务（5分）		
		促进活动关键节点的推进（5分）		
		发现问题解决问题的能力（10分）		
		能合理调配资源（10分）		
		活动现场气氛调动（5分）		
总结	20分	经验教训（10分）		
		整体策划有创新意识（10分）		
总计				

三、学优则创

习近平总书记曾经指出:"青年是国家和民族的希望,创新是社会进步的灵魂,创业是推动经济社会发展、改善民生的重要途径。青年学生富有想象力和创造力,是创新创业的有生力量。"[1]《国务院办公厅关于深化高等学校创新创业教育改革的实施意见》指出,高校要落实立德树人根本任务,坚持创新引领创业、创业带动就业,主动适应经济发展新常态,深化创新创业教育改革,强化创新创业实践。一般而言,创新创业是指基于技术创新、产品创新、品牌创新、服务创新、商业模式创新、管理创新、组织创新、市场创新、渠道创新等方面的某一点或几点创新而进行的创业活动。创新是创新创业的特质,创业是创新创业的目标。创新创业既不同于单纯的创新,也不同于传统的创业,其核心在于创业活动中是否具有创新因素。对大学生生产劳动实践来说,"学优则创"强调的是,学而优则用,学而优则创;创新是创业的灵魂,专业是创新的依托。"让创新成为青春远航的动力,让创业成为青春搏击的能量",乃是这一实践活动的根本宗旨。

【实践目的】

通过"学优则创"项目,使大学生了解创新创业的思路与方法,帮助大学生激发创新创业热情,培养创新精神、创业意识、创造能力,在创新创业中增长智慧才干,在艰苦奋斗中锤炼意志品质;使大学生深化对专业学习和劳动、奋斗的认知,体验创新创业过程的艰辛及劳动创造带来的收获,深刻领会"创业维艰,奋斗以成""劳动是一切幸福的源泉""通过劳动创造更加美好的生活";引导学生进一步增强社会责任感,充分认识"创新是引领发展的第一动力",善于综合运用所学专业知识、技能,与我国经济社会各领域发展紧密结合,注重新理念、新技术、新工艺、新方法在促进产业升级、优化社会服务、方便消费生活等方面的深度融合和实际应用,培育新产品、新服务、新业态、新模式,以创新驱动创业,以创业引领就业。

【实践内容】

本劳动实践项目具有高阶性、挑战性和周期性,其内容主要为(但不限于)以下两个方面:

①结合自身专业特点和兴趣特长,策划、凝练创新创业项目,以团队的方式参加有关方面组织的各类创新创业活动或比赛项目,如教育部等主办的中国"互联网+"大学生创新创业大赛、科技部等主办的中国创新创业大赛、共青团中央等主办的"创青春"全国大学生创业大赛,以及各省、市和高校举办的大学生创新创业大赛。

---

[1] 习近平. 致2013年全球创业周中国站活动组委会的贺信[N]. 人民日报,2013-11-09(1).

②结合自身专业特长和未来职业发展，进行充分、精准的市场调研，以某项具有良好市场前景的创新创业项目，如技术研发、商业模式、产品服务、管理运营、市场营销、工艺流程等，作为团队创业就业的依托形式。

[实践要求]

前期工作

以参加创新创业大赛为例，对该实践活动的前期工作作简要介绍。

①制定本项劳动实践活动的实施方案，明确实践目标、劳动内容、成果形式、实践要求等。

②认真学习有关创新创业大赛的通知，了解其细则及要求，包括赛程安排（初赛、复赛、决赛）、参赛对象、项目要求、参赛方法、评审规则、奖项设置等。

③进行充分、翔实的市场调研，分析项目目标市场容量及市场前景，注重项目运行、财务管理和盈利模式的合理性、可行性，以及预期效益、市场竞争、运营风险、可提供的就业岗位等。

④明确本项目创新创业团队任务分工、指导教师、投融资方案、盈利模式、创新创业场地等。

⑤了解有关大学生创新创业的支持政策，如鼓励大学生创新创业的资金支持和政策保障、税收减免的优惠政策、大学生创业指导服务等。

活动流程

以参加创新创业大赛为例，简要介绍该实践活动的流程。

①结合大学生不同学科背景及专业特长，组建创新创业团队，凝练创新创业项目。

②搜集资料，在教师的指导下进行研讨，按照创新创业大赛的要求，结合评审规则，策划、撰写商业计划书文案。

③完善、优化商业计划书，进行赛前模拟汇报、答辩。

④依照创新创业大赛规则要求，在指定场地进行项目展示及答辩。

实践成果

①本项生产劳动实践结束后，撰写实践报告，并在班级进行汇报交流。

②提交本团队参赛的商业计划书及有关参赛的照片、获奖证书等，并以实物和图片展览、新媒体等形式进行成果展示。

注意事项

①"学优则创"为集体项目，学生可跨专业组建团队，团队成员要端正态度、服从指挥、密切配合、分工协作。

②创新创业项目绝非轻易能完成的。团队成员要十分重视项目选题的锤炼和

第四章 劳动实践

推敲,对商业计划书中各项内容要把握可靠的一手材料,分析要合理,同时注重在商业模式、产品服务、管理运营、市场营销、工艺流程、应用场景等方面取得突破和创新。

③现场汇报项目内容时要表述清晰、重点突出,尤其要侧重本项目创新的部分;回答评委提出的问题时要沉着冷静,抓住问题的要义和评委出题的意图,避免答非所问。

④创新创业实践要充分体现专业教育与创新创业教育的结合,以及团队成员所学专业知识和技能在项目和相关创新创业活动中的转化与应用。

结果评价

活动评价表

操作阶段	配分	评价内容与评价标准	自我评价	教师、同学、家长评价
策划阶段	25 分	参与活动全过程(10 分)		
		积极主动,献计献策(5 分)		
		提出建设性、可操作性意见(10 分)		
准备及宣传	20 分	物品筹备(5 分)		
		对外宣传(5 分)		
		对外协作沟通(10 分)		
活动开展	35 分	完成自己的任务(5 分)		
		促进活动关键节点的推进(5 分)		
		发现问题解决问题的能力(10 分)		
		能合理调配资源(10 分)		
		活动现场气氛调动(5 分)		
总结	20 分	经验教训(10 分)		
		整体策划有创新意识(10 分)		
总计		100 分		

四、实习与劳动

实习就是在实践中学习。我们可以通过实习来检验自己所学的理论知识是否能应用到实际操作中,也可以通过实际操作来巩固我们对理论知识的认识和理解。因此,我们应该重视实习,并端正在实习过程中的劳动态度,以求通过实习提高自身素质。

（一）实习的作用

实习是指大学生在校期间到企业的具体岗位上参与实践工作的过程。这一过程无论是对大学生还是对企业而言，都具有积极作用。

1. 实习对大学生的作用

对大学生而言，首先，实习过程中首先可以锻炼自己的动手能力和劳动实践能力，可以检验自己所学的理论知识能否正确运用到实践当中，同时也可以通过实践来检验书本知识的正确性和自己对知识的了解程度。大学生在实习过程中，充分将理论知识与实践操作相融合，可以进一步巩固所学知识，提高综合运用知识的水平，培养发现问题、解决问题的能力，增强自己的动手能力和实践能力。

其次，在实习过程中大学生可以更广泛地接触到现实社会、了解社会需要、加深对社会的认识、增强对社会的适应性，可以将自己更好地融入社会中去，缩短从一名大学生到一名工作人员的思想与业务距离，为以后真正走入社会打下基础。

另外，大学生在企业的实习过程也是了解该企业的过程。大学生在实习过程中不仅能够了解到企业的组织结构、部门职能、企业文化，还能够了解企业的工作流程等，这些知识都是无法在学校中学习到的，对大学生未来的职业规划有非常重要的指导作用。

见习与实习不同，见习是由各级政府的相关部门组织离校后未就业的高校毕业生到企事业单位实践训练的就业扶持措施。见习期限一般为6个月，最长不超过一年。高校毕业生就业见习结束后，见习单位对高校毕业生进行考核鉴定，出具见习证明，用人单位以该证明作为招聘和选用见习高校毕业生的依据。

2. 实习对企业的作用

对企业来说，为大学生提供实习岗位的同时，可以观察大学生的潜在能力，并从中寻找到符合企业要求的潜在人才。同时，刚毕业的大学生便于管理，人力成本也相对较低，更重要的是为大学生提供实习岗位还能提高企业知名度，有利于企业的品牌传播。

📖 **案例阅读**

一位实习老师的故事

小王是某小学五年级的实习班主任，在为期两周的实习中，他收获颇丰。

第四章 劳动实践

以下是实习期间一些令他难忘的事。

小王参加实习不久，小王所在的年级组便计划举行一个与春节有关的主题活动，在活动的前一天，年级组组长李老师给包括小王在内的5位实习生布置了任务，要求他们根据活动内容做好课件并主持主题活动。第二天一早，实习生们便马不停蹄地开始了工作。在大家的共同努力下，课件做好了，但主持工作却没有主动请缨的。小王其实很想体验一次主持人的工作，但又不好意思主动开口，思来想去，他觉得这次实习机会非常难得，还是应该主动挑战主持的任务。最后，小王毛遂自荐，不仅接下了主持的活儿，还包办了编写串词。下午，活动如期开始，小王上台后非常紧张，刚开始只是十分生硬地讲完串词内容。但是，随着一个个节目不断表演完成，小王逐渐轻松自如起来，串词一次比一次说得好，说得风趣生动，有时还说起了串词以外的故事，让现场直接沸腾起来！活动结束后，小王得到了大家的一致赞誉，其中一位实习生还对他说："我觉得你是天生做老师的料！"

作为一名实习班主任，小王将工作重点放在了对学生的学习教育上，但有一次班里进行大扫除，小王发现有的学生打扫得特别慢，扫得也不是很干净。正在小王发愁的时候，李老师过来了，只见她拿起扫把给学生示范如何扫地，然后又拿起拖把教学生拖地。小王这才反应过来，老师不仅应该在学习上言传身教，在劳动活动中也应该亲自示范。

小王说："通过实习，我不仅学到了怎样更好地去上一堂课、怎样管理班级，还学到了怎样与人交往、怎样为人师表。"虽然他在实习期间付出了很多，感觉很累，但收获更多，感觉更加充实与快乐！

在实习的这段日子里，小王与大家共事、交流，感受作为老师为学生们上课的乐趣。

资料来源：何健勇. 劳动教育指导手册 [M]. 北京：机械工业出版社，2022：127.

点评：实习是大学生体验社会、体验工作的好机会，大学生应该充分把握这个机会，去理解工作、理解社会，将自己塑造成更优秀的人才。小王充分利用实习这个机会，不仅挑战了自己，还更加深刻和全面地认识了教师的工作，这次体验对小王以后从事教师职业有非常大的帮助。

（二）实习阶段

实习并不一定都发生在大学生即将毕业或毕业后的阶段。一般而言，应用学科学生实习的目的在于熟悉生产实际情况、积累经验、掌握生产技术，因而他们的实习次数较多，时间较长；理论学科学生实习的目的在于了解实际生产的一般情况，验证所学理论的应用情况，并学习一定的操作技术，因而他们的实习次数较少，时间较短。

以应用学科为例，高等学校工科专业的实习体系较为完整，可以包括以下几个阶段。

1. 认识实习

目的在于使大学生全面了解生产的一般过程、有关企业的一般情况，这一阶段的实习一般安排在大学一、二年级尚未学习专业课之前进行，为专业学习做准备。

2. 专业实习

大学生在学习一定的专业知识后，到生产现场参加实际工作，巩固加深专业知识，并学习生产技术，初步具备解决基础问题的实践能力。

3. 毕业实习

在大学生毕业之前进行，大学生综合运用全部专业知识及有关的基础知识，解决生产技术问题，进一步掌握生产技术。毕业实习的目的在于培养大学生组织生产、独立工作及初步的科学研究能力。

（三）实习态度

实习是大学生步入社会前比较重要的体验工作岗位、体验社会的机会，因此，大学生应该抱着正确的态度参加实习、参与劳动。

1. 重视实习

实习是对大学生而言非常重要的一个机会，大学生应该重视实习，为实习做好各方面的准备工作，保证自己参与实习时能够达到最佳状态。有的大学生不太看重实习，报以轻视的态度；有的大学生甚至对实习嗤之以鼻，觉得实习完全是浪费时间。这些态度都是错误的。我们只有充分重视实习，才能在实习中学到很多有用的知识和技能，提高自身的素质与能力。

2. 勇于尝试

实习中我们需要面对全新的环境、全新的机器设备、全新的操作技能。在这种情况下，有的大学生会变得畏首畏尾，不敢去尝试。实习讲究的是实践，如果不亲自动手，就无法真正体会到劳动所需要的技能。实际上，在指导人员的陪同下，我们只要严格遵守操作流程和相关规定，就足以完成实习要求的劳动任务。只有勇于尝试，我们才不算浪费实习的机会；只有勇于尝试，我们才能锻炼自己的实践能力；只有勇于尝试，我们才能增长见识。

第四章　劳动实践

3. 积极劳作

有些实习劳动不可避免地会面对油污、烟尘等环境，部分大学生在这种环境下会变得消极，主要原因就是怕脏怕累。面对这种情况，我们应该调整好自己的心态，树立正确的劳动价值观，敢于挑战自我，不怕脏不怕累，积极主动地参与到实习劳动当中。

案例阅读

小青和小兰

小青和小兰是同学，她们一同进入一家法院实习，然而，两人对待实习的态度却大相径庭。

小青除按时完成领导交代的工作以外，还会勤奋学习卷宗的归档方法，将材料输入立案系统，跟着同事一起跑现场，学习民事调解的方法和技巧。

小兰呢？书记员让她整理一本卷宗，她从早上上班整理到晚上下班都没有完成，原来她将精力全耗费在玩手机上了。法官和书记员在场的时候，小兰还能象征性地看看卷宗，等人一走，小兰就掏出手机开始玩。这还不够，小兰总会提前 1 小时下班，理由是离学校太远，她还需要重修没考过的课程。

就这样，每当小青筋疲力尽地回到学校宿舍时，小兰已经洗完澡，舒舒服服地躺在床上吃着零食、看着手机上的电视剧了。小兰告诉小青："你刚进法院要学会偷懒，你越勤奋，将来你受的累就越多。"

小青对小兰的这番话不以为然，小青觉得刚踏上社会更应该勤快刻苦；不管别人怎么看，对自己来说，勤奋是能够学到许多丰富和有用的知识的。那时候小青的朋友圈背景图显示的是一个人在夜间努力地奔跑，文字写的是"星光不问赶路人，时光不负有心人，你的坚持，终将美好"。对常人来说，这可能只是一句心灵鸡汤；可对小青来说，这就是她的真实写照。

短短两年，小青从一名稚嫩的实习生成长为法院的骨干人员，而小兰实习半年后就被辞退了。

资料来源：何健勇．劳动教育指导手册 [M]．北京：机械工业出版社，2022：63.

点评：实习态度决定了我们的劳动态度，更对职业道德的形成有直接影响。我们应该以懒惰为耻，以努力拼搏为荣，充分利用实习阶段学习更多的知识来提升自己。

4. 实习安全

安全是我们在实习中必须注意的问题。无论是生产操作还是饮食、交通，各个方面的安全都需要我们留心，否则就可能酿成大错。

（1）遵纪守法。

在外实习期间不饮酒、不赌博、不参与封建迷信活动；克制情绪，严禁打架斗殴；遇到突发事件及时报警，确保自身生命安全不受侵害。

（2）工作安全。

听从单位领导安排，遵守单位安全规章制度；严格按照操作规程操作，防止机器设备损坏或出现人身伤亡事故；上班时谨言慎行，不轻言允诺工作以外的不当要求，谨慎处理不熟悉同事的邀约。

（3）食品安全。

尽可能在家或在实习单位食堂就餐，不食用不干净、过期变质或来源不明的食物，以防食物中毒；注意各种疾病，特别是预防季节性传播疾病；实习期间发生疾病应到正规医院就诊。

（4）交通安全。

自觉遵守交通规则，不酒后或无证驾驶机动车；注意乘车安全，保管好自己的钱包和贵重物品；过马路要留心车辆，不因时间紧急而违反交通规则。

（5）人身安全。

妥善保管好自己的各种证件；不轻信陌生人，若遇紧急情况要第一时间报警；不贪图小便宜、不相信一夜暴富的神话，以免误入歧途。

 案例阅读

实习安全必须重视

小周是某高校学生，毕业后在某地铁运营有限总公司实习，负责地铁4号线某站内扶梯的开关和巡视等工作。

由于站内扶梯出现异响，公司打电话请电梯公司派相关人员前来检查和维修，电梯公司委派陈某前来维修。待最后一班地铁到站后，陈某关闭站内扶梯，进入电梯内部着手检查，但由于时间关系，当天晚上没有完成维修工作，于是陈某在第二天早上继续进入电梯内部完成维修工作。

小周早上来到地铁站上班，他从电梯下方看到电梯上没有人，就用钥匙接通电梯电源，让电梯开始运行。电梯刚一运行就听见上面有人大喊赶紧关闭，小周急得赶忙将电梯停运。不幸的是，陈某已经当场死亡，之后的尸体检验报

第四章 劳动实践

告证实，陈某属于机械性窒息死亡。

按照地铁公司规定，员工在开动电梯前，必须确保设备情况正常，应查看电梯有无人员及杂物。小周由于自己的大意，造成了陈某死亡。最后，小周以重大责任事故罪被提起公诉，法院以操作失误致使陈某机械性窒息死亡，判处小周有期徒刑1年，缓刑1年。

资料来源：何健勇. 劳动教育指导手册[M]. 北京：机械工业出版社，2022：94.

点评：小周由于在实习期间没有按公司规定操作扶梯，导致陈某死亡，并承担了相应的刑事责任。这一案例告诉我们，于公于私，于人于己，在实习过程乃至今后上岗中都必须重视安全，以免造成追悔莫及的事故。

五、实训与劳动

与实习相比，实训更强调培训，更强调锻炼大学生的劳动技能和岗位技能，最终全面提高大学生的职业素质，达到大学生满意就业、企业满意用人的目的。

传统课堂教学以教师讲授为主，在教学过程中以教师为中心，教学效率高，更适合理论类课程的教学。实习是把大学生安排到工作岗位中，让大学生在工作中学习，实习更适合以动手操作为主的职业训练。实训则结合了二者的优势，在教学过程中模拟实际工作环境，采用真实工作项目的实际案例，理论结合实践，强调大学生参与式学习，使大学生在专业技能、工作方法、团队合作等各方面的素质都能得到提高。

（一）实训的概念

实训是将大学生在企业等用人单位实习的外部模式转换为学校教育的内部模式。例如，某高校与某企业展开合作，将大学生安排到该企业的工厂中操作机床，这就是典型的岗位实习。如果该学校将机床搬入校园，并根据企业对人才的需求，自主研发针对大学生的课程，引入拥有企业从业背景和丰富实践经验的实训教师，运用目前企业的真实项目来实施案例教学，这就是实训。可见，实训就是在校园内部营造外部企业的环境，让学生在校园内学习真实企业生产管理内容的一种教学模式。

（二）实训的关键

实训可以在学校内部营造出真实的企业环境。大学生在实训时，要充分利用好这种环境，提高自己的能力。而要想达到这个目的，关键在于以下4点。

1. 营造心理环境

学校在安排、布置实训场所时，会尽量模拟出真实的职业环境；在选择设备、工具时，也会尽可能地贴近真实职业中使用的设备和工具。在此基础上，大学生需要从心理上营造出在真实企业工作的氛围，从职业角度来对待实训内容，这样才能提高实训功效。

2. 创新实训思维

例如，调试和维护数控机床时，我们可以主动探索机床的某种状态或某些故障，然后在征得实训教师同意后，尝试将机床调整为这些状态，或让机床产生故障并加以解决。这样有利于增强实训的效果，促进我们手脑并用，均衡发展。

3. 强调应用和规范

在实训中我们应该强调按行业规范进行操作。例如，电气工程学科的大学生在实训时，可以训练多层民宅的通道照明线路、抢答器线路、机床控制箱某一部位线路的设计或调试等内容，并针对行业应用和相应规范进行操作，这样大学生在毕业后就可以与真实电工操作环境无缝对接，短时间内就能在岗位上得心应手。

4. 加强技能训练

实训注重的是实操，强调发现问题、解决问题的能力。因此，大学生在实训中应加强技能训练，充分练好基本功，使主要技能达到独立操作和熟练运用的水平，并通过长期不断积累，提高自身的综合技能水平，这样才能在应对工作中的各种问题时更加得心应手。

（三）在实训中提升职业认同感

职业认同感一般是在长期从事某种职业活动的过程中，对该职业活动的性质、内容、职业社会价值和个人意义，甚至对职业用语、工作方法、职业习惯与职业环境等都极为熟悉和认可的情况下形成的。

职业认同感是我们努力做好本职工作的心理基础。在实训中，我们也需要尽可能地产生并提高职业认同感，因为这不仅与提升职业素养和劳动技能有关，还有助于树立正确的劳动价值观。当大学生通过自己的能力在实训中顺利完成某项任务后，就能够体验到成就感和自豪感。

更重要的是，大学生在实训中强化了职业认同感，可以有效地避免以后在真实岗位中出现职业倦怠心理，为实现自己的职业规划提供了一定保障。

第四章 劳动实践

📖 案例阅读

在实训中加工工厂所需的零件

某高校与某企业进行合作，学校租用企业的加工设备，在校园内部开设产品加工实训课程。同学们在企业专业技术人员的带领下，开始熟悉设备的使用方法、产品的加工流程等专业知识。一段时间后，小张所在的小组被临时安排加工一种黑色套管产品，技术人员告知小组成员，该产品是企业目前急需的一种零件，希望大家认真操作，制作出符合生产要求的产品。

该组同学意识到这次实训的重要性，大家不仅有了紧张感，还有了证明自己的兴奋感。工作刚开始时，大家的加工效率不高，如产品缺胶、出现色差、出现气纹等质量问题层出不穷。但随着不断熟悉操作方法和工艺流程，同时在技术人员的不断指导下，该组同学工作起来越来越得心应手了。最终，该组同学顺利完成了指定的任务，他们加工出的黑色套管产品完全符合企业要求，他们在得到企业肯定的同时，还收获了一定的劳动报酬。

通过这次实训，小张和小组内其他同学都认识到了劳动的好处，认识到了团队合作的强大力量，也认识到了为集体做贡献是多么自豪！有了这段经历，小张决定要多参加实训，体验真实的职业劳动，不仅从技术上锻炼自己，还要通过实训树立正确的劳动价值观和劳动精神，为日后踏上社会奠定基础。

资料来源：何健勇. 劳动教育指导手册[M]. 北京：机械工业出版社，2022：52.

点评：小张所在的小组在实训过程中临时接到了一项紧急任务，使这次实训的内容变得更加职业化。面对这种情况，该组同学通过不断学习和努力，成功完成了任务，超前学习到了更多的知识。

实践思考

小组讨论1

讨论主题：我们应该如何参与到实习当中？

讨论内容：

①你认为实习对你有什么好处？

②你会对实习抱有什么样的态度？

③你认为实习过程中有哪些安全问题需要注意？

小组讨论2

讨论主题：实训是否重要？

讨论内容：

①实训与实习的差别在哪里？

②你觉得在实训中应该怎样做才能更有效地提升自己？

③你认为实训能够提高职业认同感吗？

第三节 服务性劳动

课前导读

基层工作历练出拼命三郎

小伟从小就胸怀大志，在大学期间更是立志要闯出一片天地。大学毕业后，小伟积极参加当地"三支一扶"大学生志愿者选拔活动。成功录取后，小伟被分配到某镇人民政府扶贫办工作。

在服务期，小伟勤奋好学、刻苦钻研，短时间内就完全熟悉了省市县下达的关于脱贫攻坚方面的政策文件，并熟练掌握了"全国扶贫开发信息系统"的各项功能和操作方法。在小伟服务期的3年中，该镇贫困对象数据质量连续3年居于全县先进行列，多项指标在全县排名第一，贫困户档案资料规范整理水平全面提高，在全市交叉检查中，该镇档案规范化建设工作获得了市检察组的高度肯定。

小伟刚到该镇人民政府扶贫办的时候正值冬天，当时的扶贫办只有两个人。为了做好贫困户的结对帮扶工作，小伟努力工作，协调帮扶单位与村委会配合提供结对帮扶名单，并将名单准确、无误地录入系统。在一间没有取暖设备的办公室里，小伟不畏严寒，即使感冒发热也毅然坚持，没有向领导请一天假，没有叫一次苦，最终顺利完成了工作任务。

服务期第3年，小伟与镇扶贫办的同志组织全镇24个村统一整理村级档案，早上准备材料，中午、下午、晚上连开3场培训会。考虑到人多培训效果不好，各村干部对培训内容接受程度不一样等情况，原本可以一起开的会，小伟硬是把它分成了3次来开，宁愿自己多讲两遍，也要保证会议质量。培训结束时，小伟的声音已经嘶哑，但他晚上12点又去查看村干部的整理情况，第二天还分别到10个贫困村进行指导，查漏补缺，确保档案不缺资料，数量、数据、信息准确。

服务期满后，凭借优秀的工作业绩和积极向上的工作态度，在征得小伟同意后，他被专门抽调至某县脱贫攻坚领导小组办公室信息中心工作，负责信息管理、数据质量管理、档卡建设等工作。为了迅速提高业务水平、提高服务全县的工作能力，小伟继续发扬勤学苦练的精神，深入分析数据审核规则，研究发现数据问题的高效方法。功夫不负有心人，年底在全省省级数据审核评比中，该县数据质量位居全市第一名。

资料来源：何健勇. 劳动教育指导手册[M]. 北京：机械工业出版社，2022：172.

点评：大学生下基层进行帮扶工作并不是"屈才"，相反，在基层可以更好地磨炼自己。小伟也是通过不断在基层进行数据整理工作，才磨炼出了更高的技术能力、更坚定的工作决心及更优秀的工作态度。通过基层锻炼，小伟走上了更高的岗位。

一、社会服务

（一）三支一扶

"三支一扶"是指大学生在毕业后到农村基层从事支农、支教、支医和扶贫工作。"三支一扶"是毕业生基层落实政策，该政策于2006年正式实施，有效地缓解了高校毕业生的就业问题。

1. 招募政策

"三支一扶"政策招募的对象主要为全国普通高校应届毕业生，且要求毕业生身体健康、成绩合格、政治素质好，具有敬业奉献精神，遵纪守法，作风正派。招募工作以"公开、平等、竞争、择优"为原则，并保证招募一定比例的家庭经济困难学生。

招募工作主要按照"汇总计划—组织招募—确定人选—培训上岗"的程序执行。

（1）汇总计划。

省级工作协调管理办公室在每年4月底前，收集和汇总乡镇一级教育、农业、卫生、扶贫等基层岗位需求信息，并上报全国"三支一扶"工作协调管理办公室，同时面向社会公开发布。

（2）组织招募。

各地在每年5月底前根据下达的招募计划和实际情况，采取考核或考试的方式进行招募。

（3）确定人选。

省级工作协调管理办公室组织审核体检合格的"三支一扶"大学生签署《高校毕业生"三支一扶"计划协议书》，于每年6月底前将"三支一扶"大学生名单上报全国"三支一扶"工作协调管理办公室备案。

（4）培训上岗。

各地组织"三支一扶"大学生进行上岗前的集中培训，培训内容主要涉及党和国家有关基层工作，特别是农业、教育、卫生、扶贫方面的方针政策，以及本地区基层工作的现状、拟服务单位和岗位的基本情况、乡镇共青团有关工作业务等，并在每年7月底前派遣"三支一扶"大学生到服务单位报到。

2．服务政策

"三支一扶"政策要求各地及有关部门要高度重视并积极制定和完善有关政策规定，切实做好"三支一扶"大学生的管理服务工作，具体体现在户档管理、日常管理、考核管理和经费保障4个方面。

（1）户档管理。

服务期间，"三支一扶"大学生户口统一由省级工作协调管理办公室指定的有关机构管理，也可根据本人意愿将户口转回入学前户籍所在地，公安机关应按规定为其办理落户手续。人事档案原则上统一转至服务单位所在地的县级政府人事部门，党团组织关系转至服务单位。对服务期间积极要求入党的，由乡镇一级党组织按规定程序办理。

（2）日常管理。

服务单位要负责为"三支一扶"大学生安排工作岗位，提供必要的生活条件，承担其日常管理工作，并根据工作需要积极为其提供业务培训机会。团县委要在每个接收"三支一扶"大学生的乡镇择优选拔1～2名条件适宜的大学生兼任乡镇团委副书记，并负责协调落实相关任职程序。领导小组成员单位及协调管理办公室要引导并教育"三支一扶"大学生遵纪守法，服从分配，虚心学习，联系群众，自觉遵守服务单位的各项规章制度，接受服务单位的管理，充分运用掌握的知识和技能为基层群众服务。

（3）考核管理。

县级政府人事部门负责"三支一扶"大学生年度考核和服务期满考核工作，凡兼任乡镇团委副书记的大学生，由团县委会同乡镇党委负责考核其担任团干部期间的工作情况，并将考核材料汇总报送县级政府人事部门；考核情况存入本人档案，并报省级工作协调管理办公室备案。服务期满考核合格的，经省级工作协调管理办公室审核，颁发由人事部统一印制的《高校毕业生到农村基层服务证书》，作为服务期满后享受相关优惠政策的依据。"三支一扶"大学生应按照规定期限完成服务工作，由于身体状况等特殊原因不能继续服务的，须经省级工作协调管理办公室批准，并履行有关手续。

（4）经费保障。

"三支一扶"大学生的服务期限一般为2～3年，工作期间给予一定的生活、交通补贴，统一办理人身意外伤害保险和住院医疗保险。

3．优惠政策

各地及有关部门要重视和做好服务期满"三支一扶"大学生的就业工作，通过多种形式和渠道积极为大学生提供就业条件。同时，服务期满且获得《高校毕业生到农村基层服务证书》的"三支一扶"大学生，可以享受以下优惠政策：

①"三支一扶"大学生原服务单位有职位空缺需补充人员时，应优先考虑接收服务期满且考核合格的"三支一扶"大学生。县、乡各类事业单位有职位空缺需补充人员时，也应安排一定职位专门招聘这部分毕业生。

②服务期满自主创业的，可享受行政事业性收费减免、小额贷款担保和贴息等有关政策。

③应届毕业生自愿到国家需要的艰苦地区、艰苦行业基层工作，服务达到国家规定年限，并符合相应条件的，可享受国家助学贷款代偿政策。

④"三支一扶"大学生报考党政机关公务员的，可以通过适当增加分数及其他优惠政策，优先录用。到西部地区和艰苦边远地区服务2年以上，服务期满后3年内报考硕士研究生的，初试总分加10分，同等条件下优先录取。对于已被录取为研究生的应届高校毕业生参加"三支一扶"项目的，学校应为其保留学籍。

⑤各级人事、教育、农业、卫生、扶贫等部门应积极吸纳"三支一扶"大学生进入本系统工作。各级人事部门要为"三支一扶"大学生建立专门的人才库，广泛收集各类用人单位的岗位需求信息，动员各类用人单位接收"三支一扶"大学生，有针对性地提供就业指导和推荐，帮助其落实就业单位。

⑥根据"三支一扶"大学生本人意愿，可以回到原籍或到其他地区工作，凡落实了接收单位的，接收单位所在地区应准予落户。"三支一扶"大学生进入国有企事业单位的，由接收单位按照所任职务比照同等条件人员确定其职务工资标准，其服务期限计算为工龄。在今后晋升中高级职称时，同等条件下优先评定。

4．"三支一扶"政策的价值和意义

大学生要正确对待"三支一扶"政策，就需要理解"三支一扶"政策的价值和意义。具体来说，"三支一扶"政策的价值和意义体现在以下4个方面：

①有利于引导大学毕业生到艰苦地区、到基层建功立业，引导大学生结合个人理想和现实需要，树立正确的人生观、世界观和价值观。

②有利于促进农村教育、卫生、农业与扶贫等社会事业的发展，改善当地的人才队伍结构，为基层建设增添新的活力。

③有利于缓解大学毕业生的就业压力，帮助大学生深入了解国情、了解社会，帮助大学生树立行行建功、处处立业的观念。

④有利于培养造就一批既有现代科学文化知识，又有基层工作经验和强烈社会责任感的优秀青年人才队伍，为推动我国经济社会的全面发展提供人才基础。

总体来说，"三支一扶"政策给广大有抱负、有志向的年轻人提供了一个施展才华的舞台，虽然服务期满后"三支一扶"大学生仍需要重新择业、就业或创业，但通过服务期的锻炼，这些大学生将具备丰富的基层工作经验及坚强的意志，并且从"三支一扶"服务期走出来的大学生拥有比其他未在基层工作过的大学生更多的就业、创业机会。

因此，对广大大学生来说，应该抓住机遇，多到基层历练，积累基层工作经验，为就业做好准备。

▍课堂讨论

讨论主题："三支一扶"政策有什么作用？

讨论内容：

①你了解"三支一扶"政策吗？

②你认为"三支一扶"政策有什么作用？

③你愿意到基层锻炼吗？说说你的理由。

讨论总结："三支一扶"政策为大学生提供了一个很好的舞台，通过这个舞台，大学生可以更好地锻炼自己各方面的素质，最终为实现自己的人生抱负打下良好基础。

（二）西部计划

"大学生志愿服务西部计划"（以下简称"西部计划"）是国家在2003年开始实施的一项重大人才工程，主要由共青团中央、教育部、财政部、人力资源和社会保障部共同组织，其目的是按照公开招募、自愿报名、组织选拔、集中派遣的方式，每年招募一定数量的普通高等学校应届毕业生或在读研究生，到西部基层开展为期1～3年的教育、卫生、农技、扶贫等志愿服务。

项目实施以来，一批批青年学生踊跃报名西部计划，投身西部地区基层工作，在全社会唱响了到西部去、到基层去、到祖国和人民最需要的地方去建功立业的时代旋律。

1. 招募政策

西部计划的招募政策涉及确定招募指标、宣传动员、选拔标准、报名时间和方式、选拔方式和流程等一系列工作。

（1）确定招募指标。

全国项目办根据历年招募情况和国家对口帮扶、对口援疆、对口援藏等机制，建立相关省份对口招募机制，并明确各服务省（西部计划支援的目标省份）省内招募指标、对口招募省（招募志愿者的省份）招募指标。各招募省可在招募总指标 10% 内进行自主调整，以解决部分志愿者个性化的服务需求。

（2）宣传动员。

各招募省项目办、服务省项目办、高校项目办按照当年全国项目办已部署的西部计划年度招募宣传工作要求，通过多种方式进行宣传，使广大高校应届毕业生和在读研究生全方位了解西部计划，踊跃报名参加。

（3）选拔标准。

普通高等学校应届毕业生或在读研究生，到岗之前获得毕业证书或学位证书，并通过西部计划体检的人才为可招募和选拔的对象。其中，有志愿服务经历的优先录用。

（4）报名时间和方式。

每年 6 月前（具体时间依照当年规定为准），高校毕业生可登录西部计划官网，在西部计划报名系统进行注册、填写报名表并选择 3 个意向服务省。下载打印报名表后，经所在院系团委审核盖章，交所在高校项目办（设在团委）审核备案。

（5）选拔方式和流程。

本招募省项目办负责本省（区、市）报名志愿者的选拔统筹工作，可单独或会同指导报名学生所在高校项目办开展审核、笔试、面试、心理测试等选拔工作，做好入选志愿者集中体检及公示，并加强与服务省项目办的沟通协调。

2. 优惠政策

按照国家相关规定，参与西部计划的志愿者可享受一定的优惠政策，具体如下：

①服务 2 年以上且考核合格的，服务期满后 3 年内报考硕士研究生的，初试总分加 10 分，同等条件下优先录取。

②参加西部计划项目前无工作经历的志愿者服务期满且考核合格后 2 年内（研究生支教团志愿者自研究生毕业时开始计算），在参加机关事业单位考录（招聘）、各类企业吸纳就业、自主创业、落户、升学等方面可同等享受应届高校毕业生的相关政策。

③服务期满考核合格的，按规定符合相应条件的，可享受相应的学费补偿和助学贷款代偿政策。

④服务期满考核合格的，依实际服务年限计算服务期及工龄（参加工作时间

按其到基层报到之日起算），并在服务证书和服务鉴定表中体现。

⑤服务期满 1 年且考核合格后，可按规定参加职称评定。

⑥出省服务的和在本省服务的志愿者享受同等优惠政策。

3．资金保障与其他优惠

为方便西部计划志愿者更好地投入西部建设中，国家除了在政策上给予一定的帮助和扶持，还在资金和其他方面给予了一定的优惠。

①中央财政按照西部地区每人每年 3 万元（南疆四地州、西藏每人每年 4 万元）、中部地区每人每年 2.4 万元的标准给予补助，通过一般性转移支付体制结算方式拨付省级财政部门。地方各级财政统筹中央财政补助资金和自身财力，按月发放志愿者工作生活补贴，承担志愿者社会保险单位缴纳部分（个人缴纳部分从志愿者工作生活补贴中代扣代缴）。

②各地参照当地乡镇机关或事业单位从高校毕业生中新聘用工作人员试用期满后的工资收入水平，确定西部计划志愿者工作生活补贴标准，并为在艰苦边远地区服务的志愿者提供艰苦边远地区津贴。

③各地加强统筹协调和督促检查，确保为每名西部计划志愿者（含研究生支教团志愿者）落实社会保险。各地按照全国项目办有关要求，为每名西部计划志愿者（含研究生支教团志愿者）购买重大疾病、人身意外伤害等商业保险。有条件的地方可为志愿者办理补充医疗保险。

④县级项目办及基层服务单位应积极为志愿者提供交通、住宿和伙食等方面的便利，提高保障水平。有条件的地方可建立年度考核奖励机制或将志愿者纳入本单位年度绩效考核对象，按考核结果等次给予志愿者相应奖励。

⑤各服务省项目办应做好西部计划志愿者年度考核工作。优秀等次志愿者数量原则上不超过当期在岗志愿者人数的 20%，由全国项目办统一表彰。

⑥经全国项目办审批的地方项目志愿者，在升学、就业、工龄计算等方面与全国项目享受同等优惠政策。

课堂讨论

讨论主题：参加西部计划的意义。

讨论内容：

①你对大学生志愿服务西部计划有什么了解？

②你愿意参加西部计划吗？为什么？

讨论总结：西部计划带动了大批大学生奔赴祖国和人民最需要的地方去开展实践活动。大学生可以从中得到很好的锻炼，为今后的学习、工作和生活奠定基础。

（三）青年红色筑梦之旅

"青年红色筑梦之旅"活动是中国国际"互联网+"大学生创新创业大赛的重要子活动，并专门设置有"青年红色筑梦之旅"比赛，旨在鼓励广大青年学生扎根中国大地、了解国情民情、接受革命传统教育，用创新创业成果服务乡村振兴战略、助力精准扶贫脱贫，走好新时代青年的新长征路。

中国国际"互联网+"大学生创新创业大赛是由教育部与各地政府、各高校共同主办的比赛，大赛旨在深化高等教育综合改革，激发大学生的创造力，培养造就"大众创业、万众创新"的主力军；推动赛事成果转化和产学研用紧密结合，促进"互联网+"新业态形成，服务经济提质增效升级；以创新引领创业、创业带动就业，推动高校毕业生更高质量创业就业。大赛从2015年开始（第一届至第五届大赛名称为中国"互联网+"大学生创新创业大赛），每年举办一次，累计有490万名大学生、119万个团队参赛，覆盖了51个国家和地区，已经成为我国覆盖面最广、影响最大的大学生创新创业盛会。

1. 各届"青年红色筑梦之旅"活动回顾

"青年红色筑梦之旅"活动始于第三届中国"互联网+"大学生创新创业大赛，之后该活动成为各届中国国际"互联网+"大学生创新创业大赛的固定性活动。

（1）2017年"青年红色筑梦之旅"活动。

2017年"青年红色筑梦之旅"活动的两批参赛团队分别于4月21日至4月24日和7月14日至7月17日奔赴延安，通过大学生创新创业项目对接革命老区经济社会发展需求，助力精准扶贫脱贫。活动重点围绕"青春之歌""红色记忆""筑梦踏实"3个主题，通过寻访梁家河、走访"八一"敬老院、参观革命旧址、聆听专题辅导、开展青年乡村创客沙龙、举办乡村创客高峰论坛，学习和感受当地的精神财富，实地了解老红军、下乡知青们伟大而艰辛的青春"创业"史，为创业青年提供了一次继承延安精神、涵养创业精神、坚定文化自信的精神飨宴。

活动期间，全体队员给习近平总书记写信汇报了他们的收获和体会，表示要像习近平青年时代那样，立下为祖国、为人民奉献自己的信念和志向，把自己的创新创业梦融入伟大中国梦，以青春和理想谱写信仰和奋斗之歌。8月15日，习近平总书记给第三届中国"互联网+"大学生创新创业大赛"青年红色筑梦之旅"的大学生们回信，各地各高校迅速掀起了学习宣传贯彻习近平总书记重要回信精神的热潮。

（2）2018年"青年红色筑梦之旅"活动。

2018年"青年红色筑梦之旅"活动得到了更加广泛的推广，并引导更多青年学生扎根中国大地了解国情民情，在创新创业中增长智慧才干，在艰苦奋斗中锤炼意志品质，为中华民族伟大复兴的中国梦培养了有理想、有本领、有担当的热血青春力量。

2018年"青年红色筑梦之旅"活动由各省（区、市）教育厅（教委）负责，组织本地理工、农林、医学、师范、法律、人文社科等各专业大学生以及企业家、投资人等，以"科技中国小分队""幸福中国小分队""健康中国小分队""教育中国小分队""法治中国小分队""党的十九大宣讲小分队"和项目团队组团等形式，走进革命老区、贫困地区，接受思想洗礼、学习革命精神、传承红色基因，将高校的智力、技术和项目资源辐射到广大农村地区。组织团队到各自对接的县、乡、村和农户，从质量兴农、绿色兴农、科技兴农、电商兴农、教育兴农等多个方面开展帮扶工作，推动当地社会经济建设，助力精准扶贫和乡村振兴。

（3）2019年"青年红色筑梦之旅"活动。

2019年"青年红色筑梦之旅"活动的主要目标是持续推动形成"延安一把火，全国一片红"的发展态势，弘扬开天辟地的"红船精神"，立足红色传承、立足实际需求、立足强国建设，组织百万名大学生参与"青年红色筑梦之旅"活动，深入革命老区、贫困地区和城乡社区，接受思想洗礼，助力精准扶贫、乡村振兴和社区治理，用创新创业的生动实践汇聚起民族复兴的磅礴力量。

2019年，由各省级教育行政部门负责组织本地的"青年红色筑梦之旅"活动，做好需求对接、培训、宣传等工作，组织理工、农林、医学、师范、法律、人文社科等各专业大学生以及企业家、投资人、社会工作者等，以"科技中国小分队""健康中国小分队""幸福中国小分队""教育中国小分队""法治中国小分队""形象中国小分队""政策宣讲小分队"和项目团队组团等形式，走进革命老区、贫困地区、城乡社区，从乡村振兴、精准扶贫、社区治理等多个方面开展帮扶工作，推动当地经济建设、政治建设、文化建设、社会建设、生态文明建设，为全面建成小康社会、加快推进社会主义现代化建设贡献智慧。

（4）2020年"青年红色筑梦之旅"活动。

2020年"青年红色筑梦之旅"活动的主要目标是大力弘扬伟大改革开放精神，鼓励青年"敢闯敢试、敢为天下先"，走进革命老区、偏远山区和城乡社区，聚焦脱贫攻坚，用创新创业的生动实践书写无愧于时代的壮丽篇章。

2020年，由各省级教育行政部门负责组织本地的"青年红色筑梦之旅"活动，做好本地活动的需求对接、培训、宣传等工作，特别是根据52个未摘帽贫困县的科技、农业、环保等方面需求，结合各高校大学生项目团队自身的优势，助力脱贫攻坚，支持大学生开展线上创业就业。高校通过大学生创新创业训练计划项目、创新创业专项经费、师生共创、校地协同等多种形式，努力实现项目长期对接，推出一批帮扶品牌项目和帮扶示范区，发挥辐射带动作用；积极争取相关部门、地方政府、行业企业、公益机构、投资机构等各方支持，通过政策倾斜、资

第四章 劳动实践

金支持、设立公益基金等方式为活动提供保障。

（5）2021年"青年红色筑梦之旅"活动。

2021年"青年红色筑梦之旅"活动的主要目标是深入贯彻落实习近平总书记给第三届中国"互联网+"大学生创新创业大赛"青年红色筑梦之旅"大学生的重要回信精神，紧扣"建党百年"主题，大力弘扬跨越时空的伟大的井冈山精神，将红色教育、专业教育与创新创业教育相结合，贯穿"四史"教育，全面推进课程思政，厚植学生"爱党爱国"情怀；聚焦革命老区，开展公益创业，引导师生服务乡村振兴，在全国范围内打造一堂主题鲜明的思政大课、实践大课。

2021年"青年红色筑梦之旅"活动仍然由各省级教育行政部门负责组织，在跟踪调研往届"青年红色筑梦之旅"活动项目进展的基础上，做好需求对接、培训宣传及创造项目落地环境等工作。重点围绕科技、农业、环保等方面需求，结合高校大学生项目团队的优势，助力乡村振兴，支持大学生开展创业就业。高校通过大学生创新创业训练计划项目、创新创业专项经费、师生共创、校地协同等多种形式，努力实现项目长期对接，推出一批帮扶品牌项目和帮扶示范区，发挥辐射带动作用，助力农业农村现代化建设。

2. "青年红色筑梦之旅"赛道安排

"青年红色筑梦之旅"是中国国际"互联网+"大学生创新创业大赛中的一个赛道，每年的赛道安排不尽相同。以2021年"青年红色筑梦之旅"赛道安排为例，介绍如下：

中国国际"互联网+"大学生创新创业大赛采用"1+6"系列活动形式。"1"表示主体赛事，如高教主赛道、"青年红色筑梦之旅"赛道、职教赛道、萌芽赛道。"6"表示6项同期活动（每年活动内容不完全相同），如"智闯未来"青年红色筑梦之旅活动、"智创未来"全球创新创业成果展、"智绘未来"世界湾区高等教育峰会、"智联未来"全球独角兽企业尖峰论坛、"智享未来"全球青年学术大咖面对面、"智投未来"投融资竞标会。

（1）参赛项目要求。

①参加"青年红色筑梦之旅"赛道的项目应符合大赛参赛项目要求，同时在推进革命老区、贫困地区、城乡社区经济社会发展等方面有创新性、时效性和可持续性。

②以团队为单位报名参赛。允许跨校组建团队，每个团队的参赛成员不少于3人，原则上不多于15人（含团队负责人），须为项目的实际核心成员。参赛团队所报参赛创业项目，须为本团队策划或经营的项目，不得借用他人项目参赛。

③参赛申报人须为项目实际负责人，须为普通高等学校全日制在校生（包括本专科生、研究生，不含在职教育），或毕业5年以内的学生（即2016年之后的毕

业生，不含在职教育）。企业法定代表人在大赛通知发布之日后进行变更的不予认可。

（2）参赛组别和对象。

参加"青年红色筑梦之旅"赛道的项目，须为参加"青年红色筑梦之旅"活动的项目，否则一经发现，立即取消参赛资格。根据项目性质和特点，分为公益组、创意组、创业组。

①公益组。参赛项目以社会价值为导向，在公益服务领域具有较好的创意、产品或服务模式的创业计划和实践。参赛申报主体为独立的公益项目或社会组织，注册或未注册成立公益机构（或社会组织）的项目均可参赛。师生共创的公益项目，若符合"青年红色筑梦之旅"赛道要求，可以参加本组比赛。

②创意组。参赛项目以商业手段解决农业农村和城乡社区发展的痛点问题，巩固脱贫攻坚成果，助力乡村振兴，实现经济价值和社会价值的融合。参赛项目在大赛通知下发之日前尚未完成工商等各类登记注册。师生共创的商业项目不允许参加"青年红色筑梦之旅"赛道，可参加高教主赛道。

③创业组。参赛项目在大赛通知下发之日前已完成工商等各类登记注册。项目的股权结构中，企业法定代表人的股权不得少于10%，参赛成员股权合计不得少于1/3。如已注册成立机构或公司，学生须为法定代表人。师生共创的商业项目不允许参加"青年红色筑梦之旅"赛道，可参加高教主赛道。

（3）奖项设置。

①"青年红色筑梦之旅"赛道设置金奖50个、银奖100个、铜奖350个。

②"青年红色筑梦之旅"赛道设置乡村振兴奖、社区治理奖等若干单项奖，奖励对农村地区教育、科技、农业、医疗以及城乡社区治理等方面有突出贡献的项目。

③"青年红色筑梦之旅"赛道设置高校集体奖20个、省市优秀组织奖8个和优秀创新创业导师若干名，为获奖单位和个人颁发证书或奖牌。

案例阅读

高原红·川藏青光明行——眼健康救助公益项目

由林娜负责，姚王静、孙睦涵、郑郑、左菁菁、陈敏峰、陈航、陈国富、陈世佳等参与的高原红·川藏青光明行——眼健康救助公益项目，在第五届中国"互联网+"大学生创新创业大赛全国总决赛"青年红色筑梦之旅"赛道中获得了精准扶贫奖。

我国西部高海拔地区自然环境恶劣、紫外线辐射强烈，加之经济水平及医

第四章　劳动实践

疗资源受限，当地人民视觉损害情况尤为严重，但当地每百万人口只有16名眼科医生。温州医科大学学生林娜创建了"高原红"眼健康救助服务团队，致力于提升中国高原地区眼科医疗服务能力。

多年来，林娜团队走过多个省/自治区的16个县市，科普近30万人，检查2.6万例，屈光矫正3700例，进行复明手术2561例，发放眼镜2万副，直接为当地群众家庭增创收入3500万元。

林娜团队帮助建立起4所联合眼视光中心，培养眼科专业人员15名，分层次指导3 000余次，累计1.4万门诊量，手术664例，逐步形成全面的"造血"式眼健康公益模式，推动眼健康事业的发展。

林娜团队怀着"让人人看得清晰、看得舒适、看得持久！"的梦想，培养了多支"带不走的高原眼科医疗队"，走出一条可持续发展的公益之路。

资料来源：何健勇. 劳动教育指导手册[M]. 北京：机械工业出版社，2022：179.（有删改）

点评：林娜团队凭借积极的创新意识和先进的创新技术，将全程、全面的眼健康医疗服务体系带到了祖国偏远的贫困地区，守护了当地人民的眼健康，造福了一方百姓，为实现中国梦贡献了自己的力量。

课堂讨论

讨论主题："青年红色筑梦之旅"是什么活动？

讨论内容：

①你了解中国国际"互联网+"大学生创新创业大赛吗？

②你了解"青年红色筑梦之旅"比赛吗？

③你是否参加过或准备参加"青年红色筑梦之旅"比赛？

讨论总结："青年红色筑梦之旅"活动旨在鼓励广大青年学生扎根中国大地、了解国情民情、接受革命传统教育，用创新创业成果服务乡村振兴战略、助力精准扶贫脱贫，大学生应积极参与该活动。

（四）"三下乡"活动

"三下乡"活动于1997年开始在全国正式开展，该活动是指大学生将有关文化、科技、卫生方面的内容和知识在农村普及，以促进农村在文化、科技、卫生方面快速发展。

1."三下乡"活动的内容和意义

"三下乡"活动包括文化、科技、卫生等方面的下乡活动。其中，"文化下乡"包括图书/报刊下乡、送戏下乡、电影/电视下乡、开展群众性文化活动等；"科技下乡"包括科技人员下乡、科技信息下乡、开展科普活动等;"卫生下乡"包括医务人员下乡、扶持乡村卫生组织、培训农村卫生人员、参与和推动当地合作医疗事业发展等。

就政策层面来看,"三下乡"活动可以很好地结合建设小康、脱贫攻坚、发展经济等国家政策,让更多的人参与到为农村工作服务、为农民致富服务的劳动中去;就工作层面来看,"三下乡"活动可以更加方便地抓好集中活动,发挥示范作用,同时也要求相关部门和人员做好日常工作,满足农民的日常需要;从思想层面来看,"三下乡"活动可以更新农民的思想观念,提高其自身素质,增强他们的致富能力;从事业层面来看,"三下乡"活动培育农村文化市场,并可以通过多渠道、多形式的方式来引导和扶持农村文化科技卫生事业的繁荣发展。

大学生参加"三下乡"活动,可以将自己所学的先进知识在农村传播,可以紧密结合专业技术,在农村开展多种形式的先进科技文化知识宣讲活动。大学生参与新农村建设,可以为大学生了解中国国情开启一扇窗口,加强高等教育与新农村建设的联系,有益于高教体系建立有针对性和切合实际的促进新农村建设的策略和途径。同时,大学生还可以通过"三下乡"活动丰富自己的人生经历,提升自身的素质。

2."三下乡"活动安排

大学生"三下乡"活动一般安排在暑期进行,由各校校团委负责招募和报名事项。活动的内容每年都不相同,下面以 2020 年全国大学生志愿者暑期文化科技卫生"三下乡"社会实践工作为例进行说明。

(1)活动主题。

每一次"三下乡"活动都要确立活动主题,2020 年全国大学生志愿者暑期文化科技卫生"三下乡"社会实践工作的活动主题为"小我融入大我,青春献给祖国。助力脱贫攻坚,投身强国伟业"。

(2)主要内容。

2020 年全国大学生志愿者暑期文化科技卫生"三下乡"社会实践工作主要聚焦于疫情防控、复工复产、脱贫攻坚、乡村振兴、新时代文明实践、返乡实践等内容。

①助力疫情防控和复工复产。以学生专业技能为依托,在科学、精准、有效的防控措施保障下,鼓励学生参与社区防控排查、社会秩序维护、疫后心理疏导、医护子女辅导、便民利民服务、关爱留守儿童、参加生产劳动、典型事迹宣讲等实践活动,为战胜疫情和促进经济社会发展作出贡献。

②投身打赢脱贫攻坚战。在疫情低风险地区可以开展政策解读、实地调研、技能培训、医疗扶持、电商带货、就业服务、资源对接、信息服务、志智双扶、

第四章 劳动实践

推普助力脱贫等活动,帮助贫困地区群众解决实际问题,在参与打赢脱贫攻坚战中凝聚力量、贡献智慧。要注重讲好脱贫故事,展现变化历程,使大学生通过社会实践增强制度自信。

③参与乡村振兴战略实施。动员鼓励在校大学生投身乡村振兴,开展基础教育、医疗卫生、服务"三农"、青年工作、基层社会治理等领域的实践活动,帮助发展乡村产业、改善基础设施、美化乡村环境、促进公共服务、提升乡风文明、促进基层团的工作。

④参加新时代文明实践志愿服务。招募志愿者深入新时代文明实践中心建设试点地区,开展学习实践科学理论、宣传宣讲党的政策、培育践行主流价值、丰富活跃文化生活、持续深入移风易俗等志愿服务活动;倡导文明生活风尚,积极参与保护野生动物,宣传科学、健康、文明生活理念和生活方式,引导基层群众革除陋习、不吃野味,提高公众生态环保意识。

⑤开展返家乡社会实践。针对当前大多数学生在家学习的情况,有条件的地方可以探索开展返家乡社会实践专项,以政务实践、企业实践、公益实践、社区报到、兼职锻炼等主要方式,引导大学生了解国情民情,服务当地经济社会发展。

案例阅读

难以忘怀暑期"三下乡"社会实践活动

某师范大学在某年的"三下乡"活动中面向全校本科生和研究生招募了近千名志愿者,组建了41支队伍,利用暑期在各地开展活动。

他们走进革命圣地延安,向当地村民宣传党的十九大精神,义务为当地村民维修家电;他们走进学校,向孩子们介绍我国改革开放以来取得的伟大成就,并开展防溺水安全主题教育;他们走进民居,为当地居民带去慰问品和祝福,并开展了义务劳动;他们走进学院,向留学生普及丝路文化知识。他们还为老人做医疗服务,为聋哑人开展手语教学……

志愿者们在"三下乡"活动中收获颇丰,不仅真切地感受到亲情与民情,把学到的知识应用到实践中,做到真正学以致用,还收获了人民群众的真情实意,得到了人民群众的赞誉和祝福。

资料来源:何健勇. 劳动教育指导手册[M]. 北京:机械工业出版社,2022:70-71.

点评:"三下乡"活动是大学生增长阅历的有效途径,参加该活动不仅能锻炼自己，还能帮助他人、帮助社会。大学生应该积极参与"三下乡"活动，在活动中不断成长！

课堂讨论

讨论主题："三下乡"活动的意义。

讨论内容：

①"三下乡"是什么样的活动？

②"三下乡"活动一般在什么时候进行？谁负责招募和报名？

③你参加过"三下乡"活动吗？你觉得该活动有什么意义？

讨论总结：大学生可以通过"三下乡"活动为农村建设作出积极贡献，同时可以丰富自己的社会经验，提升自身素质。

（五）美丽乡村建设

乡村兴则国家兴，乡村衰则国家衰。我国人民日益增长的美好生活需要和不平衡不充分的发展之间的矛盾在乡村最为突出，中国社会主义仍然处于并将长期处于社会主义初级阶段的特征很大程度上表现在乡村。全面建成小康社会和全面建成社会主义现代化强国，最艰巨最繁重的任务在农村，最广泛最深厚的基础在农村，最大的潜力和后劲也在农村。实施乡村振兴战略，是解决新时代我国社会主要矛盾、实现"两个一百年"奋斗目标和中华民族伟大复兴中国梦的必然要求，具有重大的现实意义和深远的历史意义。

1. 新农村建设和"美丽乡村"建设

新农村建设是指在社会主义制度下，按照新时代的要求，对农村进行经济、政治、文化和社会等方面的建设，最终实现把农村建设成经济繁荣、设施完善、环境优美、文明和谐的社会主义新农村的目标。

"美丽乡村"建设的实质是我国社会主义新农村建设的一个升级阶段，它的核心在于解决乡村发展理念、乡村经济发展、乡村空间布局、乡村人居环境、乡村生态环境、乡村文化传承以及实施路径等问题。因此，"美丽乡村"建设是改变农村资源利用模式，推动农村产业发展的需要；是提高农民收入水平，完善农民居住、公共服务设施配套和基础设施建设，改善农村生活环境的需要；是保障农民权益，实现民主管理、民生和谐的需要；是保护和传承文化，改善农村精神文明建设的需要；是提高农民素质和新技能水平，促进自身发展的需要。

第四章 劳动实践

知识拓展

乡村振兴战略

2017年10月18日，党的十九大报告中提出了乡村振兴战略，其中指出农业农村农民问题是关系国计民生的根本性问题，必须始终把解决好"三农"问题作为全党工作重中之重。2018年1月2日，国家公布了2018年中央一号文件，即《中共中央、国务院关于实施乡村振兴战略的意见》，其中提出大力实施乡村振兴战略，要坚持农业农村优先发展，巩固和完善农村基本经营制度，保持土地承包关系稳定并长久不变，第二轮土地承包到期后再延长30年。确保国家粮食安全，把中国人的饭碗牢牢端在自己手中。加强农村基层基础工作，培养造就一支懂农业、爱农村、爱农民的"三农"工作队伍。按照党的十九大提出的决胜全面建成小康社会、分两个阶段实现第二个百年奋斗目标的战略安排，明确实施乡村振兴战略的目标任务是：到2020年，乡村振兴取得重要进展，制度框架和政策体系基本形成；到2035年，乡村振兴取得决定性进展，农业农村现代化基本实现；到2050年，乡村全面振兴，农业强、农村美、农民富全面实现。

2. 乡村建设的内容

（1）生产发展。

推进现代农业建设，强化社会主义新农村建设的产业支撑。大力提高农业科技创新和转化能力；加强农村现代流通体系建设；稳定发展粮食生产；积极推进农业结构调整；发展农业产业化经营；发展农村工业园区；加快发展循环农业。

（2）生活宽裕。

促进农民持续增收，夯实社会主义新农村建设的经济基础。拓宽农民增收渠道；保障务工农民的合法权益；稳定、完善、强化对农业和农民的直接补贴政策；加强扶贫开发工作。

（3）乡风文明。

加快发展农村义务教育，大规模开展农村劳动力技能培训；繁荣农村文化事业，加强县文化馆、图书馆和乡镇文化站、村文化室等公共文化设施建设；推动实施农民体育健身工程；扶持农村业余文化队伍，鼓励农民兴办文化产业，开展和谐家庭、和谐村组、和谐村镇创建活动。

（4）村容整洁。

加快农村能源建设步伐，在适宜地区积极推广沼气、秸秆气化、小水电、太阳能、风力发电等清洁能源技术；以沼气池建设带动农村改圈、改厕、改厨；加强村庄规划和居民环境治理；引导和帮助农民切实解决住宅与畜禽圈舍混杂问题，搞好农村污水、垃圾治理，改善农村环境卫生。

（5）管理民主。

以建设社会主义新农村为主题，在全国农村深入开展保持共产党员先进性教育活动，加强农村基层组织的阵地建设；健全村党组织领导的充满活力的村民自治机制，进一步完善村务公开和民主议事制度，完善村民"一事一议"制度，健全农民自主筹资筹劳的机制和办法。

3. 乡村建设的意义

（1）建设社会主义新农村是全面贯彻落实科学发展观的必然要求，科学发展观是以人为本，全面协调可持续的发展观。

从科学发展观的核心——以人为本来看，我国是农民占人口大多数的国家，因此，落实科学发展观，坚持以人为本，最重要的就是解决好农民问题，建设社会主义新农村，使农民拥有良好的生活和工作环境；从科学发展观的全面、协调、可持续的基本要求来看，农业是国民经济的基础，但又是国民经济的薄弱环节，农村是我国最辽阔的地域，但又是最穷的地域。因此，建设社会主义新农村，实现城乡协调发展，实现人与自然可持续发展，是全面贯彻落实科学发展观的必然要求。

（2）建设社会主义新农村是我国全面建成小康社会的重要举措。

全面建成小康社会的重点和难点都在农村。我国是农村人口占多数的国家，没有农村的全面小康，也就没有全国的全面小康。

（3）建设社会主义新农村是我国构建社会主义和谐社会的重要基础。

构建社会主义和谐社会，是广大人民群众的共同愿望。构建和谐社会的基本前提在于各阶层、各群体的利益在变化中协调，收入在稳定中提高，生活在发展中改善。但从我国的实际情况来看，城乡之间、工农之间、地区之间等方面的差距较大，其突出表现在：农村相对落后，农民收入相对较低，农业基础相对薄弱。因此国家支持"三农"发展，大力推动乡村建设，可为社会的和谐稳定奠定基础。

（4）建设社会主义新农村是实现农村全面发展的重要途径。

社会主义新农村，是"生产发展、生活宽裕、乡风文明、村容整洁、管理民主"的新农村。也就是说，新农村是农村经济、政治、文化全面发展的农村，是农村"硬件""软件"共同发展的农村，是农村村容村貌与农民精神状态文明进步的农村。社会主义新农村建设，可促使城市的基础公共设施和公共服务延伸到农村，形成城乡互动协调发展的长效新机制；可解决农民行路难、饮水难、读书难等问题，改善农村生产、生活环境，提高农村公共服务、公共卫生水平，提高农民综合素质，促进农村文明进步，实现农村可持续发展。

实践活动

乡村社会实践调研报告

暑假或节假日期间，以小组为单位前往乡村，以乡村为话题，选择与其相关的主题，进行乡村社会实践调研，形成一份有数据支撑、有理论性、有现实性的社会调研报告。

二、志愿活动

《中华人民共和国教育法》第五条提到，教育必须与生产劳动和社会实践相结合。让教育与生产劳动、社会实践相结合，是马克思主义教育理论的基本原理。将劳动教育与大学生社区服务、赛事服务、公益宣传相链接，让劳动教育的理念扎根中国大地，带着温度落地，为学生群体内心注入劳动教育向上向善的力量感，从而形成劳动活动项目更佳的体验感，实现同学、师生间的情感黏性。需要用创新性、创造性的劳动，激活学生的内生动力，让"德智体美劳全面发展"的目标和热爱劳动的价值观念，为高校的育人工作指明方向。

（一）社区服务

党的十九届四中全会提出了"健全社区管理和服务机制，推行网格化管理和服务"的具体要求。通过聚焦服务目标，结构化设置活动流程，不断提升个体的劳动意识、劳动技能和自我效能感，形成紧密的互助共同体，从而增强对自身的认同、对社区服务文化圈的认同，凝聚对生活的共同愿景，逐步构建"自组织、自管理"的社区服务模式，引导学生在社区服务实践中受教育、长才干、做贡献。

1. 什么是社区服务

（1）社区服务的定义。

社区服务是指以各类社区服务设施为依托，以社区全体居民、驻社区单位为对象，以公共服务、志愿服务、便民利民服务为主要内容，以满足社区居民生活需求、提高社区居民生活质量为目标，党委统一领导、政府主导支持、社会多元参与的服务网络及运行机制。社区服务是一种自组织、自管理模式，既包括学生社区服务，也包括居民社区公共服务。

（2）社区服务的特征。

①社区服务并非完全自发形成的服务模式，而是在有标准、有引导、有政策、有组织的背景下形成的一套科学、完备、系统的社区服务体系。

②社区服务不是一般意义上的服务产业，区别于经营性的社区服务产业。但

公益性并不必然排斥商业性，鉴于社区服务模式的多元化，需要融合公益性和商业性两种属性，呈现两种属性的不同作用状态，继而实现不同向度的社区治理模式效能。

③社区服务的参与主体并非少数个体，而是通过延伸手臂、助人自助，从"赋权增能"和"优势视角"理论出发，进行"社区营造"，促进自下而上的程序格局、人脉网络的形成，从而形成稳定的自治性组织。

 知识拓展

社区营造

社区营造是指居住在同一地理范围内的居民，持续以集体的行动来处理其共同面对的社区生活议题，解决问题的同时也创造共同的生活福祉，逐渐地，居民彼此之间以及居民与社区环境之间建立起紧密的社会联系的过程。

社区营造的主要目的是整合"人、文、地、景、产"五大社区发展方向："人"指的是社区居民需求的满足、人际关系的经营和生活福祉的创造；"文"指的是社区共同历史文化的延续，文艺活动的经营以及终身学习等；"地"指的是地理环境的保育与特色发扬在地性的延续；"景"指的是社区公共空间的营造、生活环境的永续经营、独特景观的创造等；"产"指的是在地经济与产业活动的集体经营等。

资料来源：https://baike.so.com/doc/8454030-8774029.html.（有删改）

2. 为什么要进行社区服务

（1）社区服务的意义。

①从宏观层面看，实现国家治理体系和治理能力的现代化，既要"观全局"，又要"聚细节"，既要"致广大"，又需"尽精微"。特别是在疫情大考面前，各方面、各战线、各领域都能迅速发动起来，与疫区同频共振，这是集中力量办大事的制度优势，更是基层治理，特别是以社区为单位的网格化管理大显身手，迸发出的超强威力。大学生们积极响应、身体力行地参与社区服务工作，从摸排"全覆盖"到聚焦"全方位"再到服务"全天候"，在社区筑起了精准防控的坚强堡垒，让社区服务的互助之光、协作之光照亮了人们内心朴素而深刻的劳动价值。

②从中观层面看，为适应VUCA（Volatility、Uncertainty、Complexity、Ambiguity，即易变、不确定、复杂、模糊）时代经济社会发展的外部诉求和"全

人"教育的内在需要,让青年学生在踏踏实实的劳动中体认新时代、融入新时代、投身新时代,勇于实践、积极探索,高校需积极利用人才培养质量工程建设的契机,与社区服务中心合作,加强联合培养,建设学科实践基地,积极推动"基于项目的导生制",使理论教学与社区服务实践活动紧密结合,利用不同专业特色的"小杠杆"撬动社区治理的"大格局",既为学生成长成才提供制度化、个性化、常态化的实践支持和指导,培养知识与能力并重的高素质应用型创新人才,也助力社区公共空间的营造,进而推动社区治理服务的创新。

③从微观层面看,社区作为人们生活的基本单元,以社区服务为切入点,可以将"社区营造"的理念植入人才培养、教育教学的全过程。通过教练技术、助人自助、增能理论和优势视角,由"输血式"向"自我造血式"转变,在学生社区服务活动中产生多个自下而上、高净值、个性化的思想圈、行动圈、文化圈。通过自我赋能、自我管理、自我迭代,形成系统内部自主的"滚动式"学习,逐步形成共同的愿景、共同的目标、共同的行为规范。此外,延伸手臂,贴近实际、贴近生活、贴近学生,聚焦于合作精神和文化氛围的营造,凝聚社区服务意识、培养公共精神,增强学生对社区的归属感,突出学生的主体性作用,激活主体的内生动力,促进校园的和谐稳定。其本质是通过外在社区服务文化环境的营造,使学生拥有一种集"获得、归属、幸福"于一身的深刻内在劳动体验,进一步提高大学生的综合素质。

(2)社区服务的目标。

通过"政策支持、教师引导、社区团体和教练型学生领袖"的介入和动员,以"项目化"方式推进合作,引导学生形成自组织、自管理模式,并将其不断内化为一定的社区文化品牌认同,最终形成一定的信任机制、互惠机制、规范机制和监督机制,让社区服务圈的若干子系统自我管理,鼓励同学们充分发挥主观能动性,用自己的双手和头脑经营社区家园,通过"辛勤劳动、诚实劳动、创造性劳动",由"自治"向"善治"演进,由"自上而下的建设"向"自下而上的生长"转变,推动可持续发展。

此外,秉持"核心+开放"的工作理念,在保证社群活动原生态、可控制的基础上,注入开放多元的包容性元素,特别是跨专业、跨学科、跨领域的交流合作,在融入、结合、渗透上下功夫,在落细、落小、落实上下功夫,打造"小而精、有特色、应用型"的社区服务模式,做到"整体规划、有机更新、模式迭代",不断地为公共空间创造价值,为建设美好社区而行动,进而实现"教育资源共享、教育共同体共筑、教育教学活动共联"的目标。

(3)社区服务的建设原则。

①让组织框架清晰化。

社区服务组织中的管理成员角色明晰、分工明确，须草拟《学生社区服务自我管理委员会成立工作实施细则》和《学生社区自管会各岗位简介和工作职责》等规范性文件，采取AB岗的形式，既保证服务的正常进行，也促进人才资源的储备。

②让内容挖掘精细化。

瞄准学生在生产劳动、志愿服务、社会实践等方面的成长需求，聚焦大学生内驱力和外驱力两个成长的主动力进行发力，通过线上线下双通道，以社区服务为立足点，打通思想政治教育的"最后一公里"。

运用敏锐的洞察力和转化能力，细分领域、精准对焦，深度挖掘每一个环节、每一个领域所蕴含的育人元素和所承载的育人功能，通过社区服务达到四个营造的目的，即社区复合型志愿服务综合体的营造、社区全覆盖实践育人氛围的营造、社区浸染式文化"会客厅"的营造、社区抱团式共同体身份认同的营造。

③让思政教育可视化。

活动有主题：活动主题需明确，找到聚焦点，形成品牌意识，要关注品牌的角度、影响的广度、专业的深度，即社区服务需立足专业特色，拥有独特的品牌定位。

成长看得见：输入＋输出，线上＋线下，双渠道贯通，通过"强输出"来促进"强输入"，将劳动实践的成果纳入第二课堂成绩单制度，让社区服务育人的成长轨迹清晰可见，细化指标、量化结果，最终输出学生个人的劳动教育成绩单。

项目有迭代：通过网络对数据进行采集分析，以"小步快跑、快速迭代"的精益创业的方式进行社区服务活动项目的"验证性"迭代，不断优化过程性设计，形成工作闭环。

服务有跟踪：在第一批同学体验社区服务项目后，需要有针对性地优化活动环节，增强同理心，从而形成用户黏性，不断提升同学们的大局意识、服务意识，增强社区服务活动的影响力。

成效有报告：每一期活动后形成用户体验调查问卷，并做数据分析，评估社区服务活动的成效，将其作为基础资料不断完善并归纳存档。

④让活动流程标准化。

社区的开放共享性质，决定了参与人员的流动性较大，故可借鉴"社群运营"的手段，将过程标准化、结构化，既可以保障活动质量，也可以形成可复制、可推广的模式。

⑤让组织管理企业化。

一项社区服务项目的发起，可以辅助以企业化运作的轨迹作考量，即"目标用户—小范围试验—反馈修改—产品或服务迭代—获得核心认知—用户量的增长"。此运行模式需要"多方协力",做到"以点带面",体现"在地参与",从而不断盘活社区的本地资源,逐步形成一套"学生教练培育技术、志愿者激励机制、民主议事制度、团队组建机制"的方法、技术和工具,构建学生工作新范式。

总之,把有意义的事情做得有意思,让有高度的工作有温度,为有温度的工作想办法。在学生社区服务项目的建设过程中,让学生既是参与者、实践者,更是受益者。通过学生社区服务活动创新,鼓励和倡导学生身体力行地坚持做某种微小的尝试,不断与周边同学、学院、学校建立某种联系,进而共建一个文化认同、情感链接、服务共享、劳动共筑的"社区服务共同体"。

3. 社区服务活动项目概览

进一步深耕厚植,精细化挖掘服务育人元素,打造一批有意义、有意思的社区品牌服务项目,创办"美好社区节",构筑"服务＋文化"的青年社区之家。

(1)心灵港湾。

开展7天共读学习圈活动。社区学生志愿者发起"7天共读"活动,一本好书,一群书友,一种自发地想要改变的强烈意愿,足以让社区文化共读空间成为心灵的港湾,让理性、平和、静心、启智浸润心田,也让一对多、多层次、可持续的思政教育成为可能。

(2)飞起青春。

社区大舞台,有梦你就来——定期举办"社区文艺秀"小剧场,给学生提供才艺展示平台,并链接社区居民,加入剧场演出,构建一个共享、共创的社区大舞台。

(3)勤劳改造家园。

学生社区举办寝室照片墙活动,营造书香宿舍氛围;社区开启"美好行动"千人大扫除"快闪"活动;鼓励学生到跳蚤市场上参与旧物交换,设置"亲子摊位"进行玩具和闲置物品的分享;举办"邻居,你好""邻居,干杯"等社区下午茶活动。

(4)党建引领。

党员亮身份、学生党员寝室挂牌、建立"支部同盟",牢牢构筑"社区党建＋服务"的坚强堡垒。举办"大学生红色文化宣讲团",普法进社区、进基层、进乡村的"三进"活动等。

(5)社区火种节。

可以通过模拟创业过程(寻找伙伴、创意奇想、原型打造、项目路演等),激发学生的创新精神,培养学生的创新理念,鼓励学生发现不可能,积极与身边的资源、机会互动,点亮心中的火种;还可以通过"创业早餐会""梦想加速营""小小科学家""创新小玩意"等进阶版创业体验活动,让社区儿童切身体验创新的乐趣,激活创新创业因子,形成浓厚的创新创业文化氛围。

（6）社区微志愿。

链接校友资源，推动社会创新，通过发起社区小而美的微志愿、微环保活动，创新社会志愿服务呈现方式，引领互助、共享新风尚。

（7）社区学苑。

精准对接社区文化需求，定期举办灵活多样的"专业性＋通识性"滚动式学术沙龙、文化讲堂、健康知识讲座等活动，提升知识迁移能力。

（8）专业特色活动。

如法学院利用形象生动的案例，采用单口相声方式，举办形式多样的线上"行走的法律微课堂"，并开设"线下法律诊所"；艺术设计学院开展社区文化长廊设计、书法国画教学、舞蹈和合唱团训练等活动，营造浓郁的文化氛围；环境学院科学倡导垃圾分类；建筑学院致力于旧区改造；外国语学院举办社区英语角；师范生进行"朋辈小课堂"学业辅导、亲子关系构建等。让专业转化为能力，让能力提升为素质，进一步吸引青年群体参与社区善治，丰富辖区群众精神文化生活，缓和社区矛盾，激活社区内在活力。

4. 开展社区服务的路径探索

（1）做好"主体转换"。

注意倾听学生的声音、基层的声音，把"带着学生实践"转变为"师生一起共学共研"，在增进亲近感、信赖感的同时，还需拿捏好亦师亦友的分寸和尺度，掌握好教育管理服务的快慢思维，在社区服务的过程中，让思政教育的"盐分"自然而深入地溶解到学生的理想信念当中，内化为学生的思想品格，外化为学生的实践活动，润物无声。

（2）植入"用户思维"。

积极开展社区调研，根据调研反馈，转换推进思路，不是我们"给什么"，而是学生、社区群众"要什么"，不断对接需求、迭代活动版本。进一步整合发起单位的"资源清单"，社区服务的"项目清单"，学生、社区群体的"需求清单"，从路径到方法再到实施进行自洽和对接，促进多元主体的参与，实现外部环境的持续优化和内部治理能力的不断提升，这是一个相对的、动态的过程。

（3）营造"文化场景"。

通过"美好社区节""文化创意秀"等系列活动，营造一些外部具化的文化场景，为青年朋友们提供可参与、可体验的渠道，比如社区音乐节、涂鸦、市集、宿舍创意全家福等，提高曝光度和参与度。学生社区文化建设的最终落脚点是重建人与人、人与环境的和谐共生共享，营造共同的精神文化家园，让社区服务的文化理念深入人心，有温度，可持续。

（4）树立"品牌意识"。

社区服务文化圈所含的子系统需深耕厚植，打造特色品牌和内容，在学生群体中具有一定的可识别度，并形成系列文化创意产品，进行线上线下推介（活动文化册汇编、布袋、Logo等），汇聚力量，形成一定的影响力。

（5）打通"关节桎梏"。

打通"关节桎梏"的前提是聚合力量，思政教育是关乎人的工作，故而需要下大力气观照"人"的内心深处，洞察人心，聚集群体力量，发挥朋辈领航和教师引导的作用，通过"立场、观点、场景、角色、情感等"的营造，为参与群体内心注入"无惧痛点，抱团取暖"的向上向善的力量感，从而形成活动项目更佳的体验感，增加社区同学间的情感黏性。

通过社区服务进行社区文化圈的营造，对于教练型教师和教练型学生领袖来说，是以一种"融入、渗入、潜入"的方式，通过"教"+"练"有机融合，在尊重学生成长规律的前提下，体现时代性、把握规律性、赋予创造性，促进学生工作者育人水平的提高，构筑"师生共成长"的协同发展模式；对于参与学生来说，通过学生社区文化圈，触发同学们对生活的爱意和柔情，改变生活的习惯和方式，增长生命的智慧和能力，以一种更加健康、平和、挺拔的姿态，学会感恩、协作、思考、行动和承担社会责任，提高社区服务质量，为校园注入更多向上向善的精神文化力量。

实践活动

我的社区我营造

请以"我的社区我营造"为主题，制订一个"小小社区营造师"计划，并在学习生活中执行此计划（用思维导图更直观、更有逻辑发散性）；同时，做好活动记录，包括计划目标、计划要点、计划思路、计划的可行性评估。

结果评价

活动评价表

操作内容	配分	评分内容及评分标准	自我评价	教师、同学、家长评价
计划主题	20	计划聚焦主题（10分）		
		活动的目的、意义明确（10分）		
计划方案	25	方案逻辑清晰（10分）		
		方案切实可行（15分）		

（续表）

操作内容	配分	评分内容及评分标准	自我评价	教师、同学、家长评价
计划进程	35	有人力、物力、财力、精力的支持（20分）		
		系统有相应的应急措施（15分）		
总结反思	20	计划有一定的奖励激励机制（10分）		
		总结有一定的提升反馈机制（10分）		
总计		100 分		

（二）赛事服务

随着国家经济发展水平和开放程度的不断提高，为进一步扩大区域、城市、学校等的知名度，承办大型赛事活动逐渐成为一种潮流。当代大型赛事已成为国家、区域、城市乃至高校全情参与、全力提升形象的重要举措。从2008年的北京奥运会、残奥会到2022年的冬奥会、冬残奥会，再到持续至今的广州马拉松赛，以及各类大学生科技竞赛，中国大学生群体志愿服务实现了跨越式发展，志愿者精神也通过大型赛事服务得到传播和弘扬。志愿者不仅仅是赛场上一道亮丽的风景线，更是保障赛事顺利进行的不可或缺的重要角色。

赛事服务广义上是指对各类竞赛活动的服务工作，属于志愿活动的重要范畴；狭义上是指在比赛开始前动员、组织志愿者参加赛事活动的筹备、管理、运行等各项工作，从而确保赛事活动的顺利开展。具体而言，赛事服务是指协助主办方为持票观众、参赛人员以及注册人员等提供各项服务的计划和管理，使管理工作和服务效益最大化地满足广大参赛者和观众等的赛事体验需求。志愿服务作为社会文明的标志之一，已成为各类大型赛事顺利举办的重要保障。

根据赛事内容，常见的大学生赛事服务可分为创业商业类、艺术爱好类、游戏动漫类、科技创新类、公益广告类、学科竞赛类、体育竞技类等。其中体育竞技类赛事服务的活动对象多为大规模的赛事活动，包括国际性的综合性体育赛事和单项的体育赛事，如奥运会、大学生运动会、篮球联赛等志愿服务项目。近些年，随着国家科教兴国战略和创新驱动发展战略的广泛实施，为提升人才培养质量，推进高等教育的综合改革，科技创新类、创业商业类赛事服务已成为大学生群体中最具代表性的赛事服务项目，常见的有"挑战杯"全国大学生课外学术科技作品竞赛、"挑战杯"中国大学生创业计划竞赛、中国"互联网+"大学生创新创业大赛等。

根据岗位要求，赛事服务通常分为接待组、竞赛组、综合组、宣传组等，主要涉及礼宾接待、语言翻译、交通运输、安全保卫、医疗卫生、观众指引、物品分发、沟通联络、竞赛组织支持、场馆运行支持、新闻运行支持、文化活动组织支持等工作领域。通过赛事服务，大学生可以在参与志愿活动的过程中理解并践行志愿服务精神，自觉将志愿服务精神作为个人行为准则之一，从而提高思想道德素质，推动全社会范围内良好社会道德风尚的提升，为社会主义精神文明建设提供道德支持。

1. **赛事服务主要特点**

赛事服务与所有志愿服务相同，具有自愿性、无偿性、公益性、组织性等主要特点。除此之外，赛事活动自身具有参与范围广、社会影响力大以及彰显区域形象等特征，使得赛事服务又具有以下特点。

（1）服务队伍规模大。

通常所见的赛事活动，特别是一些由国际组织，国家级、省级政府职能部门主办的重要赛事，由于赛程周期长、赛事安排复杂、参赛人员众多、比赛场地范围较大，因此志愿服务队伍的规模普遍较大。据《北京日报》报道，经过层层选拔，共有1.4万名首都高校大学生成为2022年北京冬奥会、冬残奥会赛会志愿者。这1.4万名赛会志愿者来自清华大学、北京大学、中国人民大学等66所首都高校，他们将在北京、延庆、张家口三个赛区提供志愿服务，用青春、责任和梦想共赴这场冬奥之约。可见，高规格、高质量的赛事活动必然离不开大规模的赛事志愿服务者队伍。

（2）组织管理专业化、精细化、信息化。

与普通的志愿服务不同，赛事服务的内容是竞技活动，服务的对象多为来自不同地区、不同身份的高素质参赛者或其他参赛人员。由于竞技活动本身具有结果的不确定性，加上赛事活动的规模较大，因此在赛事志愿服务中更强调严谨的志愿服务态度。专业化的组织管理模式、精细化的分工安排以及信息化的志愿服务平台是当前大型赛事志愿服务开展的重要依托。一场高质量的赛事服务离不开计划缜密、安排合理、指导专业的志愿者工作规划，专业化、精细化的组织管理可以有效地指导赛事服务的总体推进。同时，随着全民志愿时代的到来，志愿服务团队不断涌现，普通人有了更多的机会参与到志愿服务的奉献中来。而信息化建设，既让我们知道了哪里需要"志愿者"，更让我们知道了志愿者应该如何提供规范的服务。应当说，志愿服务平台和志愿信息的规范化和制度化，让志愿服务越来越人人可为、触手可及。

（3）服务影响力深远。

高规格赛事服务的影响力主要有两个方面：一方面，是指对承办方所在区域形象以及发展有显著提升作用；另一方面，可以推进志愿服务的前进式发展。例如，对我国志愿服务的发展有里程碑意义的2008年北京奥运会志愿服务，为北京的城市建设、生态保护、交通设施以及生活环境带来了巨大的改变，有专家指出，奥运会带给中国的间接影响可总结为以下几点：经济增长、社会凝聚力提升、文化广泛传播、科技奥运理念创新、国家形象全面提升、公民环境保护意识显著提高、跨区域合作能力改善以及基础设施改善和现代化进程提速。同时，奥运会的志愿服务也为中国志愿服务事业带来了前所未有的机遇。社会公众对志愿者的认同度大幅提升，民众自愿加入奥运会志愿队伍的热情高涨，"微笑北京，志愿奥运"的口号响彻奥运赛场。志愿服务受到大众的广泛关注后，也获得了社会的全力支持。奥运会后，围绕奥运会志愿服务的筹办工作，共青团北京市委、北京志愿者协会等相关部门开展了多种形式的志愿服务活动，为北京市的志愿服务事业发展创造了良好契机。

（4）服务质量要求高。

由于赛事活动广受关注，且影响力深远，因此相较于其他志愿活动，赛事服务对志愿者有更高的要求。在志愿者自身素质方面，要求其具备更强的责任心、大局观和团队协作意识；在志愿者招募时对其适应能力、组织能力、语言表达能力、危机处理能力的考察都有更高的要求；在志愿者培训过程中，要更加侧重于专业化服务水平的提升和优秀志愿者形象的塑造。因此，赛事服务流程的规范化操作就显得尤为重要。

2. 赛事服务基本流程

赛事活动的举办是一项复杂的系统工程，需要多方人员协调各类资源统筹推进。为保障赛事的顺利开展，赛事服务各个环节的贯通必须精心筹备、精益求精。而面对需求更加项目化、多类型的赛事活动，志愿者提供的服务也要从"小"入手，在细节上下功夫。无论是大型的国际体育赛事，还是校园的文体、科创竞赛，志愿服务都需渗透到各种小细节、小场景当中，真正让每一个需要服务的人受益。

（1）赛事志愿服务策划与宣传。

赛事志愿服务策划与宣传是赛事总体进程中的首要环节。全面、具体而又明确的工作运行方案对系统性统领赛事志愿服务起着重要作用。赛事活动一般由常设型、临时组建型、委托外包型的组织机构负责运行方案的策划，通过前期赛事项目的调研与对往期赛事案例的分析进行志愿服务的方案设计。通常而言，运行方案包含活动概述、指导思想、目标任务、志愿者类型、工作内容、推进计划、组织领导以及政策体系等主要内容，翔实、具体、有序地指导志愿服务的开展。

赛事志愿服务需要通过强有力的动员与宣传获得人力、物力、财力支持，提升志愿者服务意识。同时，为弘扬志愿者精神，展现志愿者无私奉献的精神面貌，

第四章　劳动实践

提升全民参与志愿服务的意愿，要充分利用新媒体平台进行志愿服务的新闻报道、文化建设和文化推广，对赛事志愿服务的权威信息、志愿者风采等进行主题宣传，营造志愿活动的参与氛围，进一步激发全社会参与志愿服务的热情。

案例阅读

> **2019 广州马拉松赛志愿者 DV 大赛**
>
> 2019 广州马拉松赛于 2019 年 12 月 8 日举办，赛会期间共有来自高校和社会团体的 6200 名志愿者为赛事服务。为全面展现 2019 广州马拉松赛志愿者的风采，组委会志愿者部举办了 2019 广州马拉松赛志愿者 DV 大赛，鼓励志愿者从自己的视角去发现 2019 广州马拉松赛过程中志愿者的真与美，记录志愿者为赛事付出的点点滴滴，并创作出优秀的视频作品，为赛事留下丰富而宝贵的视频资料。DV 大赛让"奉献、友爱、互助、进步"的志愿服务精神在羊城大地传播。

资料来源：何健勇. 劳动教育指导手册 [M]. 北京：机械工业出版社，2022：62.

（2）赛事服务志愿者招募。

志愿者招募工作是赛事服务的基础，志愿者队伍的规模、凝聚力和奉献精神将直接决定志愿服务的质量和赛事运行的顺利程度。高校一直是各类赛事志愿者的主要来源地，大学生群体也是大型赛事志愿者的生力军和主力军。此外，为拓宽志愿者招募渠道，充分挖掘社会人力资源，多数大型赛事还会面向社会居民群体以及企事业单位，招募一定数量、符合要求的赛会志愿者。

志愿者的招募方式一般有以下几种：第一，公开性的社会招募，指通过新媒体、报纸、电视等各类宣传媒介公开向社会大众进行志愿者招募；第二，集中性的组织招募，常用于政府高度重视的赛事活动的组织工作，利用政府的权威性推动志愿者的招募；第三，定向招募，指根据志愿者的特殊岗位需求，有针对性地对相关专业学生、从业人员开展的招募，保证志愿者服务的专业化。志愿者可根据以上几种招募方式，按相关要求进行报名。赛会组织机构将通过材料审核、组织面试、培训考核、背景审核、岗位确认、签署协议、发出录用通知等环节完成志愿者选拔与录用工作。

（3）赛事服务志愿者培训。

赛事服务志愿者培训是指由志愿组织机构或相关个人，根据赛事目标和志愿者的岗位需要，通过线上和线下的教育、培养和训练，提高志愿者的知识技能并改善其价值观、工作态度与行为方式，使他们能在工作岗位上胜任或称职。志愿者培训内容主要有通用培训、岗位培训（专业培训）、场馆培训。通用培训是对赛事概况、主办方所在区域文化、志愿者服务知识和技能、礼仪规范、团队精神的拓展训练以及医学常识和急救技能的培训，培训针对全体志愿者广泛开展；岗位培训是针对志愿者岗位而开展的相关专业知识和技能的培训，例如参赛者心理调适、通用英语培训以及宣传报道培训等；场馆培训是对场馆功能、场内比赛相关知识、内部设施、组织架构、规章制度的普及，通常采用实地考察的方式对志愿者进行讲解。为了解培训的有效性，培训后通常设有考核，一方面可以让志愿者对整个培训过程进行评价和总结，另一方面有助于完善培训评估和反馈机制，为日后开展新的培训提供重要的实践参考。

（4）赛事服务运行。

赛事服务运行是指赛事活动正式开始后的志愿服务，是整个赛事服务的核心环节。为保障赛事的顺利开展，赛事服务通常遵循以下原则。

①岗位明晰，层级联动原则。

通过建立多层工作指挥体系，逐级落实工作任务，切实做好志愿者的上岗、考勤、轮休、评价等管理工作，努力做到指挥有力、反应灵敏、行动迅速、信息顺畅、配合默契、保障有力。

②随时反馈，动态调控原则。

各岗位应设有指定的负责人，与相关部门的联络员对接，根据岗位职责和现场的各类突发情况，及时提供准确的运行信息，时刻对赛场工作安排进行动态调控。

③通力合作，以人为本原则。

作为复杂系统工程的赛事活动，需要各职能部门、主办方、承办方、志愿者工作部门、场馆运行团队、志愿者各岗位间紧密联系，统一思想，高度配合。同时，面对自愿参与志愿服务的无私的志愿者们，要充分践行以人为本的原则，做好志愿者后勤保障工作。

（5）赛事服务激励与成果反馈。

赛事结束后，为表彰优秀志愿者，进一步发扬志愿文化，赛组委通常会设立志愿者表彰环节。对志愿者的激励表彰以精神鼓励为主，以激发志愿者的内在热情，保持志愿者较高的工作积极性，使志愿者的工作经历更有价值、更令人愉快。志愿者激励主要实施以服务时间和服务效果为基本依据的普遍激励。开设志愿者维权热线和心理热线，切实维护志愿者合法权益。对做出突出贡献、表现优异的志愿者集体、个人以及志愿服务项目给予特别奖励。

此外，在赛事服务过程中还应注意收集各类资料，包括志愿工作运行安排、

第四章　劳动实践

培训资料、志愿者风采、志愿者事迹、心得与总结等，并对志愿服务过程中的亮点与不足及时进行整理与归纳，形成文字性成果，推动赛事志愿服务的规范化、科学化发展，进而提升赛事服务的专业化水平。

实践活动

举办古典诗词仿写大赛

为提高学生阅读、理解和鉴赏古典诗词的能力，激发学生创作的兴趣，弘扬中华优秀传统文化，以班级为单位面向同年级或系、院举办"古典诗词仿写大赛"。

结果评价

活动评价表

操作内容	配分	评分内容及评分标准	自我评价	教师、同学、家长评价
计划主题	20	计划聚焦主题（10分）		
		活动的目的、意义明确（10分）		
计划方案	25	方案逻辑清晰（10分）		
		方案切实可行（15分）		
计划进程	35	有人力、物力、财力、精力的支持（20分）		
		系统有相应的应急措施（15分）		
总结反思	20	计划有一定的奖励激励机制（10分）		
		总结有一定的提升反馈机制（10分）		
总计		100分		

三、公益宣传

公益宣传，是高校思想宣传工作的一项重要内容，是落实"知行思"有效贯通的载体，也是实践育人导向下的有效输出路径。《国家中长期教育改革和发展规划纲要（2010—2020年）》要求"鼓励学生积极参与志愿服务和公益事业"。《中长期青年发展规划（2016—2025年）》提出，鼓励青年参与社会公共服务和社会公益事业。

鼓励学生积极参与力所能及的志愿服务和公益事业，事关党对高校的领导，事关全面贯彻党的劳动教育方针，对于巩固共同的思想道德基础，具有重大而深远的意义。

1. 大学生公益活动的基本释义

大学生公益活动是指大学生自愿参与或组织的，以助益社会、服务他人、增进福祉为目的的公益行为。大学生公益行为取向则包括对社会公益活动的认知和理解、对社会公益性质的判断和诉求的生成，以及产生的行为成效。同时，公益愿景、制度激励和自我禀赋、公益精神和人文素养、社会主义核心价值观认知都对大学生公益行为有着较复杂的影响。回溯公益宣传的演进史可以发现，高校公益活动研究起步较晚，自2008年汶川地震后，公益宣传逐步开启了转型之路。

2. 大学生公益宣传的基本向度

（1）理论建构向度。

①赋权增能理论。

"增能"一词是社会福利界的用语，由empowerment翻译而来，又可以译作"充权"或"赋权"，意思是让人有更大、更多的责任感，有能力去做自己应该做的事。具体来说，增能是个人在与他人及环境的积极互动过程中，获得更强的对生活空间的掌控能力和自信心，以及促进环境资源和机会的运用，以进一步帮助个人获得更多能力的过程。"增能"一词的使用可以追溯到20世纪70年代，当时美国哥伦比亚大学学者所罗门（Solomon）提出对被歧视的美国非洲裔黑人进行增能工作，从而把增能引入了社会工作，甚至社区工作的议程。20世纪90年代以来，增能已经成为社会工作领域提倡的重要价值观念和工作模式之一。

赋权增能是一个双向互动概念，我们在给同伴赋能的同时，自己也在增能，这就是一个正向循环，即公益宣传的最佳平衡状态是公益宣传者与受众的双向成长。在公益宣传中，不仅个人能动性可以得到最大限度的发挥，在多主体参与协作的场景下，培育尊重差异性基础上的共识，还可以最大限度地保证公益宣传活动的活力。

②优势视角理论。

优势视角是指"社会工作者所应该做的一切，在某种程度上要立足于发现、寻求、探索及利用案主的优势和资源，协助他们达到自己的目标，实现他们的梦想，并面对他们生命中的挫折和不幸，抗拒社会主流的控制"。①这一视角强调人类精神的内在智慧，强调即便是最可怜的、被社会遗弃的人都具有内在的转变能力。概括地说，"优势视角"就是着眼于个人的优势，以利用和开发人的潜能为出发点，协助其从挫折和不幸的逆境中挣脱出来，最终达到其目标、实现其理想的一种思维方式和工作方法。

公益宣传活动是一个有机体，和"人"的因素有很强的关联性，有其自然的

---

① SALEEBEY D. 优势视角：社会工作实践的新模式[M]. 李亚文，杜立婕，译. 上海：华东理工大学出版社，2004：83.

公益文化生态发展路径、脉络。公益宣传活动要做的就是"剪枝修苗",通过自律和他律的紧密结合,通过一个紧密的公益宣传共同体氛围的营造,让学生自身潜在的活力迸发出来,逐步形成公益行动的原动力,从而增强对自身的认同、对公益宣传的认同和对美好生活的希冀。

(2) 价值认同向度。

价值是客体之于主体的效应体现,故需要将公益宣传置于主客体的双向互动中,才能科学理解理论指导下实践的价值走向。从社区治理研究中可以发现,中国是个"能人社会",需要通过"能人"关系网的动员、激励,形成核心凝聚力,树立良好的社会正向示范效应。在此背景下,高校通过教育引导,触发更多敢想、敢做、敢创的特色公益行动,对项目活动进行外在化的总结呈现,就会产生宣传、推广的辐射效应,进而产生公益实施主体的"能人效应",吸引更多同学参与到公益志愿服务活动中,实现正向价值认同的传导。

(3) 行动规则向度。

公益宣传需要以行动为取向,其中蕴含的规则就像一根线,串起每一位致力于公益宣传创新的个体,其行动在规则的边界中不断地与资源、人脉进行互动,进而形成一个稳固的社区公益文化共同体,通过公益动员,不断辐射带动更多同学,用最积极的心态、最有力的行动,身体力行地参与到社会公益事业中,用直抵人心的公益力量带给我们心灵的滋养,这份善意和勇气,足以让我们拥抱生活的意外和惊喜。

3. 加强和改进劳动教育背景下公益活动宣传的主要任务

通过公益宣传,广大青年学生能够更好地了解国情,以踏踏实实地劳动、公益助人的氛围,传递出热爱劳动、热爱生活的态度,积极投身公益宣传事业,把爱国情、强国志、报国行融入脚踏实地的奋斗当中,凝聚起同心共筑中国梦的强大精神力量。

(1) 壮大主流思想舆论。

公益宣传作为高校思想宣传工作的一项重要内容,肩负着学习宣传马克思主义,培育和弘扬社会主义核心价值观的重要任务,对于加强高校意识形态阵地建设,牢牢把握高校意识形态工作的话语权具有重大意义。通过管好导向、管好阵地、管好队伍,不断做大做强正面宣传,帮助学生树立正确的国家观、民族观、历史观、文化观,学会用马克思主义的立场、观点、方法审视问题,增强明辨是非的能力。

(2) 推动文化的传承创新。

建设具有当代特色、体现时代需求的公益文化,培育和弘扬公益精神,打造既有理论高度,又有实践温度的公益宣传文创产品,以公益宣传"进教材、进课堂、进头脑"为主线，通过形式多样的媒介推广和活动宣讲，把高校建设成公益文化宣传的示范区和辐射源，不断增强高校宣传文化软实力。

（3）立足学生全面发展。

2018年，在全国教育大会上，习近平总书记强调要坚持中国特色社会主义教育发展道路，培养德智体美劳全面发展的社会主义建设者和接班人。"五育"并举的实现，不仅仅依靠课堂专业知识的学习，更重要的是要有机地将所学、所知、所得运用于社会公益实践中，让理论学习和社会实践有机结合，真正实现学思用贯通、知信行合一。缺乏扎实的专业基础，公益宣传就缺少了持续发展的驱动力；反之，缺乏公益宣传的实践出口，理论学习就无法实现内化。公益宣传将"脚力、眼力、脑力、笔力"融为一体，需要态度，更需要温度，每一位参与者都应该身体力行地丈量公益宣传的广度，升华为公益宣传的高度，最终凝聚着公益宣传的温度平稳着陆，将其内化为思想品格，外化为实践行动。

实践活动

策划一场公益宣传活动

现如今，公益宣传活动已十分普遍，但有的做得风生水起，有的参与度却极低。如何才能策划好一场公益宣传活动呢？我们需要从敲定活动主题、细化活动流程、盘算活动物资、启动宣传窗口等多方面综合考量。围绕一个活动主题，和小组同学一起策划一场针对性强、涉及面广、影响力大的公益宣传活动；同时，对活动筹备、活动进程、宣传窗口、活动总结等进行记录。

结果评价

活动评价表

操作内容	配分	评分内容及评分标准	自我评价	教师、同学、家长评价
计划主题	20	计划聚焦主题（10分）		
		活动的目的、意义明确（10分）		
计划方案	25	方案逻辑清晰（10分）		
		方案切实可行（15分）		
计划进程	35	有人力、物力、财力、精力的支持（20分）		
		系统有相应的应急措施（15分）		
总结反思	20	计划有一定的奖励激励机制（10分）		
		总结有一定的提升反馈机制（10分）		
总计		100分		

四、校内服务——办公助理

老师和同学是除父母之外陪伴我们最多的人。我们每个人在成长的岁月里都会遇到困惑、难过的事情，老师和同学可以给予我们最热心、最真诚的关怀与帮助。因为有他们，所以我们不孤单。懂得感恩的我们应该学会主动奉献，为老师和同学服务，给他们带去温暖。

首先，大学生可以通过服务老师与同学，发扬乐于助人的良好品质，弘扬不怕苦、不怕累的精神；其次，大学生可以通过做一些力所能及的事情，减轻教师的负担，增进师生之间的情谊；最后，大学生可以从活动中感受到来自社会的温暖，增强社会责任感，从而对个人和社会起到积极的作用，弘扬青年大学生良好的品质。

〖 实践内容 〗

由各学院招募办公室学生助理志愿者，主要活动内容如下：
①协助老师做好文件资料及档案整理工作。
②协助老师做好文件资料的传送、递交工作。
③做好来访人员的接待及电话接听工作。
④做好学生资料的领取、登记工作。
⑤协助老师做好会议准备及相关会务工作。
⑥协助老师做好报账相关工作。
⑦协助老师做好各类功能室、教室的运营和维护工作。
⑧协助老师处理教室设备问题，做好联系和协调工作。
⑨做好日常办公室工作。

〖 实践要求 〗

前期工作

①积极宣传志愿服务精神，鼓励学生踊跃报名。
②安排好学生助理志愿者工作，确保志愿服务顺利进行。
③邀请办公室负责人向志愿者讲解作为助理需要完成的工作。
④志愿者学习相应的专业技能，熟练掌握各种办公软件的使用方法。
⑤在志愿服务正式开始前，志愿者要提前熟悉办公室布局、工作注意事项。

活动流程

①确定志愿工作的轮班制度。
②根据学生的空闲时间合理安排工作时间。
③志愿工作结束后注意做好工作交接。

④组织参与活动的志愿者分享活动心得，总结活动中的不足。

活动成果

①活动结束后，开展汇报交流，提出活动改进建议。
②整理活动图片，运用新媒体制作并发布劳动成果。

注意事项

①要有端正的工作态度，在志愿服务期间，不得在办公室大声喧哗、玩手机、打闹等。
②要善于沟通，在遇到问题时要及时与办公室的老师、同学沟通，从而更好地处理日常事务。
③要礼貌待人，尊敬师长、尊重同学，有团队协作精神。

结果评价

活动评价表

操作内容	配分	评分内容及评分标准	自我评价	教师、同学、家长评价
计划主题	20	计划聚焦主题（10分）		
		活动的目的、意义明确（10分）		
计划方案	25	方案逻辑清晰（10分）		
		方案切实可行（15分）		
计划进程	35	有人力、物力、财力、精力的支持（20分）		
		系统有相应的应急措施（15分）		
总结反思	20	计划有一定的奖励激励机制（10分）		
		总结有一定的提升反馈机制（10分）		
总计		100分		

五、勤工助学

对大学生而言，进行劳动除了能锻炼身体、培养团队意识、树立正确的劳动价值观等，还可以增加一些额外的收入，以改善学习和生活的环境。目前，国家倡导、学校鼓励的大学生通过劳动增加收入的方式主要是勤工助学，即大学生利用业余时间，自愿地通过合法、诚实的劳动，获取一定的经济报酬。

勤工助学也可以称作"勤工俭学"，但大学生切忌将勤工俭学变为勤工"减"学。不管是为了获得报酬、获取工作经验，还是出于其他原因，大学生勤工助学都是在完成好学业的前提下进行的，否则勤工助学非但不能助学，反而本末倒置，最终还有可能得不偿失。

（一）勤工助学的好处

倡导勤工助学，最初是为了改善部分贫困生的学习和生活条件，鼓励他们在业余时间通过自己的劳动来获取报酬。但现在，许多大学生选择勤工助学不只是为了获取报酬，而是因为勤工助学的好处还有很多，如对大学生思想素质、身心素质和各方面素质都有帮助。

1．勤工助学有助于改善大学生的就业心态

勤工助学能够帮助大学生正确认识和评价自己的劳动价值。大学生通过劳动，可以以务实的心态面对就业，理智地确立自己的就业期望值。

目前，也有相当一部分大学生参与勤工助学的目的是缓解自己大学期间的经济压力，他们利用课余时间参加校内外的勤工助学活动，获得一定的劳动报酬，加上各类形式的助学金和寒暑假兼职工作，这使他们基本可以保障个人全年的生活费用支出，甚至学费支出。更重要的是，勤工助学是在大学生完成既定的学习任务后开展的，因此，这样的劳动报酬就更显珍贵，更能让大学生明白劳动成果来之不易。同时，大学生在劳动中也可以对自己的工作能力产生直观的认知，避免在择业和就业时出现好高骛远、眼高手低、急功近利或妄自菲薄，甚至自暴自弃的情况。

2．勤工助学有助于培养和提升大学生的思想品质

大学生参加勤工助学，能够更好地了解我国国情，更直观地感受到国家对人才、对知识的需求，从而增强社会责任感，自觉抵制实用主义、功利主义、享乐主义、拜金主义等不良思想，树立起健康、向上的人生观和价值观。

3．勤工助学有助于提升大学生的综合素质

勤工助学是一种特殊的社会实践，大学生走出书本、走出课堂，乃至走出校园，在"助教""助研""助管"等勤工助学岗位上，与实际工作和社会生活接触，在真实的工作岗位上锻炼自我，将所学知识应用于实践，找到自己与岗位需求之间的差距，反过来可以使以后的学习更有针对性。通过勤工助学，大学生不仅获得了个人工作经历和社会阅历，而且学到了社会礼仪、生产经营管理、产品研发过程、法律法规等方面的知识，增强了自身的敬业精神、团队合作意识、身体心理素质及组织管理能力、人际沟通能力、创新创业能力等综合素质和能力，使自身的素质和能力越来越符合用人单位与专业岗位的要求。

4．勤工助学有助于增强大学生的职业责任感

勤工助学作为一种较规范的且有偿的社会实践活动，有明确的岗位职责。岗

位的负责人会根据勤工助学学生的工作表现，进行指导和考核评价。大学生完全以"职工"身份到岗位上任职，能够真实体验工作环境，形成良好的时间观念和组织纪律观念，增强自身的职业道德意识和工作责任感，从而提升职业素质，为以后正式踏入社会打下基础。

5. 勤工助学有助于提高大学生的就业创业能力

勤工助学能够提升大学生的组织管理能力和待人处世能力，使大学生的职业素质和职业能力全方位提升，甚至能够培养大学生的自主创业能力。例如，当前电子商务和新媒体的兴起，使许多大学生都拥有电子商务销售、直播、管理公众号等经历，其中也不乏成功经营的案例。这些经历，实际上就是一次就业或创业的实战演练。大学生从中可以找到自己的不足，发现自己的优势，扬长避短，将自己逐渐塑造成一名优秀的职场人士或创业者。

案例阅读

勤工俭学的朱洗

朱洗，又名朱玉文，生于1900年，浙江临海人。他是我国杰出的生物学家，是我国细胞生物学和实验生物学的创始人与奠基人之一。朱洗从小就勤奋好学、乐于助人。他的祖父爱好饲养鸟鹊等小动物，是引领朱洗闯进生物世界的最初启蒙者。

朱洗热心参加公益劳动，但从没因劳动影响学习，每次考试都是第一名。后来他以优异的成绩考入浙江省立第六中学（今浙江省台州中学）。

1919年"五四"运动爆发，朱洗积极参加，但最后他因受到迫害而被迫退学。1920年5月7日，朱洗乘邮轮培依克号赴法国勤工俭学，他先后在克鲁梭钢铁厂、雪铁龙汽车厂约6个工厂做过翻砂工、车工、汽车修理工和搬运工，晚上则努力补习法文，以勤工俭学的收入购买书籍自修。在外的生活是艰苦的，就是在那时，他把自己的名字改为了朱洗。他说："我身上既没有藏玉，也没有分文，真是一贫如洗！从今以后，我不叫玉文，我叫朱洗。"

1925年，经历了种种艰辛的朱洗终于凑够了上学的费用并成功考入法国蒙彼利埃大学，成为生物系的一名学生。他的导师就是知名的生物学家巴德荣教授。

巴德荣是法国科学院院士，长期从事动物卵细胞生理研究，他以培育出世界上第一只"没有父亲"的青蛙而闻名于世。在这么有名的导师门下，朱洗学习非常努力，成绩也相当出色，他对细胞学切片技术的专心致志和绘图时的细致认真，吸引了教授的注意。一年后，当朱洗用完了所有的积蓄无法继续上学时，教授让朱洗留在实验室做了自己的助手，这为朱洗以后的学习创造了良好的条件。

从1925年开始的8年中，朱洗共发表论文14篇（与巴德荣教授合作发表），在法国逐渐被人熟知。

多年之后，法国科学院在纪念巴德荣教授百岁诞辰时，还提到了朱洗这个卓越的中国学生，称赞朱洗继承和发展了巴德荣教授的工作，由此足以看出朱洗在事业领域获得了成功和认可。

资料来源：何健勇. 劳动教育指导手册[M]. 北京：机械工业出版社，2022：152.

点评：1931年，朱洗从蒙彼利埃大学毕业，回国后，朱洗历任中山大学教授、北平研究院动物研究所研究员、上海生物研究所研究员兼主任、中国科学院实验生物研究所研究员等职务。他一生刻苦钻研，学识渊博，理论修养深厚，其中非常值得我们学习的就是他在法国勤工俭学的事迹。艰苦的环境没有动摇他求学的决心，白天劳动，晚上发奋读书，得到的报酬都用在自己的学业上。勤工俭学的艰难，也让他更加珍惜来之不易的报酬，更加珍惜学习的时光，这为他以后的成功奠定了坚实的基础。

课堂讨论

讨论主题：勤工助学有什么好处？

讨论内容：

①你有过勤工助学的经历吗？

②你觉得勤工助学的好处在哪里？

讨论总结：勤工助学为大学生带来的好处有很多，如改善学习和生活条件、改善就业心态、提升思想品质、提升综合素质、增强职业责任感、提高就业创业能力等。

（二）对勤工助学的深入认识

首先提出勤工俭学的是教育家李石曾。1907年，李石曾和好友齐竺山在巴黎郊区科隆布创办了法国第一家豆腐工厂，并从老家河北省高阳县招来40多名同乡青年，白天做工，晚上读书，试行"勤以做工，俭以求学"，这就是勤工俭学的由来。1915年，李石曾援引豆腐公司的事例，与蔡元培等一起组织勤工俭学会，号召留学生勤于工作，俭以求学，用劳动收入来维持自己的生活和学业。

后来，为了帮助家庭较为困难的学生完成学业，学校和一些企业主动提供工作岗位，让学生在业余时间通过劳动赚取报酬。随着时间的推移，这种主动帮助学生的现象越来越多，因此勤工俭学也就成了勤工助学。

我们了解了勤工助学的好处后，还需要了解勤工助学的途径、方式、存在的问题，以及校外勤工助学的安全问题等方面的知识。

1．勤工助学的途径与方式

现代社会，大学生要想实现勤工助学，可选择的途径较多，如学校勤工助学中心、学校社团组织、相关企业招聘、他人介绍等。

但是，无论选择哪种途径，最终大学生勤工助学的方式都较为单一，要么是在校内负责与清洁相关的劳动，要么是担任管理助理、教学助理、科研助理等职务，负责帮助学生或教师在生活、教学中更好地开展相关事务，要么则是在校外担任家教职务或担任临时工，做一些发传单、送报纸、做服务员的工作。很明显，这些工作虽然能带来报酬，但对大学生在专业技能、社会阅历等方面的帮助不大，这也是目前勤工助学存在的一个问题。

2．勤工助学存在的问题

根据教育部和财政部对勤工助学的建议，勤工助学活动必须坚持立足校园、服务社会的宗旨，按照学有余力、自愿申请、信息公开、扶困优先、竞争上岗、遵纪守法的原则，由学校在不影响正常教学秩序和学生正常学习的前提下有组织地开展。通过这个政策，可以发现目前勤工助学存在一定的问题尚需改善。

（1）贫困等级界定需更为细致和灵活。

有些高校将家庭经济困难的大学生按困难程度划分为特殊困难、困难、一般困难等几种等级，岗位按困难等级依次安排。而高校对贫困生的困难程度界定工作则大多在新生入学时，根据学生自己填报的资料以及学生家乡的相关部门出具的证明材料进行判断，学校相关工作人员并未严格核实相关信息，这样就给贫困生的判定留下了隐患。而且一次评定往往从入学直到毕业，其间一般很少变更。例如，本不符合贫困标准的学生，由于家庭变故变得非常困难；本是困难的学生，随着家庭其他成员开始工作，家境逐渐好转等。因此，贫困等级的界定需要更加细致和灵活，一方面杜绝非困难户学生占用困难户学生的勤工助学岗位，另一方面要考虑非困难户学生可能成为困难户学生的情况。

（2）勤工助学岗位的数量需适当增加。

随着高校扩招比例的增加，大学新生人数逐年上升，其中的贫困生数量也在不断攀升，这就导致勤工助学岗位供少于求的问题被日益放大。有些高校的部分贫困生需要等到大二才有可能被安排上岗。大学生为了解决这种问题，就会选择校外兼职。然而，校外岗位的工作时间更加固定，大学生较难协调学习与工作的时间，易使学习成绩受到影响。另外，勤工助学岗位不足，也会挑战学校的管理工作，增加管理难度，因为一些未分配到岗位的大学生可能会对自己产生怀疑，认为自己能力不足，或者不合群等，如果没有得到正确疏导，甚至有可能发展为抑郁、自卑等心理问题。所以，无论是为贫困生考虑还是为学校考虑，学校都应该根据贫困生的数量，调整勤工助学岗位的数量，缓解岗位供不应求的窘境。

（3）勤工助学的岗位设置需要改善。

虽然部分高校勤工助学工作开展得较为系统，但由于学生课时安排、劳动观念等因素，并没能很好地优化校内资源，只为大学生提供了种类单一，且多为体力劳动的劳务型、服务型岗位，缺乏与专业知识相结合的知识型、操作型、技能型岗位，导致部分参加勤工助学的大学生难以提起工作热情，甚至消极怠工，养成不良的工作习惯，无法起到通过勤工助学提升大学生综合能力的作用。另外，参加勤工助学的大学生待遇较低，大学生付出的劳动和经济收益很难成正比，导致一些大学生兼职时间不长就选择了辞职，这也增加了学校学生管理工作的难度。

（4）缺少专门的机构和完善的管理制度。

勤工助学工作涉及设置岗位、培训学生、考核工作、维护权利等一系列内容，然而一些高校并未设立专门的勤工助学机构，没有配备足够的工作人员，也缺乏完善的管理制度，导致勤工助学工作很难顺利开展。这样就会影响甚至损害学生的合法权益，不利于大学生的身心发展，阻碍和谐文明校园的构建。

3. 校外勤工助学的安全问题

这里所说的安全，主要是指校外勤工助学岗位中经常发生的损害学生权益的常见问题。想在校外找到适合的勤工助学岗位的大学生，需要注意以下问题。

（1）虚假信息。

社会上一些不规范的中介机构利用大学生急于在假期进行勤工助学的心理，夸大事实，无中生有，以"紧急招聘"的幌子诱导大学生缴纳中介费。一旦中介费到手，要么将大学生搁置一边不予理睬，要么将大学生打发到有合作关系的单位，在短时间内将大学生以各种理由辞退。这些中介机构就是抓住大学生急于求成的心理，让大学生上当受骗。只要大学生沉下心来找工作，不急于一时，这种安全问题就能得到有效的解决。

（2）预交押金。

预交押金的骗局经常发生在假期，骗子通常在招聘广告上宣传文秘、打字员、公关等比较轻松的岗位，求职者只需缴纳一定的押金即可上班。然而，当骗子收到押金后，要么会直接消失，要么宣称职位已满，押金按照"规定"不再退还。大学生在求职时一定要注意任何需要预交押金或要求大学生将身份证、学生证作为抵押物上交的招聘企业，绝大部分都不是正规企业。

（3）不付报酬。

一些大学生被个人或流动服务的公司雇佣后，约定好按月或按周领取报酬，然而到时间后雇主却不断地寻找借口搪塞大学生，并假装保证一定会支付薪酬，结果消失得无影无踪，让大学生无法得到应有的报酬。遇到这种情况，大学生一定要敢于维护自己的权利，如果有用工合同或协议，就要求雇主照章办事；如果没有，则尽量要求雇主按规定支付，否则可以考虑进行劳动仲裁。

知识拓展

国家助学贷款是党中央、国务院在社会主义市场经济条件下，利用金融手段完善我国普通高校资助政策体系，加大对普通高校贫困家庭学生资助力度所采取的一项重大措施。借款大学生通过学校向银行申请贷款，可以弥补在校学习期间学费、住宿费和生活费的不足，在毕业后分期偿还。对大学生而言，国家助学贷款的申请条件为：家庭经济困难；具有中华人民共和国国籍，年满16周岁的需持有中华人民共和国居民身份证；具有完全民事行为能力；诚实守信，遵纪守法，无违法违纪行为；学习努力，能够正常完成学业。

资料来源：国家助学贷款（本专科生）[EB/OL].（2015-09-10）[2023-09-05].http://www.moe.gov.cn/jyb_xwfb/xw_zt/moe_357/jyzt_2015nztzl/2015_zt06/15zt06_gxzzzc/gxzz_bzks/201508/t20150810_199211.html.（有删改）

实践活动

策划组织勤工助学活动

勤工助学是学生体验劳动最直接的方式，而且可以赚取生活费。围绕这个活动主题，和小组同学一起策划一场针对性强、涉及面广、影响力大的勤工助学活动；同时，对活动筹备、活动进程、宣传窗口、活动总结等进行记录。

劳动实践活动报告

劳动目的	

第四章 劳动实践

（续表）

劳动内容	
劳动结果	
心得体会	

结果评价

活动评价表

操作内容	配分	评分内容及评分标准	自我评价	教师、同学、家长评价
计划主题	20	计划聚焦主题（10分）		
		活动的目的、意义明确（10分）		
计划方案	25	方案逻辑清晰（10分）		
		方案切实可行（15分）		
计划进程	35	有人力、物力、财力、精力的支持（20分）		
		系统有相应的应急措施（15分）		
总结反思	20	计划有一定的奖励激励机制（10分）		
		总结有一定的提升反馈机制（10分）		
总计		100分		

拓展阅读

劳动教育与公益宣传相结合的发展路径

（一）健全劳动实践组织

随着高等教育的内涵式发展，劳动教育和公益宣传的结合需优化外部供给，增强优质供给力，公益宣传活动需从单一、固化、局部等初级要素向知识、技术、数据、管理服务水平等高级要素迭代升级。建立专兼结合、以专为主的劳动实践组织体，聘请专家学者、全国劳模、大国工匠等兼任外聘专家，造就一支政治坚定、学养深厚、有重要影响的劳动实践育人导师团，并通过一定的激励机制、考核机制、评聘机制，保持队伍的相对稳定。借鉴国外工作经验，打造公益宣传的真实化场景、支持情境建构系统等，确保公益宣传"线下"有内容，"线上"有灵魂，全员覆盖，做到从学生中来，到学生中去，让每一名学生都能树立起"劳动最光荣"的观念，形成"自己的事情自己做，他人的事情帮着做，公益的事情争着做"的意识，学习劳动技能、养成劳动习惯、热爱劳动群众，在公益宣传的劳动中感受快乐、体悟人生、磨炼意志。

在各公益宣传组织的文化圈中，通过媒体的融合和联盟，扩大公益宣传的覆盖面。在宣传广度方面，通过横向与社会媒体进行信息互动、共享，扩大辐射范围，增强活动宣传的社会影响力。在传播深度方面，通过纵向链接，形成基于"项目"的宣传联盟，在与其他组织的深度合作中，进一步加深公益宣传理解的深刻性和科学性。

1. 以劳动为导向的优势发展模式

当代大学生对快速发展的新技术更为熟悉，劳动教育也需乘着技术红利的东风，借力打力、借势成势，激活内在基因，善于把握契机，构建公益宣传新生态。聚焦参与者的个人需求，赋予其更多自我实现的可能性，将宣传工作的传统优势与互联网等新兴载体相链接，以跳出传统的宣传工作套路，从内容、形式、载体、方法等方面因时而化、因事而新，比如公益行动手绘手账、公益日志vlog等，使其自身的潜力、知识、能力得到最大化的开发，找到其自身的能力生长点，并因势利导，引导其与周边的环境、资源进行积极互动，协助公益活动对象达成目

第四章 劳动实践

标,实现双主体的进步和成长。

2. 以关系为纽带的带动发展模式

基于对大学生公益宣传行为动机相关要素的考察分析,公益宣传行为是在一定的公益活动认知、内部需求、合理归因、外在呈现等多重因素的激发下产生的策略选择。这种选择必然存在于一个相对完整的生态系统中,其有效性取决于宣传者与受众能否与周围环境实现有效互动,从而凸显了建立紧密的人际支持带动系统的重要性。比如公益宣传组可建立临时党支部,以支部为核心,以普通学生为主体;以对象接受的多元性为突破口,打造"公益+"网络宣传e平台;以观照人的内在需要为切入点,实现三变,即公益宣传参与群体由"加法"变"乘法",发展模式由"发散"变"聚合",运行方式由"封闭"变"共享"。通过多样化、新颖化的呈现,强化大学生公益理念和价值观的存留度。

3. 以成果为导向的撬动发展模式

社交碎片化、新闻视频化、信息精微化和个性定制化的外部环境发展,必然要求劳动教育和公益宣传的结合点需以成果为"定"向,并在"做准对象化分析、做精分众化研究、做细对策性建议"上落细、落小、落实。这里的"定"是指公益宣传的成果可能有形和无形兼具,但它是确定的、客观的、具象化的、不以人的意志为转移的。通过文献检索、实践调查、数据分析等,设计符合劳动教育和公益宣传特点的成果评价方式,对实施效果进行多维评价,以综合性的定性分析修正、完善定量决策,实现公益宣传的价值撬动。

(二)构建劳动实践路径

1. 观念育人的路径

观念育人是构建劳动实践路径的基础和前提。有了社会主义核心价值观这把总钥匙,就可以在正误、主次、真假、善恶中作出正确的价值判断和价值选择。在公益宣传过程中,坚持育人导向,突出价值观引领。全面统筹各领域、各方面、各环节的育人资源和育人力量,培育公益精神、实行"全人"教育,推动知识传授、能力培养与理想信念、价值理念、道德观念的有机融合,建立系统化观念育人长效机制。

2. 实践育人的路径

"格物致知"来源于《礼记·大学》,意思是"推究事物的原理法则而总结为理性知识"。这个推究、考察的过程就深刻体现了实践育人的观念。公益宣传与公益服务、社会实践活动所蕴含的精神内核是一致的,都体现了理论教育和实践养成的结合。通过整合公益活动资源，强化项目式管理，搭建多元化传播平台，不断完善支持机制，教育引导学生在公益宣传项目的亲身实践中，树立家国情怀。

3. 服务育人的路径

在公益宣传活动中，把握对象的发展需要，不断增强服务育人的供给力，强化公益文化的理解力、感悟力，强化服务对象的同理心，提供精准化的靶向服务。同时，只有扎根社区、深度挖掘、体验式学习，才能为深度服务提供有效的条件保障。需要沉下心来，扎扎实实做好公益宣传的调查研究工作，只有在深度接触和实践的基础上才能掌握一手资料，进一步缩短与受众的心理距离，不仅为积极帮助解决能力范围内的合理诉求提供现实化路径，也为公益宣传提供鲜活的素材。

总之，公益宣传能够让青年大学生了解国情、社情、民情，是一次深度洞见学生内在需求的见证机会，解决了思政教育"最后一公里"的落地问题。它带来的不仅仅是一些有价值的公益宣传文化空间的构建，也不仅仅是增强供给能力的思政服务育人质量的提升，更是从优化外部供给到观照内在需求的一个交融、共促的思政工作着力点，是由"大水漫灌"向"精准滴灌"的育人思路转变、由"输血式"向"造血式"跨越的重要一环，不断触发人们对公共领域和公共利益的自觉认同，也为公益宣传的可持续、纵深化、多维度提供了可能。

资料来源：何健勇. 劳动教育指导手册[M]. 北京：机械工业出版社，2022：147. （有删改）

实践思考

劳动实践活动1——宿舍是我家

为了加强大学生宿舍管理，规范大学生行为，培养大学生讲文明、讲卫生、爱劳动的良好习惯，使大学生有一个整洁、卫生、舒适的生活环境，发挥大学生"自我教育、自我管理、自我服务"的精神，特组织全班学生举行"宿舍是我家"劳动实践活动。

一、活动名称

宿舍是我家

二、活动主旨与意义

宿舍是大学生日常生活的地方，发起"宿舍是我家"劳动实践活动，主要目的是让大学生培养起日常的宿舍劳动习惯，将生活区域管理得干净整洁，既营造了一个良好的生活环境，又增强了自己的劳动意识。

三、活动开展与目标

①周五下课后，统一组织全班学生在教室内开会，说明本次劳动的具体任务。

②全班同学以宿舍为单位，在明确任务后开始进行分工，并指定每个人的劳动内容。

③统一在1~2小时内，将寝室打扫干净、收拾整洁，班主任及时评分。

④周一早上上课前，班主任检查全班各寝室的卫生情况，并再次评分。

⑤综合两次评分，评选出本次活动的优秀寝室。

四、活动内容

①打扫各宿舍的地面、墙面卫生。

②打扫各宿舍的阳台、卫生间卫生。

③打扫个人床铺、床底和书桌卫生。

④打扫需要宿舍负责的公共区域卫生。

五、活动要求

（一）地面、墙面卫生

①地面干净整洁，无纸屑、果皮、杂物、污水积存现象。

②门窗、玻璃、柜子、灯具上无浮尘污迹，室内墙角无灰尘、蜘蛛网等现象。

（二）阳台、卫生间卫生

①阳台物品摆放整齐，无垃圾积存。

②阳台地面无垃圾、窗户无灰尘、墙面无划痕。

③卫生间地面、墙面干净整洁，无各种杂物和污水积存，空气新鲜。

④便道内无粪便积存、流水畅通。

（三）个人床铺、床底、书桌卫生

①床上被褥床单叠放整齐，干净整洁，方向一致。

②床铺下鞋子摆放有序。

③床位所在墙面无乱扯乱挂、乱刻乱画现象。

④暖瓶、洗漱用品、餐具、卫生用具等要有层次、统一位置、固定摆放。

⑤不能出现未及时清洗的脏衣物。

（四）公共区域卫生

①地面干净整洁，无垃圾、无积水。

②墙面干净整洁，无灰尘、无划痕。

③楼梯干净，无灰尘、无损坏。

劳动实践活动 1 报告

劳动目的	
劳动内容	
劳动结果	
心得体会	

劳动实践活动 2——到乡村去发光发热

为发挥社会实践在改进和加强大学生思想政治教育中的重要作用，引领和帮助大学生在社会实践中受教育、长才干、做贡献，为实现"两个一百年"奋斗目标、实现中华民族伟大复兴的中国梦贡献青春力量，经研究决定，学校将在暑期开展大学生社会实践活动。

一、活动名称

到乡村去发光发热

二、活动主旨与意义

本次劳动实践活动以积极引导大学生在社会实践中了解国情、感知社情、体会民情为主旨，通过社会实践培养大学生的社会责任感、创新精神和实践能力。

三、活动开展

①活动在 7 月、8 月开展，实践时间不少于两周。

②活动经费实行学校资助、社会赞助和个人自筹相结合的筹措方式。

③团队设指导教师 1～2 人，指导教师必须全程随队参加。

四、活动内容

①组织大学生理论宣讲服务队，深入农村乡镇、城市社区、企业学校等地，主要围绕党的二十大精神及社会主义核心价值观开展形式多样的普及宣讲活动。

②重点发挥学校专业特色，组织开展农业科普宣讲、先进农业技术推广等活动，为农民提供生产实践指导等服务，解决农民在生产生活中遇到的实际问题和困难。

③组织学生赴教育基础薄弱、教育资源匮乏、留守儿童相对集中的乡镇学校开展课业辅导、素质拓展、亲情陪伴、爱心捐赠、心理援助等活动。

五、活动要求

①应高度重视暑期社会实践工作，认真做好暑期社会实践的宣传发动工作，召开暑期社会实践动员会议，从实践培训、经费支持、带队指导、监督考核等环节做好暑期实践的指导工作。

②加强安全教育和保障工作，做好前期调研和出发准备，制定社会实践安全预案。选派相关指导教师全程随队指导，有效落实安全责任制，确保学生人身和财产安全。

③要结合专业特色、依托对口厅局单位和行业协会，分层次、有重点地组建暑期实践团队。服务内容和形式切合基层实际和需要，切忌走马观花、变相旅游等形式主义。

劳动实践活动 2 报告

劳动目的	
劳动内容	
劳动结果	
心得体会	

第四节　创新性劳动

课前导读

测测你的创造力

请你在3分钟内尽量多地说出空矿泉水瓶的用途，想到多少说多少。

接下来，你可以从流畅性、灵活性和独创性3个维度对自己的回答进行评分。流畅性的判断依据是你回答的个数；灵活性的判断依据是你回答的类别的个数；独创性的判断依据是你的回答与他人相比的新颖性，你在群体中提出独特的想法越多，创造力就越强。

一、职业技能训练

（一）"挑战杯"全国大学生课外学术科技作品竞赛和中国大学生创业计划竞赛

1."挑战杯"全国大学生课外学术科技作品竞赛

"挑战杯"全国大学生课外学术科技作品竞赛由共青团中央和中国科学技术协会、教育部及全国学联共同主办，国内知名高校、新闻媒体联合开展的一项引导性、示范性和群众性的全国性竞赛。自1989年举办首届大赛以来，以"崇尚科学、追求真知、勤奋学习、创新挑战"为宗旨，科技成果以大学生理论学术文章、作品为前提，大赛以促进青年创新人才成长为己任，在深化高校教学质量、促进经济和社会发展等方面发挥了积极作用，在高校乃至社会产生了广泛而良好的影响，被誉为当代大学生科技创新的"奥运"。

2."挑战杯"中国大学生创业计划竞赛

创业计划竞赛起源于美国，又称商业计划竞赛，是风靡全球高校的重要赛事。它借用风险投资的运作模式，要求参赛者组成优势互补的竞赛小组，提出一项具有市场前景的技术、产品或者服务，并围绕这一技术、产品或服务，以获得风险投资为目的，完成一份完整、具体、深入的创业计划。竞赛采取学校、省（自治区、直辖市）和全国三级赛制，分预赛、复赛、决赛三个赛段进行。创业计划竞赛作为学生科技活动的新载体，在培养复合型、创新型人才，促进高校产学研结合，推动国内风险投资体系建立方面发挥出越来越积极的作用。

（二）"互联网+"大学生创新创业大赛

"互联网+"时代给大学生创新创业搭建了更为广阔而又自由的施展舞台。与"大挑""小挑"相比，"互联网+"大学生创新创业大赛，更强调项目的落地性和可操作性，鼓励学生以创新推动创业，以创业带动创新。大赛设置了创意组、初创组、成长组、就业型创业组四个组别，更注重项目的可实施性、可否产生效益，强调投入后的产出，强调科研成果的真正应用。竞赛采取学校、省（自治区、直辖市）和全国三级赛制，分预赛、复赛、决赛三个赛段进行。目前，大赛已经成为覆盖全国所有高校、面向全体高校学生、影响较大的赛事活动之一。

二、培养创造力

（一）人人都有创造力吗——创新观念

目前，大学生创业还面临种种困难和限制，尤其是在整个大学毕业生群体中，创业还属于小众的选择，但是调查显示有90%的大学生有创业的想法，这或许表明了一种态度，那就是开创事业的雄心。创业教育的目的，不是尽快培养出更多的大学生经理，而是培养大学生创新创造、勇于开拓的精神和素质。有了这种精神和素质的人不管走上何种工作岗位，都将发挥发动机的作用，推动自己、企业甚至是国家进步。

（二）讲创造力时我们在讲什么——创造力的构成

大家可能都听说过爱迪生发明灯泡的故事，你的印象可能是：爱迪生一个人待在一个黑屋子里，试验灯泡发光的材料，经过99次失败后终于迎来了1次成功，于是举世闻名。

其实真实的情况并不是这样的，爱迪生当时是在一个顶级的科学实验室里工作，和他一起工作的还有很多优秀的科学家，灯泡只是在实验室众多相关创新成果的基础上诞生的一项发明。

这样的对比说明了我们在谈创造力时的一些误区。例如：创新的点子都是天才们想到的，常人很难想到；发明都是独立完成的，都需要科学家与世隔绝才能创造出来；等等。其实每个人都有灵感乍现的时候，如张扬和其团队成员想到用游戏的形式教儿童学编程。那么我们的创造力和发明家的创造力是不是一回事呢？

心理学家考夫曼和贝格托对于创造力的构成进行了深入的研究，提出了创造力的4C模型，帮助我们理解不同层次水平的创造力表现，也为我们培养自己的创造力提供了依据。4C分别代表的是杰出创造力（Big-C）、专业创造力（Pro-C）、微创造力（Mini-C）和小创造力（Little-C）。

1. 杰出创造力。

杰出创造力是指创造力领域中意义重大、经久不衰的成果，即推动历史进步的关键发明，或有重大影响的创造。人们认为创造力是少数人的游戏，往往是在这个语境上谈创造力。

2. 专业创造力。

专业创造力是指在特定领域中，由接受过专业训练的个体所表现出来的创造力。非常明显，专业创造力可以通过学习和练习不断提高。专业创造力强的人就是在自己的专业上通过持续的努力而取得优秀表现的。动画大师宫崎骏获得威尼斯影展终身成就奖时，记者问他电影中所有奇幻人物的灵感来自哪里，他说，这些奇幻人物就是他日常生活中的人物。最终的创作都是建立在日常的积累中的。

3. 微创造力。

微创造力代表的是个体对经验、行为和事件的新颖和个性化的创造性解释，也许在以后就表现为创造性作品。微创造力表现出一定的创造力特征，可能比专业创造力经受的训练要少，但是已经表现出创造力的素质。

4. 小创造力。

小创造力是指大部分个体在日常生活中所表现出来的创造力，也就是我们常说的"灵感"或新颖的想法。它的出现可能较为随意，并不一定会产生创造力的成果。例如，在宿舍聊天时，你想到一个有趣的接话方式，并因此逗得大家哄堂大笑，舍友夸你幽默、有创造力。

这4种创造力是一种逐渐递进的关系。小、微创造力不断积淀，并加以学习和练习，就有可能达到专业创造力，而专业创造力是通向杰出创造力的阶梯。专业创造力能促使我们获得成就感，也是使我们所服务的组织踏实进步的重要因素。

测测你的创造力心理模式

下面的测试测查的是你对创造力的观点，请根据题目与个人情况的符合程度将评分填入表4-2中，1分代表非常不同意，2分代表不同意，3分代表中立，4分代表同意，5分代表非常同意。

表4-2 创造力心理模式自测表

题目	非常不同意	不同意	中立	同意	非常同意
1. 如果有条件，每个人都能够在某方面有所创新					

第四章　劳动实践

（续表）

题目	非常不同意	不同意	中立	同意	非常同意
2. 除非你天生就是一个很有创造力的人，否则通过后天的努力很难提高创造力					
3. 任何人都可以将他的创造力提高到一定水平					
4. 你必须天生就是一个很有创造力的人，如果没有天赋，你很难成为一个真正有创造力的人					
5. 熟能生巧、坚持不懈和努力拼搏是提高个人能力的最佳途径					
6. 虽然创造力是可以提高的，但是真正有创造力的人大多是天生的					
7. 罗马非一日建成，提高创造力需要努力拼搏，后天的努力远比天赋更重要					
8. 一些人很有创造力，一些人没有——即使努力也不能改变					
9. 你表现出何种水平的创造力并不重要，因为你总是有机会去提高自己的创造力					
10. 在人的一生中，真正的创造力才能是天生的、固定不变的					

上述题目中的奇数题得分总和反映了你在成长型思维模式上的得分，而偶数题得分总和反映了你在固定型思维模式上的得分。你可以对比自己两种思维模式的得分，看看哪个占主导。

三、创业实践

（一）为什么要创业——创业的初衷自检

1. 我的创业初心

有网友对"创业者和创业爱好者"的区别作了一个准确的解读：看行动。创业者是在做实事，而创业爱好者只是在说空话。创业行动背后的动力是什么？这是每一个创业者需要回答的第一个问题。当在创业的过程中产生纠结、胆怯、恐惧或者想退缩的想法的时候，回到初心，自己为什么会创业，或许会有新的理解和收获。

（1）受媒体影响。

媒体对创业的报道往往侧重创业的成功案例，生动的描述特别容易使人们产生一种错觉：创业没有那么难。但是这种想法很容易被击退，因为当创业者面对真实的、复杂的创业环境时这种泡沫很容易被戳破，创业者也会深受打击。

（2）对现实迷茫。

有些大学生因为不喜欢自己的专业，对现实迷茫而想创业，其创业结果也必然是不理想的。因为直接创业并没有解决对原有专业兴趣不足的问题，还制造了新的问题。虽然创业也是一种探索，或许有的大学生能在创业中找到自己的热情所在，但是解决了现实烦恼的不是创业，而是探索。

（3）自由的生活方式。

一项调查表明，有31%的大学生创业原因是希望追求自由的生活方式。但是值得进一步反思的是，对你来说什么是自由呢？如果自由只是针对时间安排的话，那么创办公司可能并不自由，因为初创公司，创业者需要倾注很多的时间和精力来运筹。如果自由是探索寻找自己的理想的话，则创业正是用极大的热情追求人生价值的过程。这种自由，就不只是在履历表上加一个头衔，而是喜欢创业和挑战的生活方式。

（4）创业是创新工作的延伸。

对有些人来说，创业就是做自己很喜欢、很投入的事情的一个自然而然的结果。我们不可能选一个完全不熟悉的领域创业，因此创业方向离不开之前的积累，对大学生来说，创业就是以往的生活经验、实习经验和研究经验的延伸。

①你要有很多专业的实践，如写文章、编程序、做设计等。

②你要有很多合作经验，如组织社团合作等。

③你要有挣钱的经验，如参加实习等。

④你要有把你的想法落实的经验。

⑤你要有经常探索的精神，如喜欢思考和怀疑自己。

2. 我适合创业吗

米顿（Mitton）把创业者定义为喜欢冒险的人，他认为创业者倾向于寻找并管理具有未知性的情境，正因为他们能够避免风险，因此常常准备去接受风险。他还认为，创业者乐于从事不确定的未知的事业，具有较强的模糊性容忍特质，因此模糊性容忍也被看作创业心理特质中的重要因素。

但是对创业影响更大的是人们对创业的自我效能感，即是否具备风险、目标、人际关系、机会、关键资源获取、创新性的自信和能力感。创业自我效能感可以用来预测创业行为的选择、维持和结果。

知乎的联合创始人黄继新认为，创业的4个重要前提是思考力、行动力、心气和时机。对于创业项目，你要比其他人都想得多、想得透彻；要设法把想法变成产品，并设法找到志同道合的伙伴，不断优化产品；不怕输，不服软；还需要关注时机。

（二）为什么创业不能说说而已——创业的过程

创业是一个具体的行动，对有志于创业的大学生来说，参与创业课程、参加创新大赛、找有经验的前辈寻求建议、模拟创业等都是不错的经验，只有开始实践，及时总结，才能让创业之路走得更远。

1. 确定创业方向

选择一个创业项目是创业的开始。什么样的创业项目称得上好的项目呢？一般来说，一个好的项目就是要对一个棘手的问题，提供有效的解决方案。不管你是发现了别人没有发现的需求，还是对很多人已经发现的需求提出了新的解决方案，都可能是一个不错的创业项目。

张扬的小侄子参加了一个编程培训班，但是他学习编程语言时感到非常吃力，因此来请教学计算机的张扬。在和小侄子沟通的时候，张扬发现了青少年信息技术学习的培训市场非常火热，但是目前有关编程的教学方法不仅没趣，而且效果一般。这个发现让他在和朋友沟通后，决定设计一款编程学习游戏，进军青少年编程的培训市场。

把实际问题做成创业项目，需要很多的积累，你可以优先在自己的专业领域中发现创业项目。除此之外，你还可以对不同的创业形式进一步探索，比如当下比较流行的互联网创业，或者开个人工作室、网店、做餐饮、卖手工艺品等。选择什么样的创业项目，需要你对个人、环境等多种因素综合考虑。广泛地了解创业有关信息，并进行相关的学习，对每个创业者来说都意义重大。

2. 调研与评估

接下来你需要对选择的创业项目进行调研，对创业风险、竞争对手进一步了解和评估。具体来说需从以下5个方面入手。

（1）你的目标用户群体。

你准备提供的产品或服务，服务的目标群体是谁？解决了用户的什么需求？这种需求的频率是高还是低？

（2）市场需求。

产品的市场需求是否足够大？发展前景如何？如果需求非常大，就需要特别考虑市场的准入门槛和市场饱和度等因素。

（3）你的竞争对手。

关于产品、服务和商业模式，竞争对手的情况如何？这关乎你创业会遇到多大的阻力。通过与竞争对手交流，了解对手的情况，也可以帮助你制订更合理的战略计划。

（4）你的产品是否容易被复制。

张扬有一位舍友在学校门口摆摊卖烤冷面，当时学校门口的小吃街上并没有相关生意，所以他的摊位一下子就火了。但是好景不长，不到一个月的时间，同一条街上就出现了三四家卖烤冷面的摊位，有的甚至还同时搭售其他小吃。张扬舍友摊位的顾客越来越少，最后只好关门大吉。

如果你的产品是非常容易被复制的，那么随着竞争对手跟进，你的企业会受到很大的影响。不管是产品还是盈利模式，如果太容易被复制，就会引来大量的竞争者，从而失去企业发展壮大的机会。例如，2016—2017年影响巨大的共享单车，随着资本市场的介入，大量的竞争对手出现，很多跟风的单车品牌纷纷倒闭。

（5）盈利模式。

盈利模式就是指你如何盈利。例如，你的技术非常先进，解决了难题，那么靠技术就可以吸引资本投资，你的技术就具有较大的经济价值。对于大多数的新创企业而言，盈利模式往往是成功的商业模式。作为创始人，在创业开始阶段，就需要考虑盈利的问题，知道如何才能实现盈利，保证企业的可持续发展。

3. 组建团队

接下来就需要组建团队，找到并肩作战的搭档，整合资源，提高创业的成功率。

（1）该和什么人合作。

对很多大学生创业者来说，创业团队成员往往是熟人或同学，那么最核心的要素就是，大家拥有共同的价值观和梦想，愿意投入。但是要想成为一家成熟的企业，光靠热情远远不够，还需要一个高效的合作团队，需要有想法的人成为领导者，同样有冲劲的人冲锋陷阵，需要有懂沟通技巧的人成为团队的黏合剂。要让每个成员的能力都发挥出来，只有所有成员劲往一处使，互相支持，才能带来团队的成功。

（2）团队架构。

对一般的创业团队来说，核心成员大多是3～5人，核心成员构成了共同创业者。在团队成立初期就有明确的团队构架非常重要。为了避免股权分散，初创团队可采用3人架构，CEO应控股或拥有不低于40%的股份，有专家建议初始CEO或团队领导者的股份不低于66%。

4. 撰写《创业计划书》

选定创业目标，团队架构搭好，不管是否参加比赛或融资，都需要做一份《创业计划书》。好的《创业计划书》不仅可以帮助团队在创业比赛中获奖，还是寻求投资人投资时的重要材料。一般来说，好的《创业计划书》应包含以下 7 方面的内容。

（1）投资亮点。

要用尽量精练的语言介绍项目的亮点，可以从技术、产品、团队、商业模式、竞争优势等方面突出亮点。

（2）公司或项目介绍。

公司或项目介绍主要包括项目简述、团队介绍、产品与技术、资质与专利、同类对比等细项。

（3）简单的行业分析。

行业分析部分要介绍和自己相关的行业情况，回答以下 3 个问题：你做的市场有多大？有多少先行者？你的实力如何？

（4）竞争优势介绍。

竞争优势介绍是指根据项目状况，具体从产品、团队、市场或其他角度出发阐述公司与竞争对手的差异。

（5）发展战略。

发展战略含阶段性目标和为了实现目标而采取的具体策略，需制定 3 年内的规划，或者是一年的行动方案。

（6）财务预测。

财务预测是指未来 3 年的财务预测，包括主营业务收入预测、公司净利润预测等指标，也可包含产品用户数增长趋势等关键绩效指标的预测。

（7）融资要求和用途。

融资要求和用途部分要介绍需求的资金数目和具体用途。

5. 项目运营

从项目书到真正把项目做起来，从注册公司、开业到卖出第一个产品，通过有效的运营不断把公司做大、做强，这个过程非常不易。你需要给公司起名，注册公司，办理工商、税务手续，选择办公地点。如果选择的是提供产品的创业，运营还包括招人、进货、加工、生产、销售；如果选择的是提供服务的创业，运营包括准备、营销等环节。每一个环节都需要创业者亲力亲为，不断地解决问题，促进项目有效推进。

6. 融资

公司是否要融资，特别是是否要在初期就走融资的道路，还要看项目自身的

新时代大学生劳动教育

需要。对大部分创业者来说，最初的项目启动资金往往来自自己的家庭支持，但是家庭的资金支持毕竟有限，获得投资人的青睐是很多创业者梦寐以求的。不少创业者都在不断地根据投资人的偏好修改自己的《创业计划书》，以求获得投资。

（三）为什么说创业是一场心理革命——与成败同行

创业不仅是一个创举，更是一场心理革命，往往给创业者带来极大的满足感，也可能带来极大的失落感。创业的节奏很快，需要创业者快速行动，不断成熟进化；还需要创业者不断反思，勇于面对失败。

1. 创业需要积极的心态

（1）与焦虑和压力为伴。

一位咨询师遇到一个创业者来访。他们的公司并不缺资金，运行良好，但是老总却总是为融资焦虑失眠，一旦公司发展降速，老总就着急上火，就会觉得资金不够，急忙去找投资，反而失去了焦点。这背后是老总"总是不够"的信念驱使他不能放松。

虽然大学生创业者和这个老总处于不同的发展阶段，但是很可能会面对同样的焦虑和压力。没有开始前为要不要创业焦虑，坚定创业想法后为创业方向焦虑，选定创业方向后为搭建团队焦虑等，这些都是对大学生创业者心理素质的考验。有调查显示，创业者的心理健康和压力情况不容乐观，正确面对焦虑和负面情绪是每一个创业者必须学会的能力。产品上市有时间节点，创业却是一场马拉松。我们既要学习和焦虑为伴，又要学会用可持续发展的心态来看待变化和挑战，觉察自己的焦虑程度，学习与它的相处之道。

（2）增加心理弹性。

心理学界用心理弹性的概念来表达人的心理功能及其发展并未受到严重压力、逆境的损伤性影响的心理发展现象。在压力情境下，高心理弹性的人能很好地调适自我从而适应环境，产生焦虑的可能性较小。我们可以通过以下途径来增加心理弹性。

①主动调整适应环境。关注自己的情绪，并且主动调整。

②积极思考和行动。多采用以问题为中心的方式来解决问题，而不是以情绪为中心。

③自信乐观，进行积极的自我暗示，相信自己能够渡过难关。

④给自己容错的空间。鼓励创新就是要容忍和接纳创新所带来的失败，对自己的失败进行积极思考。从整个社会层面来说，只有存在一个容忍失败的大环境，才可能鼓励更多的人创新。

⑤重整旗鼓。当身心状态失衡时，给自己恢复的空间，避免用不健康的方式应对压力。

⑥积极寻求环境中的保护因素，寻求真正的支持与肯定。

2. 创业需要快速学习

创业和创新的本质是好奇心，是不断尝试用新的思路解决问题。能够虚心求教和在实践中学习，并且快速作出反应，这是创业者要具备的能力。

（1）开放的态度。

①从行动中学习。在整个创业过程中，创业者都需要保持开放学习的态度，既要向有经验的前辈学习、向竞争对手学习、向市场学习，又需要从实践的过程中学习。因此，参加创业比赛、参与别人的创新项目、实习都是不错的方法，可以帮助大学生创业者积累经验。

②从反馈中学习。可以通过产品的市场反馈，不断更新产品理念，同时创新的想法又能促进产品的进化；可以通过员工的反馈，获得公司管理调整的依据，及时消除团队之间的隔阂；可以通过专业人士，甚至是对手的反馈，获得公司制定策略的参考。新创公司就是在快速有效的学习、不断的调整中获得成长的。不断把握用户需要，不断与时俱进，小步快跑，有韧性，甚至做好连续创业的准备，是一个创业者必备的素质。

（2）从失败中学习。

创业不可能一蹴而就，作为创业者需要从失败中学习。对没有经验的大学生创业者来说，失败的可能性要比社会上的创业者更大。但是这恰恰也是非常宝贵的经验。有人做过测算，如果说一个人在某个方向上，首次创业的成功率只有30%，那么他在这个领域里连续创业两次的成功率就会提高到51%。

对创业者来说，面对失败，发现并善用这些宝贵的经验就显得尤为重要。其实可以从头再来，这正是年轻的大学生创业者们的优势。如果暂时因为生活所限、条件不具备或经验不足而导致创业失败，那么创业者要做的就是保留梦想，积累经验，寻找机会再次开始。

创业自我效能感

请根据题目与自己情况的符合程度，对以下22个题目打分，分值为1～5分，1分代表完全不符合，2分代表比较符合，3分代表中等，

4分代表比较符合，5分代表完全符合。

（1）我不喜欢墨守成规，喜欢突破现有事物。

（2）我喜欢多角度思考问题，灵活解决问题。

（3）我经常能提出新的点子和建议。

（4）我易于接受新鲜事物。

（5）我自身创造力强。

（6）我对新任务中的挑战能自如应对。

（7）我在压力和冲突下通常会不知所措。

（8）我总是担心事情的结果不是所预期的那样。

（9）我喜欢冒险。

（10）我总是喜欢用已有的方式处理问题。

（11）我善于发现细分市场。

（12）我善于分析外部环境，发现机会和潜在问题。

（13）我能够识别一个创意的潜在价值。

（14）我能准确感知消费者未被满足的需要。

（15）我经常主动与别人交流。

（16）我能够有效地说服与我意见不同者。

（17）我觉得与别人合作是一件很愉快的事情。

（18）我在与别人交往中遇到障碍时，有信心通过自己的努力去解决它。

（19）我有长期计划去实施自己的承诺。

（20）我为实现目标开始了实际准备行动。

（21）我愿意付出非同寻常的努力去实现这个目标。

（22）如果失败我会丧失为实现目标而奋起的信心和勇气。

这些题目涉及创业自我效能感的5个方面，其中，1～5题可反映你的创新效能感；6～10题可反映你的风险承担能力，7题、8题、10题是反向积分，分数越高承担风险的能力越差；11～14题可反映你的机会识别能力；15～18题可反映你的关系协调能力；19～22题可反映你的组织协调能力。你可以根据自己每个方面的得分了解自己的创业自我效能感，看自己是否已经做好了创业准备。

资料来源：惠均芳. 劳动教育[M]. 西安：西安交通大学出版社，2021：67-68.

第四章　劳动实践

实践思考

创业过程访谈

请你组成 3 人小组，每人寻找一位正在创业或曾经创业的同学，对他进行访谈，回来后分享总结重要发现。访谈题目参考如下：

①你是怎么想到要创业的？
②你在创业过程中遇到的最大的挑战是什么？
③谁给了你最大的支持？
④请按照时间节点谈谈你具体的创业过程。
⑤你对大学生创业有哪些经验和教训可以分享？

劳动实践活动报告

劳动目的	
劳动内容	
劳动结果	
心得体会	

结果评价

活动评价表

操作内容	配分	评分内容及评分标准	自我评价	教师、同学、家长评价
计划主题	20	计划聚焦主题（10分）		
		活动的目的、意义明确（10分）		
计划方案	25	方案逻辑清晰（10分）		
		方案切实可行（15分）		
计划进程	35	有人力、物力、财力、精力的支持（20分）		
		系统有相应的应急措施（15分）		
总结反思	20	计划有一定的奖励激励机制（10分）		
		总结有一定的提升反馈机制（10分）		
总计		100分		

参考文献

[1] 何卫华，林峰．大学生劳动教育理论与实践教程［M］．厦门：厦门大学出版社，2019．

[2] 李彬．本色红亮［M］．西安：西北大学出版社，2018．

[3] 刘向兵．新时代高校劳动教育论纲［M］．北京：社会科学文献出版社，2019．

[4] 欧阳询，周慧敏．陶行知劳动教育思想探析［J］．科教导列（中旬刊），2019（12）：146-147．

[5] 余金成．劳动论要［M］．北京：光明日报出版社，2019．

[6] 起章彬．高等职业院校劳动文化建设与创新研究［M］．北京：中国农业大学出版社，2019．

[7] 郑银风．"95后"大学生劳动观教育研究［M］．北京：中国社会科学出版社，2020．

[8] 中国劳动关系学院劳动教育中心．劳动教育评论［M］．北京：社会科学文献出版社，2020．

[9] 王燕．幼儿园玩教具制作与环境创设［M］．2版．北京：人民邮电出版社，2019．

[10] 檀传宝．劳动创造美好生活［M］．北京：中国劳动社会保障出版社，2019．

[11] 洪应党，朱浩，向米玲．新时代劳动教育教程［M］．北京：航空工业出版社，2020．

[12] 李文峰．劳动实践活动课程的开发与运作［M］．广州：暨南大学出版社，2019．

[13] 李珂．嬗变与审视：劳动教育的历史逻辑与现实重构［M］．北京：社会科学文献出版社，2019．

[14] 夏翼，马春红，王林浩．信息技术：基础模块［M］．北京：航空工业出版社，2020．

[15] 胡颖蔓，欧彦麟．大学生劳动教育［M］．长沙：中南大学出版社，2020．

[16] 赵鑫全，张勇．新时代大学生劳动教育［M］．北京：机械工业出版社，2021．

[17] 朱忠义．劳动教育与实践［M］．北京：北京理工大学出版社，2020，

[18] 徐国庆．劳动教育［M］．2版．北京：高等教育出版社，2021．

[19] 植林,罗嘉文. 新时代大学生劳动教育理论与实践[M]. 北京:化学工业出版社,2020.

[20] 孙家学,耿艳丽,邵珠平. 新时代高校劳动教育通论[M]. 北京:高等教育出版社,2021.

[21] 刘丽红,旷永青,林春逸,等. 新时代大学生劳动教育[M]. 桂林:广西师范大学出版社,2021.